はじめに

本書は二〇一一年に刊行した『図解でわかる！　エンタメ小説を書きたい人のための黄金パターン100』を、増補改訂版として再刊したものである。

旧版は「ありとあらゆる物語はパターンの組み合わせでできている」をコンセプトに、創作を志す皆さんが物語づくりに活用できるように制作した。私が専門とするエンターテインメント小説への活用が第一義ではあるが、物語という点においては基本的な考え方はどれも同じであるため、他にも漫画やアニメ、ゲームなど、各種フィクションのどれにでも対応できるようにしたものである。今回タイトルを変更して「物語づくりのための」としたのもその意図を明確にするためだ。

コンセプトはちょっと言いすぎかもしれないが、しかし、少なくとも受け手に楽しんでもらうことを目的とする娯楽作品の世界では、これは掛け値なしの真実なのである。神話や伝説から現在のライトノベル（低年齢層向けで、漫画・アニメ風のイラストを特徴とする娯楽小説群）まで数千年の歴史を持つ物語の世界においては、そもそもありとあらゆるアイディアがすでに出し尽くされ、オリジナリティは主にパターン・アイディアの組み合わせによって実現される。だから、作家のセンスはオリジナルなアイディアを考えることではなく、それをどう組み合わせるかに活かされる。そして、そのためにはパターンを知り、身につけ、単に当てはめるだけでなく応用できるようになることが必要なのだ。

この考え方はきちんと本質をとらえていたと思われ、幸運なことに旧版は好評をもって迎えられた。また私自身及び榎本事務所のメンバーが講師を担当する専門学校などでもテキストや演習課題用の参考資料として活用し、そこでも生徒さんたちから「便利だ」と評価してもらうことができた。

この度、増補改訂版を制作するにあたってはこの好評いただいたコンセプトをさらに活かすべく、左記の二点に基づいて新規項目を追加した。

①パターン紹介は物語創作をする人にとっては「素材」である。有用だが、「どのようにこの素材を活用していいかわからない」という人も多いだろう。旧版においてはこの問題に対処するべく、コラムとして「代表的エンターテインメント」の項を用意した。ファンタジーの代表として『指輪物語』、娯楽時代活劇の代表として隆慶一郎の作品群、ＳＦの代表として星新一の作品群、ゲーム・ファンタジーの代表として『ドラゴンクエスト』シリーズ、現代娯楽サスペンスと映像作品の代表として『踊る大捜査線』の五作品を紹介した。

さらに今回の増補改訂版にあたって、まず冒頭に「そもそもパターンとは何か、その中でオリジナリティをどう活かせばよいのか」についての解説文を収録した。また、「本書の使い方」コーナーを設け、「この本をどのように使ったら創作のための力、発想力を伸ばしていくことができるのか」を紹介させていただいた。全て合わせて二十ページじゃくほどの内容になったが、本書の内容を理解し、活用するために大いに役立つものになったかと思う。

②パターンは数を多く知っていれば知っているほど、創作のための力になる。

旧版では「黄金パターン」と称して王道の百パターンをピックアップし、それを六つのブロックに分類した。すなわち、王道中の王道の第一章、神話や伝説など古典から拾った第二章、現代学園ものの第三章、現代職業ものを中心とした第四章、ファンタジックで現代伝奇的な第五章、そしてファンタジーやＳＦなど架空世界を舞台にした物語を扱う第六章である。

増補改訂版においてもこのコンセプトは継承され、六つのブロックはそのままだ。加えて、新たなパターンを十七本収録し、紹介パターンは百十七となった。

今回の増補改訂によってより有用・便利になった本書が、皆さんの創作活動に役立てば幸いである。

榎本秋

もくじ

第二章：神話・伝説・民話・古典から残る王道

もくじ

もくじ

パターンと王道

パターンはなぜ便利なのか

既に「はじめに」で触れた通り、本書は**物語、エンターテインメントにおけるパターン**を紹介するものだ。第一の目的は小説や漫画、ゲームなどの創作に活かすことにあるが、単純に物語を楽しむ際の道標としても役立つはずだ。

この項では特に創作にパターンを活かすということに注目したい。

一般に、創作において「パターン」や「型」という言葉はマイナスのイメージを持たれることが多いようだ。ありきたりの物語、見飽きた話、という印象がついてしまっている。

「型にはまる（決まりきった形式や方法どおりのもので、個性や独創性がない。）」や「型通り（慣習として決まっている、ある一定の方式に、ただ従うこと。また、そのさま。）」などの言葉にそんなイメージが投影されている（共に「デジタル大辞泉」より）。

対して、プラスのイメージを持たれやすいのが「オリジナリティ」あるいは「独創性」だ。誰も見たことがないような新奇なストーリー、キャラクター、設定なら面白いに違いない——こう考える人は多いことだろう。

「面白いオリジナリティ」の難しさ

だが、これは間違いだ。

実のところ、**オリジナリティだけを実現するのは簡単**なのである。今誰も作っていないストーリーというのは意外とたくさんあるからだ。

たとえば、物語が始まってすぐに主人公が死んで世界が滅び、その後のページがすべて白紙のファンタジー冒険小説というのはどうだろう。ミステリーで殺人事件がまったく解決されず、何もかもすべてが謎のままで終わってしまったなら。ハーレムもののラブコメで、最後の最後になっていきなり主人公がすべてのヒロインに嫌われ、孤独に終わってしまう話はどうか。

すべて「誰も見たことのない」話であろうかと思う。では、読んで面白い話になりそうだろうか？　難しそう、つまらない話になってしまいそう、と思ったのではないだろうか。

ファンタジー冒険小説なら、主人公と仲間たちの冒険が何らかの成果を出して終わってほしい。ミステリーの魅力の多くは、終盤までに積み重ねられた謎が、一気に解きほぐされていく展開にあるはずだ。ハーレムラブコメの結末は、どうなるのが好みかについては意見が分かれそうだが、全員に振られておしまい、を楽しめる人は少ないはず。

オリジナリティの正体

だが、これだと話がおかしい、と思う人もいるかもしれない。だって、「オリジナリティがあってかつ面白い作品」は世の中にいくらでもあるからだ。皆さんも、さまざまなエンターテインメントを楽しみ、「こんな展開、見たことがないぞ！」


「え、あんなことになっちゃうの？　すごい独創性だなあ」

「こんなこと考えもしなかった」

と感想を抱いたことがあるはずだ。

このような、面白くてオリジナリティのある作品は、どのように作られるのか。天才が、本当にまったく誰も見たことのない物語を作り出しているケースもあるが、それはあくまで少数例。

多くの場合、物語の大筋としては知られたものなのだけれど、「あなたが見たことがない」だけであったり、細かいところで色々アレンジをしているので、一見するだけでは違うように見えるのだ。

そのベースになっている物語の大筋こそ、「パターン」「王道」なのだ。

物語には、多くの読者が気持ちよく楽しめる筋道というものがあり、そこから外れて魅力的な作品を作るのは、不可能ではないけれど難しい。その筋道を多くの書き手たちが長年にわたって使ってきた結果、「パターン」「王道」と呼ばれるようになった、というわけなのである。

安心を求める読者の心

そもそも私たちには、「よく知っている筋書きであるからこそ安心して楽しめる」という習性もある。

たとえば『仮面ライダー』に代表される勧善懲悪ものだ。困っている人がいて、そこに通りすがる正義のヒーローがいる。ヒーローは当初正体を隠しているが秘かに事件を調査し、真相を確かめ、敵のアジトに突入する。ここに至ってヒーローは正体を明らかにする(あるいは「変身」し、敵を蹴散らして、弱者を救う)。これにて物語は一件落着だ。

この物語に独創性は乏しく、読者の意表を突く展開というわけでもない。だが、「困っている弱者は必ず救われ、我が世の春を謳歌する悪人は必ず退治される」ことは視聴者に安心を提供する。この安心が、馬鹿にならない。

パターンの中にオリジナリティを見出す

もちろん、独創性なんて要らない、というわけではない。**王道パターンという枠の中で、どんなふうに独創性や目新しさ、オリジナリティを実現するか、が大事なのだ。**

勧善懲悪ヒーローものの例を見てみよう。先ほど紹介した枠の中で、どんなオリジナリティを実現できるだろうか。

そのヒーローは表向きの姿を持っているだろうか。たとえば、『水戸黄門』なら「先代水戸藩主」であり「先の副将軍」という正体とは別に、「ちりめん問屋のご隠居」を名乗って旅をしている。アメコミ『スーパーマン』シリーズの主人公クラーク・ケントは、ジャーナリストのスーツの下に、スーパーパワーを備えた宇宙人、スーパーマンの顔を隠している。

この表向きの顔と正体の取り合わせをどのように設定するかという点について、あなたなりのオリジナリティを発揮することは十分に可能であるはずだ。

また、表向きの姿を持たないタイプのヒーローももちろんいる。警察官や軍人など、敵(悪党、犯罪者、敵国など)と戦うのが常態であるケースがわかりやすい。あるいは『アンパンマン』の主人公アンパンマンは生まれついてのヒーローであり、困った人のために戦い続ける。彼にも特別な表向きの顔はない。

ヒーローとは「悪と戦うもの」とするのであれば、悪の存在こそがヒーローを定義する、と考えていいだろう。悪人（アメコミ風に言うのであれば「ヴィラン」）をどう設定するかで、同種の作品と差別化することは十分に可能だ。

さて、あなたのヒーローはどんな悪と戦うのだろうか。宇宙人？　犯罪者？　マッドサイエンティスト？　ヒーローと同じスーパーパワーの持ち主？　主人公の親や兄弟や友人？　かつてヒーローだった男？　いくらでも考えられる。

典型的な勧善懲悪のストーリー展開そのものにも、アレンジを施すことができる。

たとえば、ピンチに陥った弱者を救うのではなく、弱者が殺されてしまった後にその復讐《ふくしゅう》を請け負うことで、より悲劇的なムードを強調することが可能だ。『必殺』シリーズなどでよく使われる手法である。

ヒーローが完全な善意で戦うのではなく、報酬目当てや自身の目的があるなど、利己的な動機で戦っている形にしても、やはり雰囲気が変わる。『シティハンター』などをイメージするとわかりやすいだろうか。最終的には人助けになることが多いので、ヒーローの一種と言えるが、それはボランティアではなくプロフェッショナルとしての仕事の一環なのだ。この時、本心から報酬目当てなのか、それとも実際には義心から行っていることの照れ隠しとして報酬や目的についてうるさく言うのかでも、個性をつけられる。

パターンを融合させる手法

パターンを活用しながらオリジナリティを発揮する手法は他にもある。**複数のパターンを融合させる**という手法も一般的である。

私はこれを「**A＋Bの手法**」と呼んでいる。アイディアAとアイディアBを融合させて新しいアイディアを生み出すのが基本であるからだ。この際の組み合わせる内容やその手法が斬新なものでありさえすれば、作りあげられた新しいアイディアを見て、「型にはまっている」などと考える人はほとんどいないものである。

たとえば、手近な漫画雑誌があったら目次をざっと見てほしい。スポーツ漫画なのだけど超能力バトル風でもあったり、サラリーマンものなのにタイムスリップした戦国武将が出てきたり……と、複数のパターンを融合させた作品を数多く見ることができるはずだ。

また、二時間サスペンスドラマなどでもこの手法はよく使われる。本来、これらの物語で主役を務めるのは警察官や探偵など、事件捜査をするのが仕事であるキャラクターなのが自然だ。

しかし、探偵役として女将や主婦、役人、サラリーマン、タクシードライバーなどなど、本来は事件捜査などとはまったく関係のないキャラクターを配置すると、変化球的な面白さが生まれる。主人公の職業に関係する特殊なストーリー展開に持っていくこともできる。まさに一石二鳥というものだ。

応用として、アイディア出し手法の一つである「ブレインストーミング」を活用する手がある。これはアメリカで開発された手法で、本来は複数人で「限られた時間内で思いつく限りのアイディアを列挙する」ものだ。しかし、個人で行うこともできる。

ポイントは「良し悪しや矛盾などの細かいことを考えず、一度上げたアイディアについて問題があるのではないかなども気にせず、なるべく自由な発想に基づき、とにかく条件に合致しそうなアイディアをひたすら上げ続ける」ことだ。

これを、A＋Bの発想に基づいて行う。たとえば片方のアイディアを「学園もの」と固定して、「○○学園」というお題でやってみるのだ。多くはどこかで見たようなありふれたアイディアか、逆にどうやっても物語にならなさそうなアイディアになるだろう。だが、百も二百もアイディアを出した中に一つや二つは、「あ、これいけるんじゃないか」というものがあるはずだ。「下手な鉄砲も数撃ちゃ当たる」ではないが、細かいことを頭から外して数を出すことに集中したときにしか出てこないアイディアというのは、確かにあるものなのである。

違うジャンルからアイディアを

①難しい？

さらなる応用として、**今自分が書こうとしているのとは違うジャンルのエンタメからアイディア・パターンを持ってくる**、という手法がある。

少年向けライトノベルを書こうというときに、少女向け小説でよく見るようなストーリーパターンを、あるいはハリウッド映画でよく見るような展開を、といった具合だ。

このように書くと、「ジャンルが違ったらパターンの応用なんて利かないのでは？」と思う人も多いだろう。

実際、一口にエンタメと言っても小説、漫画、アニメ、ゲーム、映画、演劇、音楽と各エンタメごとに個性があり、そのままパターンやアイディアをもらってくるのは難しい。さらにこれらのジャンルの中に「少年向け漫画」「少女向け漫画」などのジャンル内ジャンルがあり、それぞれの特徴があるわけだ。

だから、別ジャンルからパターンをもらってくるのにはある程度の障害がある。

たとえば漫画やアニメと小説を比べた時、一番の違いは情報量の差だ。小説なら世界設定にまつわる情報を、地の文でまとめて紹介することができる。漫画でもモノローグにしたり、ナレーション的文章を差し込むことはできるが、あまり文字を多くしすぎると絵を圧迫してしまうので基本的には避けるべき手法だ（蘊《うん》蓄《ちく》が重要な歴史ものや職業ものなどではある程度しょうがないが）。一方、アニメでは非常に難しい。三十分や一時間など時間制限のあるアニメの世界において、モノローグにせよ、ナレーションにせよ、物語の進行を漫画以上に阻害してしまう。これらの違いをしっかりわきまえた上でパターンをもらってこなければならないわけだ。

違うジャンルからアイディアを
②実はできる！

それでもなお、他ジャンルから新しいパターンを見出すことには大きな意味がある、とここでは宣言したい。

まず理由の一つとして、媒体から来る細かい違いはさほど大きな問題ではない、というところがある。

小説と漫画の違い、漫画とアニメの違い、アニメと実写ドラマの違い、実写ドラマと演劇の違い……これらは厳然としてある。

しかし、一方でそのような違いは比較的表層の部分における違いでもあるのだ。

創作される物語における本質は、媒体の違いによって左右されない部分にあるものが多い。それはキャラクターのカッコよさやかわいさであったり、しびれるような決めゼリフであったり、物語の雰囲気や展開が逆転するどんでん返しの面白さだったりする。これらの本質部分は、媒体による向き不向き、漫画家・アニメーターのテクニックや俳優による上乗せなどはありつつも、基本的にはどんな媒体でも変わらぬ面白さであるはずだ。

そのような、他ジャンル作品にある面白さの本質的なところをもらってくることができれば、この手法には意味がある。そして、できれば皆さんには「この作品には、自分がもらってこれるような面白さがあるかな？」と考えながらさまざまなジャンルの作品を楽しんでほしいのだ。

それまでのように純粋にエンターテインメントを満喫することはできなくなるだろうが、しかし、創作者というのはそういうものなのだ。プロの創作者たらんという覚悟があるなら、ぜひ、日常から他ジャンル作品を観察してほしいのである。

違うジャンルからアイディアを
③効果がデカい！

理由の二つ目。単純な話、他ジャンルからアイディア・パターンをもらってくると効果がデカいのだ。それは、オリジナリティを演出するために効果的であることを意味する。

ここまでの話を思い出してほしい。オリジナリティとは何だろうか？

私は、オリジナリティというのは多分に、「読者（視聴者、ユーザー）がこれまでに見たことがないもの」を意味するところがある、と考えている。

まったくの完全なオリジナルは実現不能でも、その読者が見たことがなければ、

「見たことがない！　オリジナルだ！」

と感じさせることができる。

そして、「ターゲット読者が見たことがない」ものを探すのには、その読者が普段見ていないようなジャンルを探すのが一番だ。

そこで、媒体からして違うジャンルの作品を見たり、同じジャンルの中でもターゲット読者や年代が違

う作品を読むことに意味があるのだ。なぜなら、そこからパターンやアイディアをもらってくることができれば、かなりの確率で読者に、

「オリジナルだ！」

と思わせることができるからだ。

凡人だって天才に勝てる！

ここまで紹介してきた通り、一見ありふれていてオリジナリティのないように見える物語でも、細部にアレンジを利かせていることであなたなりの創意工夫、独創性を発揮していくことは可能だ。

実際のところ、一般に「オリジナリティがある」「発想がすごい」とされる作品の多くは、このように「王道」「パターン」の枠（これを「アーキタイプ」などと呼んだりもする）を活用しつつ、アレンジによって読者の興味を引いているものが多いのだ。

根本からオリジナリティを備えてかつ面白いエンタメ作品など滅多にあるものではないし、無理に目指す必要はない——もちろん、できるなら越したことはない。だが、先ほども紹介したように、そのようにして真にオリジナリティのある作品を作り出し、新たな「王道」「パターン」を後世に残すのは、限られた天才の仕事だ。

自分が天才だ、誰も見たことがないパターンを作り出せる限られた人なのだ、と思い込むのは自由だけれど、効率がいい道とはいえない。何よりももったいない。だって、あなたの前には数々の先人が作り出してきた物語の王道、宝石箱の如き物語パターンが転がっているのだから。そう、本書に記されているものがそれだ。これを使った方が絶対に良い。

そもそも、エンタメ創作のいいところは、天才が作った誰も見たことがない傑作も、それほど才に溢れておらずともパターンを活用しつつ適度なオリジナリティを発揮して作った秀作も、同様に読者を感動させ、興奮させ、楽しませることができるところだ。

場合によっては、前者よりも後者の方がより多くの人に評価される可能性さえある。繰り返すが、人は時に「独創」よりも「安心」を好む傾向があるからだ。すると、創作をするのも楽しくなってこないだろうか。なにしろ、凡人が天才に勝てる世界なのだから。

パターンとオリジナリティ

一般的イメージ

パターン → 型にはまっていて、面白くない。手あかがついていて、読者に興味を持ってもらえない。なるべく避けたほうが面白くなる

オリジナル → 誰も見たことがないということは、それだけで面白くなるし、読者の興味も引ける。
自分だけの物語は絶対に作れる

しかし、実際には……

本書での考え方

パターン → 先人が積み上げてきた「こうすれば面白くなる」の塊。斬新さ、新鮮さには欠けるかもしれないが、そこを補えばいくらでも面白い話が作れる

オリジナル → オリジナルな物語は作れるが、それはたいてい面白くない。面白い「本当のオリジナル」は天才の仕事。しかしアレンジや組み合わせでオリジナルは作れる

せっかく魅力的なパターンがたくさんあるんだから、使わないのはもったいない

↓

パターンの組み合わせからオリジナルを作ろう！

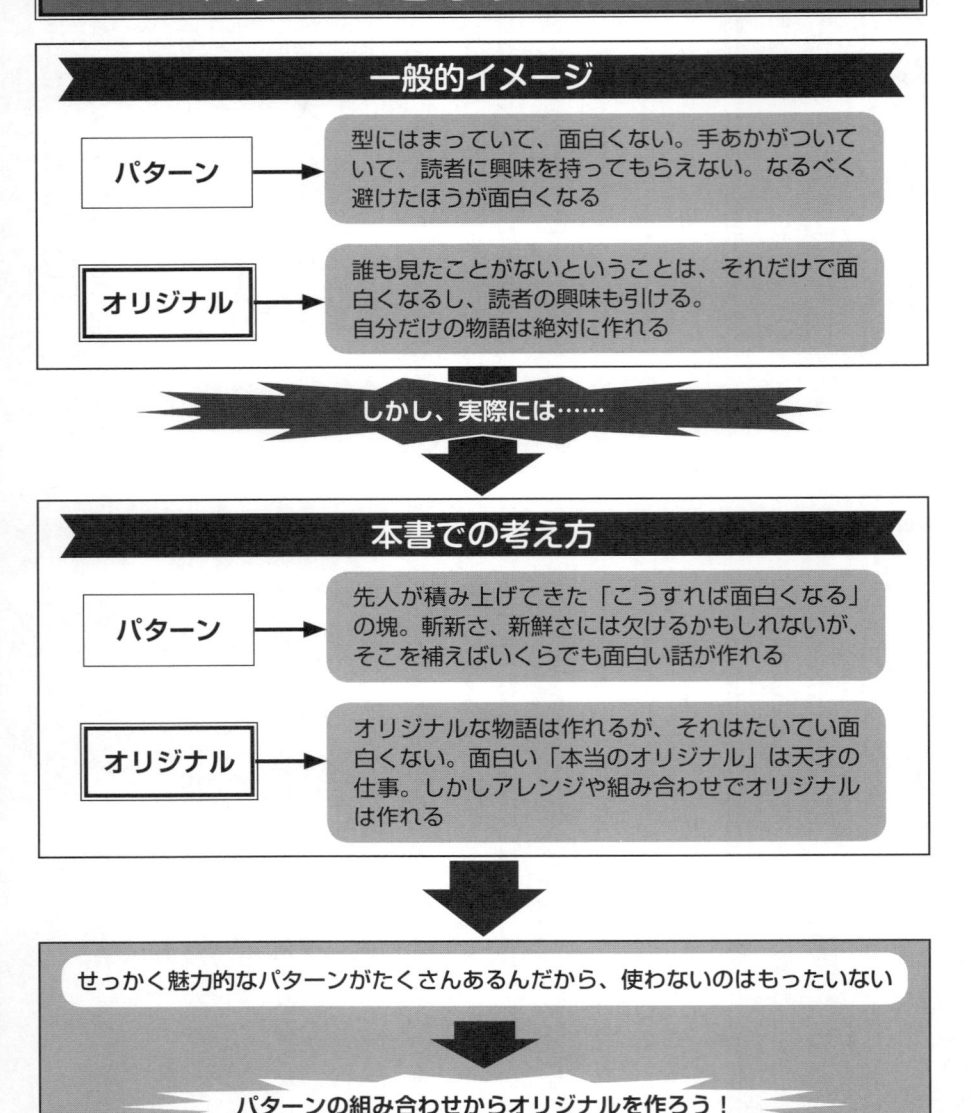

本書の使い方

読み物として

本書の活用法の第一は、**単純に読み物として**頭から読んでもらうことだ。

別に創作を志していなくとも、

「へえ、こういうパターンがあるんだなあ」

「あ、このパターンって昔からあるんだ」

「そうか、この展開ってパターンになるくらい沢山あるんだ」

などと知るだけでも十分に意味があるように制作したつもりだ。

もちろん、創作したい人、作家志望者にとってはより大きな意味がある。

「このパターンはやったことがない」

「これ一度やってみたい」

「こう考えれば今抱えている問題は解決するなあ」

などと考えながら読んでほしい。

あるいは、今の時点ではあまり興味が湧かなかったり、役に立つとは思えなくとも、本書に書かれているような網羅的知識を一度頭に入れておくことには大きな意味がある。

インターネット全盛の現在、知りたいことの多くは信憑性さえ期待しなければネット検索でかなりわかってしまう。だが、それは逆に言えば検索するキーワードがわからなければ何も調べられない、ということでもある。「なんとなく大づかみにしにくい」ことはインターネットの大きな欠点と言えるだろう。

しかし、網羅的な学習を済ませておけば、この欠点がかなりカバーできる。いわば、頭の中に索引・リストができている状態だから、詳しいことはインターネットでとりあえず調べる、あるいは図書館で詳しく調べる、ということができるようになるからだ。そのため、本書はなるべく広い範囲の情報をわかりやすく網羅することを目指した。

事典として

創作を志す人にとっては、本書は一度読んで終わりではない。むしろ、読了し、本棚に収めた後こそが本番と言える。

あなたが創作の日々をすごすにあたって、悩むこと、困ることは日常的にあるはずだ。

「最近マンネリになってきたから、何か新しいパターンで書いてみたいな」

「得意なパターンなんだけれど、もうちょっと詳しく知りたいなあ」

このような時に、お目当てのパターンや関係するパターンを紹介しているページだけを開くわけだ。つまり、**事典的な用法**である。

願わくば、何かしらの小説や漫画、アニメ、ゲームなどを堪能した後にも本書を手に取ってほしい。今楽しんだ作品はどんなパターンを踏襲しているのか。各項目の内容とどこが合致して、どこが合致してないのか。そのように本書を事典として活用することで、より作品について、そしてパターンについて理解を深めることができるはずだ。

その経験は、あなたが創作をしていくにあたって大きな武器となるはずである。

問題集として　①発想力の必要性

作家志望者の皆さんにとって一番やってほしいこの本の活用法。それはある種の**問題集、ドリル**としての使い方である。

創作者を目指して発想力を養うためにまず最初にやるべきことは、多様な物語を読み、鑑賞し、遊んで、自分の中に取り込むことだ。いわゆるインプット作業である。

このインプット作業にも本書は役立つ。

「この物語はどんなパターンに則っているか」

「この物語がこういう展開になっているのはなぜなのか……ああそうか、このパターンにはこういう常識があるからなんだな」

と、内容・方法論を理解するのに役立つからだ。

だが、本書が真に役に立つのはこれからである。発想力を養うためにはインプットだけでは足りない。これと対になるアウトプット、つまり自分の中にため込んだアイディアや知識を吐き出して物語を作る行為も十分にしなければいけないのだ。知っているだけでは役に立たない、実践を積んで経験を得なければ意味がない、というのはあらゆることに通用する真理であろう。

問題集として　②プロットを作ろう

では、具体的にどうしたらいいのだろうか。とりあえずおすすめなのは、プロット（物語の設計図）を数多く作ることだ。小説をたくさん書くのは簡単なことではないが、プロットならなんとかなる。そうして物語を作り上げる経験を積むことで、発想力を養うことが可能なのだ。

とはいえ、プロットの作り方がわからない、という人も多いだろう。練習で作るプロットは沢山の分量を書く必要はない。多くて四百文字、基本は二百文字くらいで十分だ。

何を書けばいいかわからない、という人もいるだろう。以下の五項目を参考にしてほしい。

①どんな場所が舞台で、
②主人公やヒロイン、ライバルはどんなキャラクターで、
③どんなふうに始まって、
④どう展開して、
⑤どう終わるのか。

これだけ書ければ十分だ。

人によっては、⑤が難しいという人もいるかもしれない。その場合は無理にオチまで書こうとしなくて良いだろう。

大事なのは、コンスタントに物語を作り続けることだ。野球のバッティングがうまくなるためには毎日素振りをすることが必要なように、発想力を鍛えるためにも、物語を考え続けることが必要だ。そうすることで、頭の中の「物語を考える」部分を動かし、鍛えていくことが可能になる。脳みそのこの部分は普段の生活ではなかなか使う機会がないので、意識して活用していかなければならないのだ。

それでは、具体的にはどのくらいの頻度でプロットを作っていけばいいのだろうか。これはもちろん、数が多いに越したことはない。

ただ、実力以上に頑張って作ろうとすると、どこかで見たような話、主人公とヒロインの名前と立場を変えただけのような同じような話を量産することになるので、おすすめできない。

可能なら一日一本。せめて週に二～三本、新しいプロットを作ってみてほしい。

これは一応、二百文字程度のプロットを想定している。ただもし、

「自分はプロットというとそんなに短くは作れない。少なくとも四百文字、いや八百文字くらいは使わないと面白い話にならない」

という人は、週に一本でいいだろう。

問題集として　③本書を役立てよう

どちらにせよ、「そんなに沢山作れない」「アイディアが足りない」となってしまう人が多いはずだ。そういう人にこそ、本書が役に立つ。

どんなプロットを作っていいかわからなくなったら、本書で紹介されているパターンから一つ選んで、「よし、今日はこのパターンでプロットを作ってみよう」とすればいいのだ。何なら目次に一つずつチェックを入れて、全パターンの制覇を目指してもよい。

この手法のいいところは、ネタ切れ防止だけではない。全パターンでプロットを作ろうとすれば、自然と普段自分が得意としないパターン、あまり読んだことがなくて興味のないパターンについてもプロットを作ることになる。

そうなれば当然、

「このパターンのキモはどこにあるのかな」

「このパターンではどんな物語が作れるのかな」

と考えることになり、各パターンへの理解が進む。

もしかしたら、やってみたら食わず嫌いだったことが判明したり、自分に向いていることがわかったりするかもしれない。色々なことをやってみるに越したことはないのだ。

以上が本書の想定された利用法である。もちろん、他にも活用法はあるはずだ。自由な発想に基づいて、本書を十分に使いこなしていただきたい。

第一章
これこそ王道！基本ストーリー

物語のパターンは無数に存在するが、どんなジャンル、どんなタイプの物語にもたいてい活用できる「基本」があるのもまた事実。この章ではそうした基本中の基本、王道中の王道パターンについて紹介する。

①起承転結

物語には理想の流れというものがある。その典型が起承転結の構造だ

起承転結は理想的な物語の形

起承転結は、もともと漢詩、中でも特に絶句と呼ばれる四行詩の文章スタイルとして成立したものだ。これがストーリーの流れとして理想的であったために漢詩以外の物語にも流用されるようになった。その結果として、現在では**「理想的な物語の形の一つ」**として広く知られている。起承転結の考え方では、物語を**起承転結の四ブロック**に分割してとらえる。この四つのプロセスを積み重ねることで物語に適切な始まりと盛り上がり、そして終わりを与えることができるわけだ。

この考え方は四つに分割された各ブロックについても適用できる。たとえば、起の部分をさらに導入、展開、逆転、結末……と起承転結に切り分けられる（このように大きな塊が同じ形の小さな塊に分割できることをフラクタル構造という）。こうすることでより細かく物語の盛り上がりを制御することができる。

あくまで「基本」にすぎない

起承転結はあくまで理想的な物語パターンの一つ、その「**基本**」である。だから、これにどういうアレンジをしていくかで物語のイメージは大きく変わっていくし、そこが作り手の腕の見せ所といえる。

たとえば、ストーリーを起承転結の四ブロックへ単純に四分割すればいいというわけではない。その物語は起をじっくり語るべきなのか、それとも起と承の前半部分はなるべくさらっと流してしまって転以降に焦点を置くべきなのか。その物語に**ふさわしいバランス**を模索するのが一番重要なのであって、起承転結という四つの切り分けは一つの指針にすぎないともいえる。

他にも起の前に小さい導入エピソードをもう一つの起として用意したり、転部分を二段構え（起承転承転結）にしたりといった変化球もあるが、これについてはのちに詳述する。

起承転結

起

導入部分としてキャラクターや世界設定の提示をし、物語全体の雰囲気を読み手に伝えるのが主な役目

例：少年が空から落ちてきた女の子を拾い、そこに追っ手が現われる

このブロックをさらに起承転結へ分解できる

フラクタル構造

↓

承

起で提示された設定や状況を元に物語を展開させ、作品に奥行きやふくらみ、リアリティを与えていく

例：少年の運動能力や地元の地の利、少女の特殊能力を活用しながら追っ手から逃げていく

↓

転

起と承で紹介されてきた状況をひっくり返し、それまでとは違う方向へ物語を進めていく

例：少年は逃走中も助けてくれた古い友人に少女を預けるが、実は彼こそが黒幕と気づく

↓

結

迫力あるアクションや感動的な心の交流などで盛り上げつつ、きちんと物語に決着をつける

例：少年は最初の追っ手たちと力を合わせて黒幕を倒し、少女を取り戻す

起承転結は物語をきっちりと盛り上げて終わらせる理想的な物語構造

↓

あくまで「基本」スタイルにすぎないので、書き手がどのようにアレンジしていくかが大事

②起起承転結型ストーリー

起承転結に＋1で物語の冒頭に勢いを与える

もう一つの「起」はダイジェスト・ストーリー

起承転結の項で、「起承転結はあくまで基本であってアレンジの余地がある」と紹介した。そうした発展形の一つが、**「起起承転結型」**ともいうべき物語のパターンだ。これは後述する「ホット・スタート」（44ページ）の一バリエーションでもある。このパターンでは、物語の導入部にあたる「起」が通常より余分に一つくっついている。この追加の「起」は、主に物語本編とは直接つながらない小さな事件を題材とする。

そこでは主人公たちの活躍が描かれ、彼らがどんな人格や能力の持ち主で、どのような状況に置かれているのか——さらに言えば、この作品自体がどんな世界を舞台にしているのかが表現される。一つの物語をダイジェスト的に描くことで、続く本編へスムーズに入っていく、**余計な説明で物語のテンポを悪くしない**ための工夫と考えればわかりやすいだろうか。

アクションを見せるためだけでなく

この起起承転結型のストーリーは、特にハリウッド映画などでよく見られるものだ。たとえば『レイダース／失われたアーク《聖櫃《アーク》》』では、インディアナ・ジョーンズが洞窟の中で転がる岩に追いかけられて命からがら生還した後に、物語の主題にまつわる聖櫃にかかわっていく。また、『００７』シリーズでも、しばしばジェームズ・ボンドは一つの任務を達成したあとにさらなる任務を命じられる。こうすることで物語の「つかみ」の部分に**派手なアクション**を配置しやすくなり、視聴者の興味が引けるわけだ。

この構造をただ設定の提示やアクションの都合だけに使うのももったいない。そこで、たとえば「実は冒頭の事件こそがすべての引き金だった」あるいは「最初の事件で失敗した技術に挑戦して事件を解決する」などの形で**本編の伏線にする**のもうまい手といえる。

起起承転結型ストーリー

ハリウッド映画などでしばしば活用される物語パターン

通常の起承転結

起 → 起 → 承 → 転 → 結

物語本編（起承転結）の前に起きた小さな事件として、キャラクターや世界設定などの紹介を行う

この「起」部分からの過去回想として本編が始まるパターンも

起起承転結型のメリット

⑴ 設定がスムーズに紹介できる

ダイジェスト的ストーリーで小さな事件を展開することによって、本編では長々と設定の解説を行わなくてもいいようになる

⑵ 冒頭に無理なアクションを配置できる

冒頭に小事件を配置し、そこでアクションやバトルを展開することで、受け手が長々とした前置きで飽きるのを予防できる

⑶ 伏線として活用することができる

冒頭の事件は本編に無関係と見せつつ、実はなんらかの形でつながりが……というのは定番の伏線

③序破急

起承転結ではなく、序破急にするのはなぜなのか

日本古典芸能の手法

前項までで紹介した通り、物語を分割してブロック構造で理解する場合、起承転結の四ブロック方式を使うのが一般的だ。だが、それ以外の方法もある。

起承転結以外でよく知られているのが**「序破急」**の三ブロック方式だ。これは能や浄瑠璃など日本の古典芸能でしばしば使われるもので、

①序：物語の始まり。
②破：変化に富んだ展開が始まる。
③急：急転直下、物語の終わりへ。

このような構造になっているのが基本である。

起承転結にしない理由

わざわざ一般的な起承転結ではなく、あえて序破急を使うのには、もちろん意味がある。それは、速やかに「破」へ移行できることだ。

起承転結では、「破」に相当する「転」にたどり着く前に「起」があり、「承」がある。設定やキャラクターをまず提示して掘り下げ、読者に親しんでもらった上でひっくり返すという構造になっているわけだ。しかしこれは逆に考えれば、読者をひきつける「転」の展開に辿りつくまでが長い、ということでもある。中だるみはエンタメ作品では特に避けるべきことだ。

一方、序破急では**「序」の後すぐに「破」の面白い展開がやって来る。**丁寧に展開を積み上げて面白さを作ろうとするよりは、読者の興味を引くようなシーンをなるべく早く持ってきて気持ちを盛り上げたほうが、結果として印象が良くなる。これは多くのエンタメ作品に共通するコツだ。

このコツを十分に活用するためには、起承転結よりも序破急が向いているのだ。もちろん起承転結がだめというわけではなく、「起と承は二つで一つ」くらいの気持ちでいれば同じ効果が期待できる。

序破急

起承転結だけが物語をブロックで分解する手法ではない

もっとも代表的で、しばしば起承転結の代わりに使われるのが

序破急

もともとは、能や浄瑠璃などの日本の古典芸能における考え方で、物語を３つのブロックに分解して考える

- **序**：物語の始まり。本来の意味では「ゆっくりと展開する」だが、もちろん創作ではさまざま
- **破**：ここから物語はバリエーション豊かに展開する。「序」の展開が変わる
- **急**：物語は急速に終わりへ向かう。一気にクライマックスへ

序破急と起承転結の違いは？

序破急の「破」、起承転結の「転」は物語の展開を変えるターニングポイントで、そこに至るシーン数が多いか少ないかは物語の印象に大きな影響を与える

序破急（3ブロック） → ブロックの数が少ない分、中だるみせずに面白いところにいける → 起承転結（4ブロック）

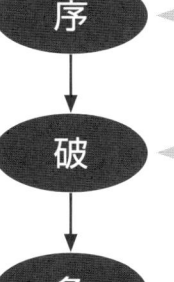

④ビルドゥングスロマン（成長物語）

人間の成長こそ、最も多くの人に受け入れられる物語に他ならない

誰もが楽しめる「成長」というテーマ

物語にはさまざまなテーマ（主題。その物語において最も重視される要素）があり得る。その中でも普遍的に好まれてきたのが「**成長**」というテーマだ。「**ビルドゥングスロマン**」とは「教養小説」の意味で、**若者の成長と人格形成**を描く小説ジャンルだ。

人格、能力、社会的地位など多様な点において未成熟である若者が何らかの事件に巻き込まれ、さまざまな経験を重ねるうちに成長し、大きな偉業を成す――これは古今東西を問わずありとあらゆる場所で見ることができる、普遍的な物語スタイルといえる。

たとえば、若者向け小説なら少年少女が大人になっていく様子が、ビジネス小説では若きビジネスマンが自らの力量と権限を拡大させ、出世街道を上っていく様子が描かれる。多くの読者にとって、自らと重ね合わせることが容易で物語にのめり込みやすいのだ。

大きすぎるテーマを扱うために

成長物語の難しいところは、人間の成長という大きなテーマを正面からすべて描こうとすると、膨大なエピソードが必要になる、ということだ。

自分自身の経験を思い出してほしいのだが、思春期のさまざまな葛藤や苦悩を経て大人になるまでには実にいろいろな出来事があり、誰もがその中で行ったり来たりして、**成功と失敗、前身と後退**を繰り返しながら成長していったはずだ。それを文庫本一冊分の小説や、数十ページの漫画で表現するのは非常に困難だとわかってもらえるだろう。

そこで、たとえば成長はあくまで**サブテーマに留めて**（一国の興亡を描いた戦記物の中で、世間知らずの王子が社会を知る様子を描く）、**成長の一場面を描く**（失恋から立ち直る過程で身近な人の存在を知り、自分の視界の狭さを知る）などの工夫が必要になる。

ビルドゥングスロマン（成長物語）

子どもが大人になる、半人前が一人前になる過程

↓

幅広い層に受け入れられるエンターテインメント

名前は若者の成長と人格形成を描く
ドイツ文学のビルドゥングスロマン（教養小説）から

**さまざまな点において未熟で、
成長の余地があるキャラクター**

能力
社会で生きていくための十分な力や経験がない

人格
感情をコントロールできない、暴走してしまいやすい

社会的立場
まだまだ子ども、半人前として周囲に保護される立場

など

出会い
新しい人との出会い

事件
アクシデントに遭遇

**それまでと違う経験を積む中で
自分なりの答えを見出していく**

葛藤
さまざまなことに苦悩する

発見
新事実や隠された秘密を知る

↓

**クライマックスでそのキャラクターの「答え」を表現し、
エピローグとあわせて成長した姿を見せる**

⑤もう一人の自分

自らの弱さを見出し、乗り越えることこそが真の成長

障害を克服する＝成長

一言で「成長」とはいっても、それを物語として面白くかつ自然な流れの中で表現するのは難しい。そこで最も多用されるのが**何らかの障害**（立ちふさがる敵、クリアするべき試練……）を用意し、主人公がそれを**突破・克服する**ことによって成長を表現する手法である。成長というつかみどころのないテーマを、障害として具現化することでわかりやすくするわけだ。

この考え方をさらに進めると、障害としてキャラクターにとっての**「もう一人の自分」**を登場させるやり方になる。これはユング心理学でいうところのシャドウのことで、「これからなるかもしれない、あるいはなるかもしれなかった姿」を指す。これは受け入れがたい相手だが、しかし自分と非常に似た存在なので、ただ否定するだけでは意味がない。つまり、**何らかの形で受け入れ、克服しなければならない**存在なのだ。

自分の醜さを認めること

フィクションにおける最も有名な「もう一人の自分」は『スター・ウォーズ』シリーズのダース・ベイダーであろう。主人公ルークの前に幾度となく立ちはだかる強大な敵であるが、一方でルークと同じ道をかつて進み、そこから外れた先達でもある。しかもルークとダース・ベイダーの間には深い関係があり、彼らの境遇はよく似ている。「ただ力で敵に打ち勝ち、敵を否定するだけでは結局のところ力に溺れて道を誤った相手と同じになり、成長は達成されない。ではどうするのか」というのが物語の大きなテーマになる。

つまり、これは**「自分に打ち勝つ」「自分の醜い部分を認める」**テーマであるわけだ。人間誰しも自分の欠点や失敗した過去からは目をそらしたくなるもの。それほど難しい行為に成功すれば、成長を表現するために非常に有効であるといえよう。

もう一人の自分

成長はとらえどころのない概念であり、表現が難しい。
受け手にキャラクターの成長を物語の自然な流れの中で明確に実感させるためにはどうしたらよいか？

障害となる敵や試練を
乗り越えさせるのが一番

障害としてうってつけなのが、
ユング心理学でいうところの「シャドウ」である

キャラクター ←→ **対比される存在**
同類嫌悪の対象 ←→ **シャドウ**

キャラクターにとって「今後、こうなってしまうかもしれない」
または「別の選択をしていたらこうなっていたかもしれない」
もう一人の自分＝受け入れがたい、憎むべき相手

たとえば

●あくまで人のために戦う正義のヒーローと、同じ超能力を持つのに私利私欲に走る犯罪者

そのキャラクターのマイナス面を体現する存在であり、
単純に対立するだけでは自分の欠点に目をつぶるのと同じ

キャラクターが相手を「もう一人の自分」として認める
↓
戦いとは別の手段を選ぶ or 戦って倒すが考え方を改める

もう一人の自分を克服することによって成長が強く表現される

⑥マイナスからの復権

失われたものを取り戻し、新たな道を切り開く

積み上げることだけが成長ではない

一般的に、成長物語はゼロから積み上げていく王道パターンと思われている。しかし、実際の人間の人生は必ずしもゼロから始められるわけではない。いやむしろ、**マイナスの地点から出発し、過去に失ってしまったものを取り戻したり、あるいは代わりのものを手に入れる**ことの方が多いのではないか。

受け手側にとって身近なテーマということは、それだけ物語として魅力的だ、ということでもある。実際、物語が始まる前（あるいは物語の冒頭）に何らかの物理的、精神的、社会的な傷を負った主人公が事件に遭遇し、さまざまな人々との出会いを経て変わっていくのは、比較的読者年齢層の高いジャンルでよく見られる物語パターンの一つだ。あとで紹介する「復讐譚《たん》」（68ページ）や「カムバック・ストーリー」（167ページ）は特にこれと関係が深い。

同情は集まるが、重苦しくなるのは悩み

このような「復権」もののいいところは、主人公の境遇に受け手からの**同情が集まりやすい**ことだ。ちょっとばかり性格が捻じ曲がって嫌みなタイプのキャラクターであっても、それが強烈なトラウマや悲惨な過去から来ているものであれば、読者の目も自然と柔らかくなるし、応援もしてくれるというもの。もちろん限度はあって、やりすぎると嫌われるし、同情買いに失敗すると目も当てられなくなるのだが。

そうでなくても、単純な成長ものに陽的な明るさがあるのに対し、復権ものには陰的な暗さがまとわりつきやすい。特にライトノベルのような低年齢層の読者が多いジャンルでは、この**暗さが忌避《きひ》されることもある**ので、キャラクターの掛け合いで雰囲気を軽くしたり、コミカルな描写・展開を重ねていくなどの工夫が必要になる。

マイナスからの復権

キャラクターの変化を描く物語あれこれ

ゼロからの成長

未熟なキャラクターが成長要素を積み上げて一人前になっていく

マイナスからの復権

失われた何ものかを取り返し、新しいものを手に入れて、復権する

複雑な過去を持つ主人公が、マイナスの状態から復讐を果たす、
あるいは過去のトラウマを乗り越えていく物語
（復讐譚やカムバック・ストーリーはその典型）

立派な「成長物語」のバリエーションといえる

「マイナスからの復権」ものの特徴

(1) 主人公の立場が一つのウリになる

辛いトラウマを抱え、厳しい立場に追い込まれた主人公には、自然と読者からの同情が集まり、感情移入もしてもらいやすい。過激な行動や嫌われやすいパーソナリティーにも説得力が出る

ただし、やりすぎには注意！

(2) どうしても雰囲気が重くなる

上を目指して積み上げていけばいい成長ものと違って、暗い過去をきちんと描かなければいけない復権ものは、物語の流れの中で自然と雰囲気が重くなりがちである。

希望を示し、コミカルさを加え、雰囲気を明るくする

⑦行きて帰りし物語

物語の基本は行って帰ってくること

行って、成長して、帰る

ファンタジーの原型の一つといえるトールキン『指輪物語』の前日談、『ホビットの冒険』の副題は「行きて帰りし物語」という。これを翻訳した瀬田貞二は著書『幼い子の文学』（中央公論新社）の中で「**人間というものは、たいがい、行って帰るもんだと思うんです**」と語り、（児童文学を中心にしてはいるが）多くの物語にパターンとして「行って帰る」ことが組み込まれていることを紹介している。

実際、さまざまな物語がその基本構造として「行って帰る」ことを採用している。**自分が本来生きてきた場所とは違う場所へ赴《おもむ》き、そこで新しい体験をし、自分の能力を高め、また視野を広げて成長して、そして帰ってくる**——このような流れを持っている作品は、古来の神話・伝説から現在のエンターテインメントまで、枚挙に暇がない。

大事なのは境界線を越えること

主人公が何処かへ出かけない話であっても、重要なキャラクター（ヒロインやライバルなど）が境界線を越えて外からやってきて、主人公と影響を与え合い、そして去っていくパターンはよく見られる。

またさらに別パターンとして、目的を果たしたあとに帰ってこないでそのまま新しい旅へ出るパターンも少なくない。

しかし、おそらく大事なのは「境界線を越える」という行為そのものなのだろう。ただただ日常の中で耽《たん》溺《でき》するだけでは物語として面白くない。それは「新しい自転車で隣町に行ってみる」程度のささやかなものから「魔王を倒すために未開の荒野へ踏み出す」という壮大なものまでさまざまだが、とにかく（本人にとって）**遠いところへ行き、そして帰ってくるという点は共通している**のである。

行きて帰りし物語

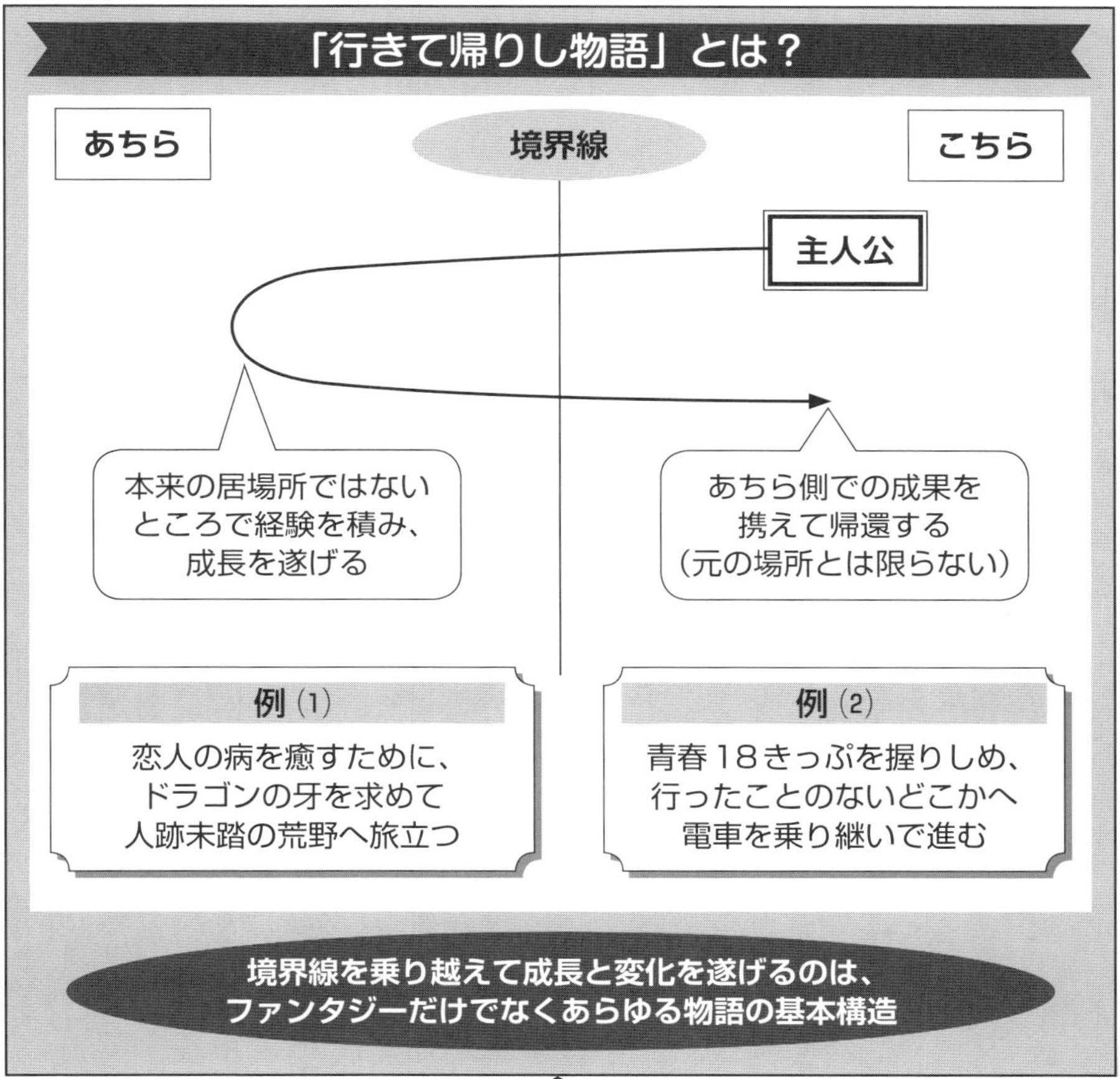

「行きて帰りし物語」とは？
あちら
境界線
こちら
主人公
本来の居場所ではないところで経験を積み、成長を遂げる
あちら側での成果を携えて帰還する（元の場所とは限らない）
例（1）
恋人の病を癒すために、ドラゴンの牙を求めて人跡未踏の荒野へ旅立つ
例（2）
青春18きっぷを握りしめ、行ったことのないどこかへ電車を乗り継いで進む
境界線を乗り越えて成長と変化を遂げるのは、ファンタジーだけでなくあらゆる物語の基本構造

「境界線を越える」のは必ずしも主人公側とは限らない

↓

「こちら」へ侵略してくるライバル、「あちら」から逃げてきたヒロインなどにとっても、ある意味では「行きて帰りし」物語になる

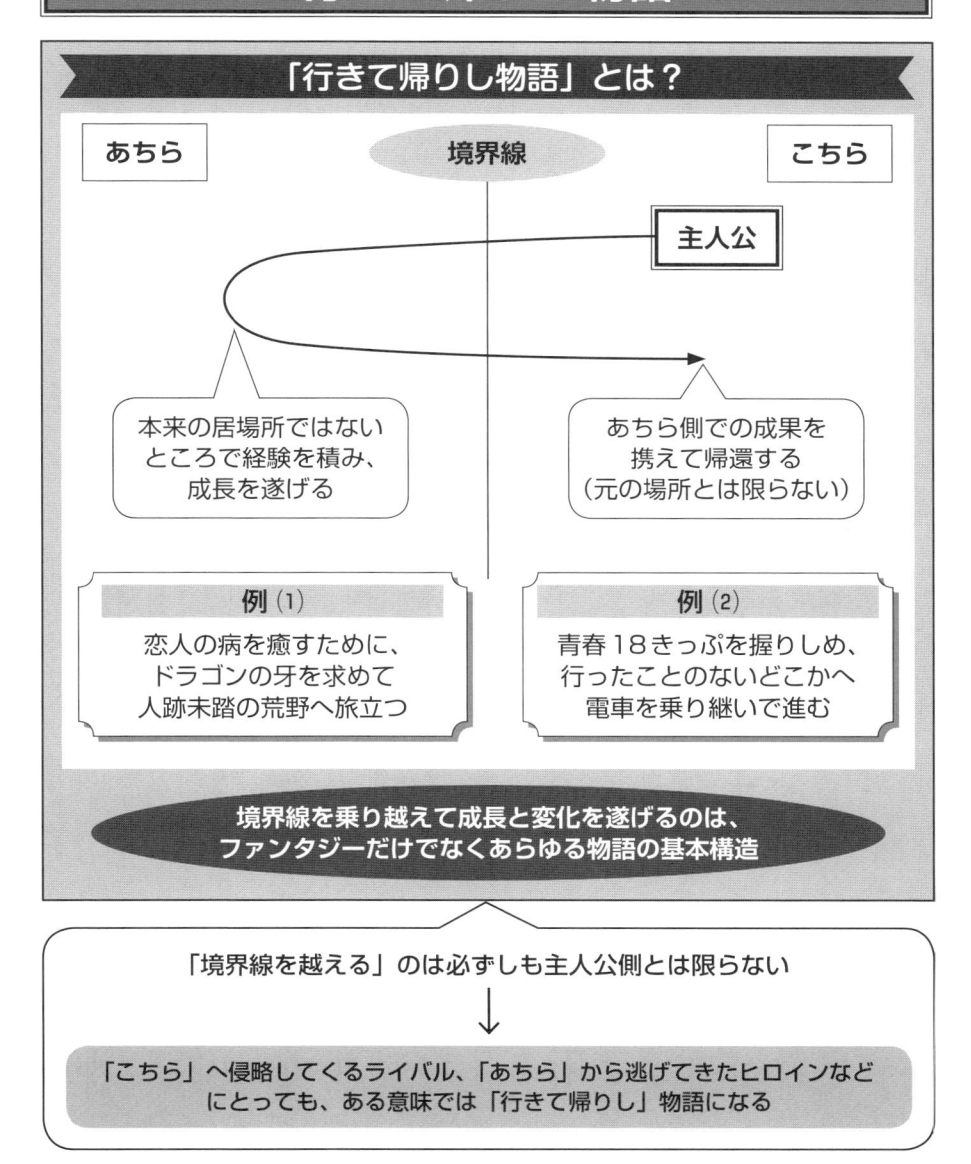

⑧ 信念・信仰の崩壊と再生

信じるものを失って、再び立ち上がることができるだろうか？

物語の大きなイベントとして

人間が強くいられるのはどんな時だろうか。人それぞれにさまざまな理由があるだろうが、多くの人に共通するのは、**自らの信じるところ——信念や信仰に従って行動するとき**だろう。自分の主義主張を正しいと信じ、あるいは神の加護があると信じられたとき、人間は本来以上の力と勇気を発揮できる。

これだけ強い力の源であるだけに、一度それが揺らいでしまえば悲惨なことになる。自分の主義主張が間違っているのではないか、長年従ってきた人物や組織は自分が信じてきたものとは違う本性を隠しているのではないか——このような迷いを抱え、解決することができなければ、もう以前のように強く生きていくことはできない。この種の「信念・信仰の崩壊」は物語の前提、あるいは中盤における大きなイベントとして非常に魅力的である。

ただ取り戻すだけでなく……

ただ悲劇を描くのであったり、あるいは敵役側の話であれば「崩壊して終わり」でも悪くない。主人公が復讐として敵役を論破し、彼の信じてきたものを木《こ》っ端微塵《ぱみじん》に砕く——というのも一つの結末といえる。

だが、主人公あるいは主要キャラクターが信念・信仰を失ったのであれば、それを**何らかの形で再生し、あるいは新しく獲得する**様子を描かなければ物語としてのすわりが良くない。また、ただ「やっぱり自分は間違っていなかった！」と元の信念・信仰に戻るだけというのも面白くない。**かつての自分の過ちを認めた上で、新しい主義主張を作り上げて成長する**のが良い。庶民を蔑《さげす》んでいた貴族が国民のために貴族としての責務を果たそうと志したり、教団の腐敗を目の当たりにして信仰を見失った神官が「自分ひとりでも正しい信仰を貫くべき」と決心する、というのはどうか。

信念・信仰の崩壊と再生

「信じるもの」は人間を強くする

信念や信仰 ― 強く生きていくための バックボーンとなる → **人間**

●自分の主義主張が正しいと信じる
●正しい神に従っている自分も正しいと信じる

など

↓

迷わないですむとき、人間は普段以上の力を発揮する

しかし、それが狂信にまで行き
すぎると思考の柔軟性を失う

信じていたものを失った時、どうするのか？

信念・信仰を失ったまま

かつて持っていた強さを失ったまま物語から消えていくのは、
敵役や脇役にはふさわしいのかもしれない

あるいは

信念・信仰を取り戻す

失った原因に再び立ち向かう、別のよりどころを探し求めるなどの
過程を経て、再生あるいは新たな信念の構築を果たす

↓

狂信的な信仰、一面的な信念から脱却し、
新しくて柔軟なものを再構築するのが主人公にふさわしい

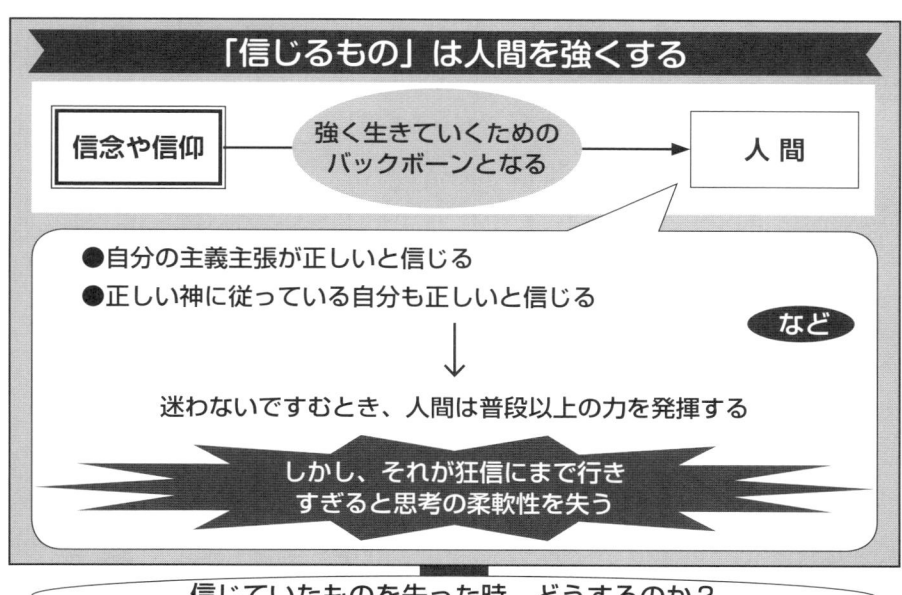

⑨群像劇

明確な主人公がいない、複数視点の絡み合う複雑な物語スタイル

群像劇の主人公は「事件」

通常、物語には明確な主人公が一人いて、彼（あるいは彼女）を中心にさまざまな事件・イベントが起きることで進んでいくことになる。

しかし、「群像劇」と呼ばれるスタイルには**明確な主人公がいない**か、いても**サブ主人公が複数**いたり、**複数人の主人公格キャラクターが並列に存在**したりする。あるいは、群像劇においては人物ではなく**事件こそが真の主人公**であって、キャラクターは事件を受け手に伝えるための窓口にすぎないとさえいえるのだ。

一つの事件や物事を複数の視点から立体的に見せることにより、物語に**幅の広さと奥行き**を与えられる。物語を貫く思想や思考があまりにも偏りすぎると読者から嫌われかねないのだが、主人公格のキャラクターたちがそれぞれ自らの主張を展開し、より良い方向へ昇華させていけば、それを回避することもできる。

キャラクターの多さをどう裁くか？

群像劇の難しいところは、どうしても**キャラクターが多くなる**ことだ。脇役が多くなるだけなら大きな問題ではないのだが、主役格が複数存在すればそれだけで物語の構造が複雑になり、作り手の主張はわかりにくくなる。ただ、これは映像作品ではあまり大きな問題にならない。ビジュアル面で強いアピールができるなら受け手にはそのときそのときの出来事を追いかけてもらえばよく、「え、今は何がどうなってるの？」と混乱させることも少ない。ＴＶドラマや映画などで群像劇スタイルをよく見るのはこのためだ。

しかし、小説ではこうはいかない。文字情報だけで物語を組み立てていくにあたって、明確な主人公を中心に物語を組み立てられないのは大きな重荷になる。なぜなら**状況描写に気を使って「そこでは何が起きているか」を丁寧に描かなければならない**からだ。

群像劇

通常の物語構造

物語は一人のキャラクターの視点によって語られる。
受け手は主人公の行動と心情を追いかけていけばいい

これとは別のスタイルの物語がある

群像劇の物語構造

複数のキャラクターが主人公格となることで、さまざまな視点から物語に光を当てていくことになる

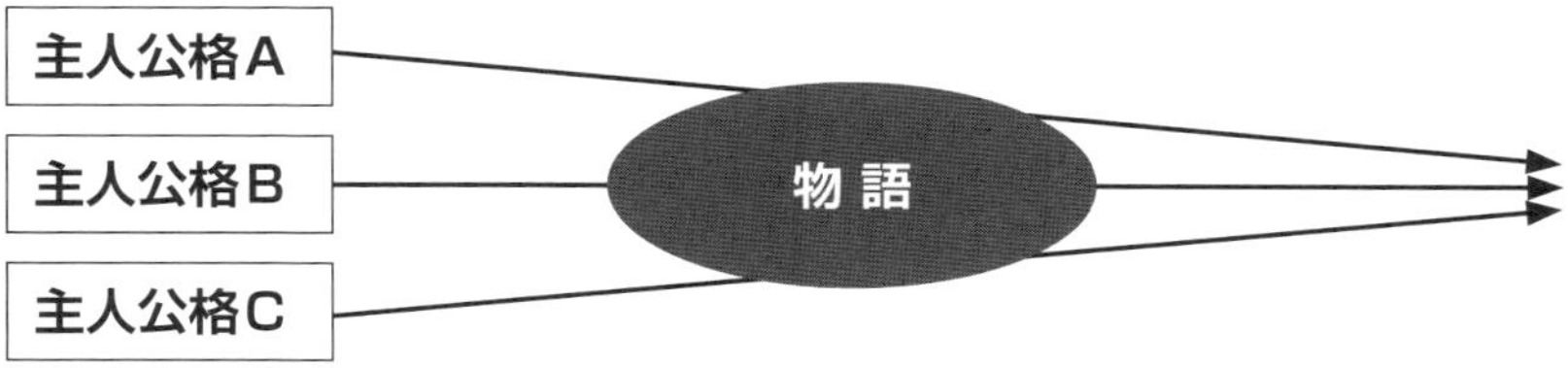

群像劇の長所

事件や出来事、価値観など物語を構成する要素を複数のキャラクターの視点から描くことができる

奥行きが深く、幅の広い、
複雑な構造の物語を作れる

群像劇の短所

構造が複雑化しやすく、受け手がついていきづらい。作り手が物語を制御するのも難しくなる

物語の流れの整理と
丁寧な状況描写が必要

⑩ 物語のメリハリ
淡々と進む物語はつまらない。緩急がついてこそ驚きは加速する

「常に面白く」は不可能

普通、物語が常に最高の盛り上がりを維持することは不可能だ。緊迫するシーンや読者の目を引きつける様なシーンを次々と盛り込んでいっても、どうしたって設定や背景事情を語るシーンではテンションが下がってしまう。

無理に勢いのあるシーンだけで物語を構成することもできなくはない。だが、そんなことをすればたいていの場合は受け手から「何が起きているんだかわけがわからない」という評価が返ってくる。あるいは「最初から最後までテンションが高すぎてついていけないし、疲れちゃうよ」という反応もあるだろう。

そこで必要なのが、**物語にメリハリをつける**ことだ。「**山場**（**盛り上がる場所**）と**ダレ場**（**盛り上がらない場所**）を意識していく」ともいう。大事なのは、盛り上げるべき場所をきっちり盛り上げることだ。

メリハリの意義

意識的に盛り上がらない場所を用意するなんて変だ、と思うかもしれない。しかし、たとえば設定や背景事情を提示するための静かなシーンは必要だ。主人公たちが危機に立たされる厳しい状況がしばらく続いたあとに、鮮やかな逆転劇へつなげれば、ただ敵にあっさり勝つよりも大きな盛り上がりを得ることができる。ドカンと爆発させるためにはあえて引き、エネルギーを溜めることも時には必要になるのだ。起承転結が段階を踏んで物語を盛り上げていこうとするのも、このメリハリの考え方に通じるところがある。

また、どのくらいの間隔でメリハリをつければいいのかわからないと悩むかもしれない。作品の雰囲気や媒体ごとに違うのだが、わかりやすい一例として、テレビの二時間ドラマでしばしば十五分ごとに挿入される、見せ場やお色気シーンが挙げられる。

物語のメリハリ

メリハリは必要か？

初心者

物語は最初から最後までとにかく盛り上がったほうがいいに決まってる！

テンションを上げ続けようとすると不自然な構成になり、受け手も疲弊する

実際のところ盛り上げ続けるのは不可能だし、「ダレ場」にも十分な意味がある

ベテラン

メリハリの意味

山場

物語が盛り上がるシーン。読者の興味が離れないように適宜盛り込んでいく必要がある

ダレ場

物語が盛り上がらないシーン。説明や提示は必要だし、爆発につなげる「タメ」としても重要

二つのシーンをバランスよく組み合わせていく

魅力的な物語を追求するために

⑪ホット・スタート

爆発するように熱く、そして勢いよく物語を始めるべし！

受け手は設定資料集を求めていない

物語を作りなれていない人の多くは、冒頭でしっかりとキャラクターや世界設定の説明をしなければならない、と信じている人が多いようだ。たとえば異世界ファンタジーであるなら、「どんな成り立ちの世界で、どんな国があって、魔法の仕組みがどうこうで……」という具合に設定を頭から尻尾まで紹介してしまうケースが散見される。

実は、これが一番やってはいけない失敗パターンの一つなのである。**受け手は「物語」を求めているのであって、「設定資料集」を求めているわけではない。**設定の提示は当然必要だが、物語より先に設定があってはいけない。しかし初心者は「受け手にわかりやすく！」という親切心が先走り、そこを勘違いしてしまうことが多いのだ。この問題への対抗策として、**「ホット・スタート」**というパターンがある。

勢いを活かして読者の興味を引く

どういうパターンなのかといえば、「ホット」という言葉の通り、冒頭から「熱い」展開で始めるのが特徴だ。たとえば「仕事を依頼される」「日常生活を満喫する」などの始まり方が普通だとするなら、いきなり「日常空間が事件に巻き込まれる（テロの現場になる、など）」「主人公が襲撃される（何者かに殺害されてなぜか復活する、など）」などの**衝撃的で勢いのあるシーン**から始めるのである。

ホット・スタートのいいところは、とにかく勢いがあることだ。設定をチマチマ語るのは後回しにして、とりあえず読者の興味を引き、「ここからどうなるんだ？」と思わせる展開を冒頭に置くことで、物語としての勢いと面白さを引き出すのがその目的である。逆に言えば、ホット・スタート方式でやれば「設定資料集」に陥らず、自然に「物語」が始められるわけだ。

ホット・スタート

冒頭でやってしまいがちな失敗

初心者：設定はなるべく最初にたくさん紹介した方がわかりやすくて受け手に親切だよね

↓

受け手：最初から「神話がどう」とか「国がどう」とかだらだら描かれても、面白くもなんともない！

冒頭からの設定語りは物語の面白さを殺してしまう

↓

読者の興味を引く冒頭の展開にはどういうものがあるのか？

↓

ホット・スタート方式

ホット＝「熱い」という言葉の通り、勢いのある冒頭スタイル

冒頭からいきなりショッキングな展開で始める

↓

「崩壊する日常」「主人公の死」「絶対的な危機」などの厳しい状況を最初から設定することで緊迫感・緊張感を演出し、「ここからどうなるんだ？」と読者の興味を引くことができる

この方式をとることで「だらだら設定を描く」状況を回避できる

↓

だからといって「設定を提示しなくていい」わけではない！

⑫落ちもの

ある日突然、空から非日常が落ちてくる――

「落ちて」くるかのごとく

　漫画やアニメなどでしばしば見られる物語パターンとして、「落ちもの」がある。**ある日突然、主人公の目の前に空の上から「落ちて」きたように何者か――しばしば魅力的で個性的なヒロイン――が出現し**、たいていはそのまま共同生活を送ることになる。彼女（彼）の登場によって主人公の平凡な日常は崩壊し、コミカルであったりシリアスであったりする非日常へ突入していくことになる、というのが基本パターンである。コミカル方向ならその後も次々と「落ちて」きて、ハーレム化することが比較的多いようだ。

　この場合、「落ちる」というのは比喩表現で、本当に空から降ってくることもあれば、別の出現法のこともある。藤子・F・不二雄『ドラえもん』における「机の中からロボットが出てくる」というのはその一例といえるだろう。

なぜ人気が出るのか？

　各種フィクションの世界において、落ちものは人気のある物語パターンの一つだ。

　なぜかといえば、**「こんなことが（自分にも）あったらいいのになあ」という読者の憧れ・願望とマッチする部分が大きい**からではないだろうか。自身の行動や努力とは無関係にいきなり美少女（美青年）が現れて自分に好意を示してくれたら、喜ばない人はほとんどいないはずだ。近年の少年少女向け作品では、読者の傾向に合わせて主人公が受身的な性格であることが多く、その意味でも「相手が勝手にやってくる」落ちものは受け入れられやすいだろう。

　とはいえ、何の理由なく「落ちて」くるだけではあまりにも説得力がないので、主人公が未来に行う行動が重要であったり、あるいは主人公が内に秘めている素質が原因であったりするのが一般的だ。

落ちもの

「落ちもの」の基本的構造

落ちてくる「何か」

魅力的な異性＝ヒロインであることが多い。主人公の日常を壊し、非日常へ導く存在として活躍する

落ちる

「落ちる」というのは比喩で、物語にインパクトを与えるために唐突に出現することを指す

主人公

読者の感情移入を促し、「自分も……」と思わせるために（一見）平凡なキャラクターとすることが多い

とはいえ、ただ平凡だと物語にならないので……

- 主人公の血筋に秘密が隠されている
- 未来の主人公や主人公の子孫が何かをするなど、「現在の主人公」以外に「落ちて」くる理由付けを求めるパターンがよく使われる

など

どうして落ちものは人気があるのか？

読者 → 美少女・美青年が落ちてくるシチュエーション

現在の読者が求める理想像、欲求にぴたりとはまる

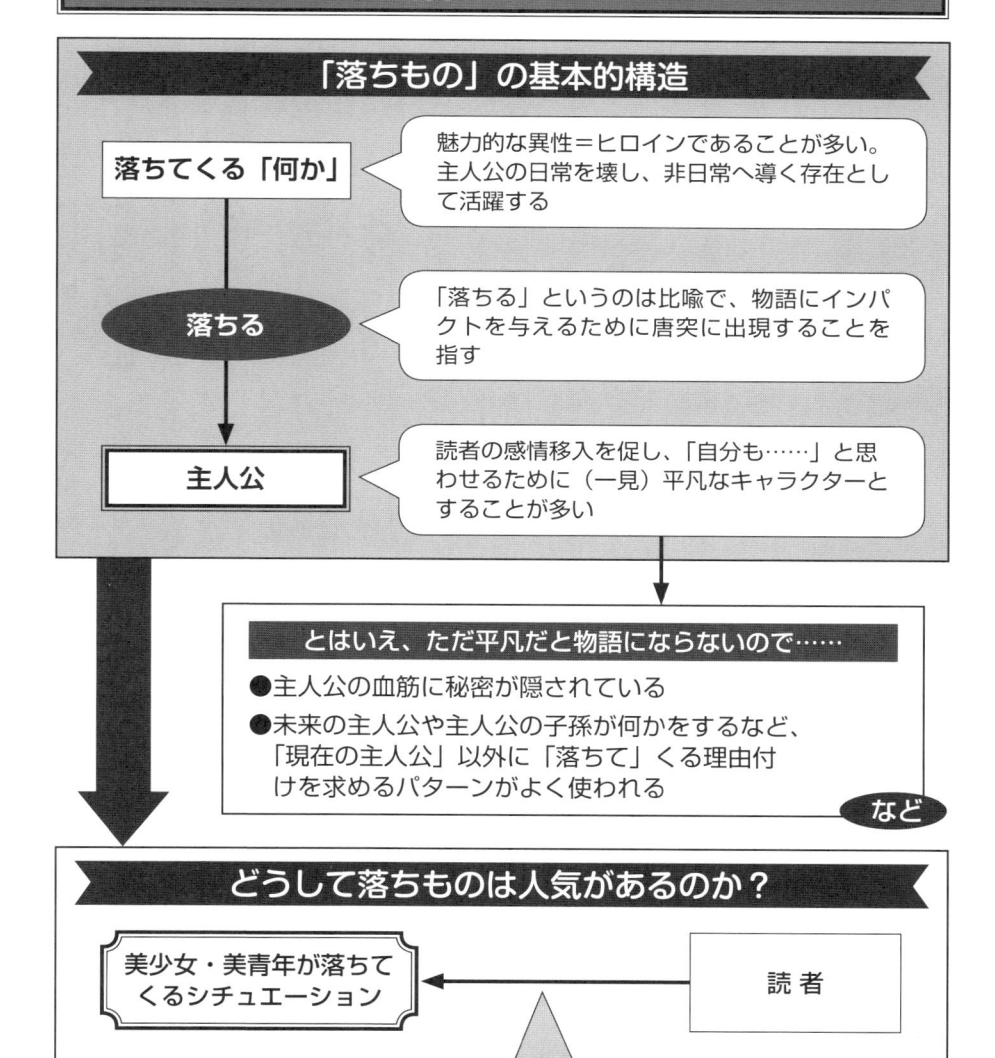

⑬どんでん返し

予定調和を破壊し、受け手の予想を超越するためのギミック

どんでん返しは何のためにあるか

起承転結において「転」部、すなわち物語の流れを方向転換するパートがあるのは、魅力的な物語を作り上げるためにそれが必要になるからだ。

どれだけよくできた展開であっても、受け手が慣れてしまって先読みできてしまうようでは面白さが半減してしまう。受け手の「こうなってほしい」という**期待を裏切ってはいけない**が、「どうせこうなるんだろうなあ」という**予想を凌駕《りょうが》する**ようでなくては、真に魅力的な物語とはいえないのである。

そのためには物語の方向性を変え、予定調和をぶち壊すための仕掛け――いわゆる**「どんでん返し」**が必要になる。これは元々は歌舞伎用語で、大道具を大胆にひっくり返して場面を転換させることだ。ここから、フィクションにおいて物語の流れを逆転させる仕掛けのこともどんでん返しと呼ぶようになった。

どんでん返しのバリエーション

一口に物語の流れを変えるためのどんでん返しといっても、実際には場面場面に応じてさまざまなパターンがある。**各場面にメリハリをつける**ための小さなもの（ほのぼのとした日常をすごしている主人公たちの元に、新たな手がかりが！）から、**物語全体の方向性を百八十度転換させてしまう**ような大きなもの（実は主人公たちは所属する組織にすっかりだまされて、犯罪の片棒を担がされていたのだ！）まで、その種類は多種多様だ。

これらの大小あるどんでん返し（筆者は総称して**「事件」**とも呼んでいる）をうまく配置して物語の流れに緩急をつけていくのが、魅力的な物語を作るための必須事項といえる。大事なのは、読者が物語に慣れ、飽きてしまう前に流れを変え、常に新鮮な気持ちで物語に触れてくれるように仕向けることなのだ。

どんでん返し

平坦な物語

冒頭で提示された設定や状況のまま終わりまで進んでしまう、盛り上がりにもメリハリにも欠ける一直線で平坦な物語

↓

一見物語としては整っているかもしれないが面白みに欠け、受け手が途中で飽きてしまうタイプの物語

物語には意外さが必要である

どんでん返しのある物語

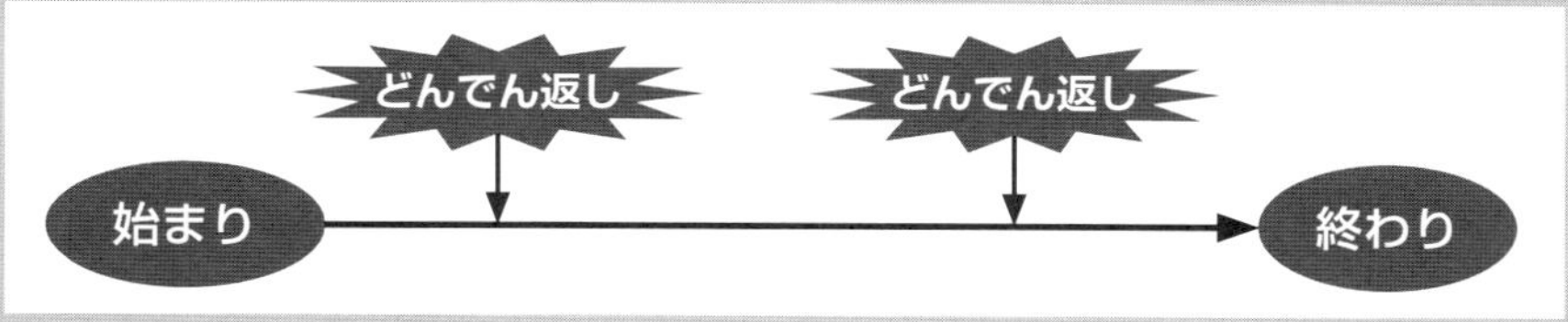

大小のどんでん返し（事件）によって物語に緩急をつけ、物語全体の方向性を大きく転換してしまう

↓

時には冒頭で提示された設定もひっくり返され、受け手は新鮮な感覚と驚きをもって物語を追いかけていく

予想できてしまう物語はつまらない。
読者を驚かせる仕掛けが必要だ

⑭ ハッピーエンド

物語はやっぱり「めでたしめでたし」で終わってほしい!?

広い層に受け入れられる幸福な結末

ハッピーエンドとは文字通り、その**物語が主人公にとって（読者にとっても）幸福な結末を迎える**ことを意味する。恋愛劇なら恋の成就や障害の突破、冒険活劇なら仇敵《きゅうてき》の打破など、とにかく問題がきちんと解決され、物事が多くの人にとって満足いく方向で決着するわけだ。

さて、エンターテインメント作家を志すのであれば、基本的に物語の結末はハッピーエンドにもっていくことをお勧めする。単純に、その方が読者にとっての**読後の満足感が高い**からだ。いわゆる勧善懲悪劇（正義が勝ち、悪が負ける話）は単調になりがちなので嫌う人も少なくないが、むしろ展開の中で「もしかしてバッドエンド……？」と読者をドキドキワクワクさせるべきで、結末はやはりハッピーエンドの方が広く受け入れられやすいのである。

ハッピーエンド

長所

- 受け手にとって読後の満足感が高い
- 幅広い層に受け入れられる

↓

ハッピーエンド ＝ 幸福な結末

↑

短所

- どうしても単調になりがちで、変化に欠ける
  →ストーリー展開でどう読者をワクワクさせるか？

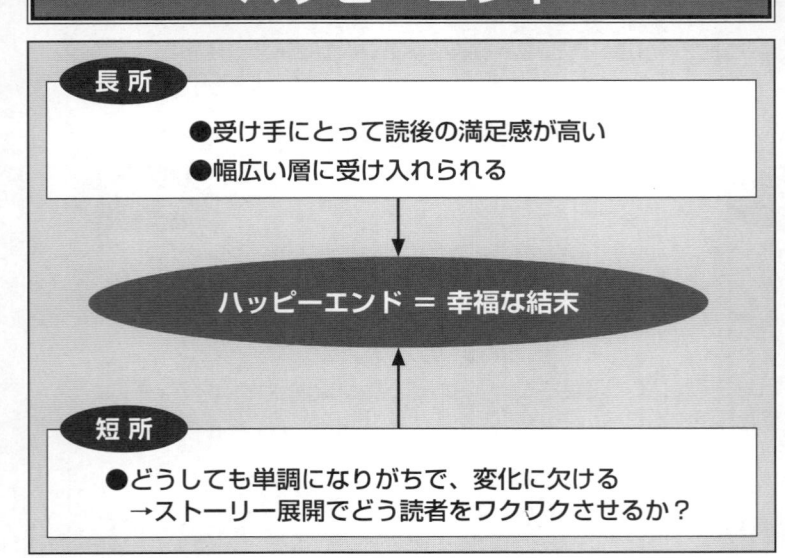

⑮バッドエンド

残酷な結末こそ、読者の心に残るもの!?

一部層を狙う悲劇的結末

ハッピーエンドの正反対に位置するのがバッドエンド。こちらも文字通り**物語が悲劇的な結末に終わること**を意味している。守るべきものを守れない冒険活劇、悲恋に終わった恋愛劇、最終的に謎は解けたものの、ほとんどの関係者が殺されてしまったミステリーなどがよく見られるパターンだろうか。

バッドエンドの長所は、**受け手に強いインパクトを与えられること**。ただでさえ悲劇は人の心に強く残るものであり、ハッピーエンドが一般的であればなおさらだ。しかし、それだけに悲劇を好む一部の層以外には受け入れられにくいし、予定調和を外して新しいものを作ろうとするあまり、「無理やりバッドエンド」に持ち込むようでは興ざめだ。

バッドエンドを使うのであれば、自分の書きたいテーマにはバッドエンドしかない、物語の中でうまく活かせる、という確信が必要なのである。

バッドエンド

長所

- 受け手に強い衝撃を与え、印象に残る
- 一部の狭い層への訴求力は高い

↓

バッドエンド ＝ 悲劇的な結末

↑

短所

- 予定調和を壊そうとするあまり、逆に単調になりかねない。悲劇であっても物語の面白さは大事

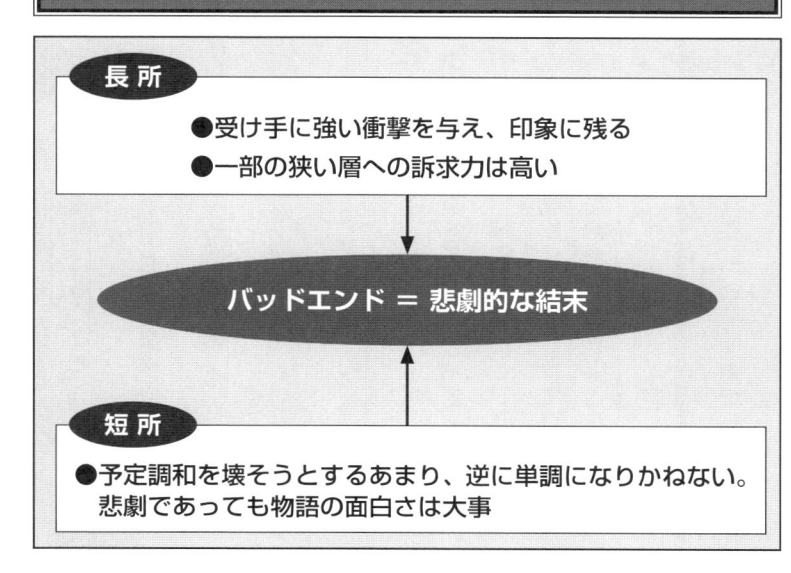

⑯「嵐の山荘」テーマ

物語の舞台を狭め、要素を絞ることでテーマを強調する

嵐《あらし》の山荘とは何か?

ミステリーでしばしば使われる舞台設定に、いわゆる**「嵐の山荘」**と呼ばれるものがある。登場人物たちは意図的あるいは偶然に、山荘や孤島といった周囲から隔絶した場所へ集められる。やがて吹雪や嵐などの天災、あるいは車や船の故障などの事故によって交通手段を奪われたところに、次々と殺人事件が発生する——この種のストーリーは、ミステリーの定番とさえいえよう。

このような外界からの影響を受けにくい場所を設定とすることで、物語の舞台となる範囲や登場するキャラクター、関わってくる要素を**無理なく自然に限定する**ことができるし、また、サスペンス的な盛り上がりを煽りやすくなる。これはミステリー(特にトリックを重視する本格ミステリー)にとって非常に都合がいい手法なのである。

ミステリー以外にも適用できる

そして、この手法はミステリー以外の作品にもほとんどそのまま応用できる。

具体的には、キャラクターや要素があまりにも多すぎて読者の注目が分散され、作者にも制御できなくなる場合である。しかし物語で扱う舞台を限定することでこの問題はたやすく解決できてしまうのだ。

あなたの書きたい物語において注目すべきテーマを見極めた上で、どこを舞台として登場させるか、余計な舞台を物語から排除するためにはどうしたらいいか、と考えていく。その結果、「館の中だけで物語を進めたい」となったならば、登場人物たちを嵐の山荘に放り込んでしまえばいい。

実際、後述する「学園もの」(108ページ)や「セカイ系」(188ページ)なども、同様に舞台や要素を限定し、テーマを強調する手法だ。

「嵐の山荘」テーマ

「嵐の山荘とは」

登場人物たちは何らかの事情によって
外界からの隔絶された場所に集まる

天災や事故によって
交通手段や連絡手段を失う！

孤立した状態の中で次々と事件が起きていく……
（人が一人ずつ死ぬ、あるいは行方不明になる、など）

矛盾なく作中の要素を絞ることができ、
かつ緊迫感や恐怖感を煽ることができるので、
ミステリーには理想的な舞台づくり

この考え方に基づいて……

舞台を限定することによって関わってくる要素を絞る手法がある

キャラクターの数、舞台の広さを減らすことで

↓

テーマを強調し、作者が物語全体をコントロールしやすくなる

「学園もの」や「セカイ系」の面白さもこの延長線上にある

⑰恋愛劇

恋と愛、惚《ほ》れた腫れたは永遠の人気テーマ！

恋愛を無視するのはもったいない

古今東西、フィクションにおいて人気のあるテーマはさまざまあるが、普遍的な人気を誇るものといえばやはり何といっても**「恋愛」**だ。**明るいタッチのラブコメ**に悲劇的な恋愛、**一対一の純愛**から**複数人が入り乱れる泥沼の恋愛群像劇**まで種類はさまざまだが、やはり愛や恋を（サブ的にでも）扱った作品はウケやすい傾向にあるようだ。

一番わかりやすいのが、歌である。ポップス、歌謡曲、演歌——何でもいいから歌詞にざっと目を通してほしい。恋愛を主題とした曲が驚くほど多いことに気がつくはずだ。むしろ、恋歌でない方がマイノリティといってしまってもいいかもしれない。そのくらい、**恋愛というテーマには人気があり、ユーザーに求められている**のだ。物語を作るにあたって、このニーズを無視するのはあまりにももったいない。

メインでも、サブでも

もちろん、ターゲット読者層やジャンル、あなたの書きたいテーマによってある程度事情は変わる。「俺は徹底的なバイオレンスが読みたいんだ、愛とか恋とかどうでもいい！」という層も確実に存在するだろう。恋愛要素を入れるとテーマがボヤけてしまうこともあるだろう。それでもよほどのことがない限り、恋愛は（スパイス程度にでも）盛り込むべきだ。

ここまで強調するのには理由がある。恋愛があまりにもポピュラーなテーマでありすぎるため、書き手の中には意図的にこれを回避しようとする人が少なくないからだ。意外性を狙ったり、あるいは自分の物語が恋愛で安っぽくなるのを避けようとする心理が働くようなのだが、やはりあまりお勧めしない。そのくらい**恋愛は物語に入ってくるのが自然で重要なテーマ**なのだから。

恋愛劇

明るくユーモラスに、
恋愛を描くラブコメ

状況の悪化や性格の不一致が
招く悲劇的な恋愛

恋愛劇
男と女（時にはそれ以外も）の
惚れた腫れたは物語の華

あくまで一対一、
真っ直ぐな愛を描く純愛

浮気、不倫、二股……
泥沼アリの恋愛群像劇

恋愛は読者の興味を最も引く要素である

漫画、小説、ドラマ、アニメなど数多くのジャンルで見られるが、
特に歌では恋歌の多さが目を引き、「恋愛」の人気がわかる

↓

**恋愛を物語のメインに据えるだけでなく、
サブ要素として添えるのでも物語を豊かに、印象的にする**

**恋愛は人気のあるテーマだが、それ以上に
「絡んできて当たり前」のテーマでもある**

↓

**自分の書きたいテーマを強調しようとするあまり
恋愛を排除すると、むしろ不自然になる**

⑱三角関係

恋とか愛が絡んでこなくても、三角関係は面白い

物語を盛り上げ、キャラクターを成長させる

一般に「三角関係」というと、男女によって構成させる恋愛関係のそれを意味するようだ。すなわち、一人の男を二人の女が好きになる、あるいは一組のカップルの片方に別の異性が懸想する――という具合に、まるで**三角形を描くように恋模様が展開される情景のこと**を指すのである。

現実に恋の三角関係に巻き込まれてしまったならさぞ気苦労が多くなることだろうが、それだけに物語として描いたときにこれほど面白いものはそうそうない。たとえば、正反対の個性を備えたダブルヒロインに振り回される主人公、あるいは地味系少女の主人公が彼氏に迫る妖艶な美女に嫉妬めいた感情を抱く――それぞれ、非常に魅力的な、そして物語を盛り上げて読者を引きつけるに足るシーンであることがわかってもらえるかと思う。

キャラクター性を深めていく

こうした三角関係の面白さは、何も恋愛関係だけのものではない。人間関係のさまざまなシーンにおいて、単純な一対一だけよりも、三角形（あるいはそれ以上の多角形！）を構成する関係の方が深みがあり、物語としても面白くなるというものだ。

たとえば、次のようなケースはどうだろう。キャラクターAは普段一緒にいる女友だちBといるときはクールなエリートという風情だが、先輩のCの前では年相応の甘えた表情も見せる。Bは本来裏表のない明朗快活な人間なのだが、Cに甘えるAの様子にはちょっとした嫉妬心を覚えることもある――それぞれの個性が三角関係の中に入ったことでグッと引き立ったのではないだろうか。これは実際の人間関係でもしばしば見られる光景であり、**良いキャラクターを描きたければ人間観察を欠かさないこと**、というわけだ。

三角関係

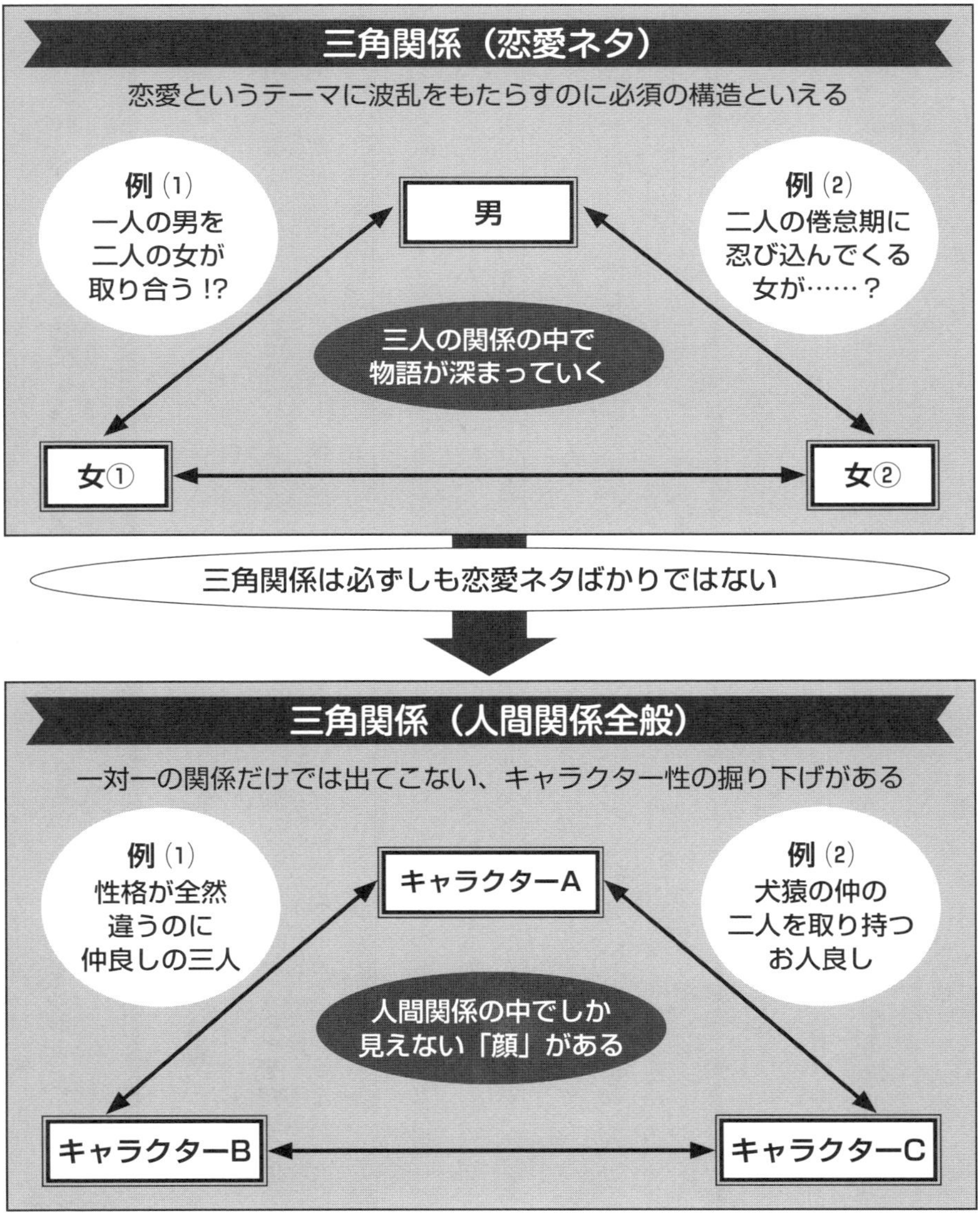

三角関係（恋愛ネタ）
恋愛というテーマに波乱をもたらすのに必須の構造といえる
例（1）
一人の男を
二人の女が
取り合う !?
男
例（2）
二人の倦怠期に
忍び込んでくる
女が……？
三人の関係の中で
物語が深まっていく
女①
女②
三角関係は必ずしも恋愛ネタばかりではない
三角関係（人間関係全般）
一対一の関係だけでは出てこない、キャラクター性の掘り下げがある
例（1）
性格が全然
違うのに
仲良しの三人
キャラクターA
例（2）
犬猿の仲の
二人を取り持つ
お人良し
人間関係の中でしか
見えない「顔」がある
キャラクターB
キャラクターC

⑲ハーレム&逆ハーレム

かわいいorカッコいい異性の集団に取り囲まれれば幸せ…？

ハーレムは男子一生の夢？

多数の美女を囲ってハーレムを形成するのは男子一生の夢――であるかどうかはともかくとして、**魅力的な異性たちに囲まれて楽しく暮らしたい**というのは人間なら誰もが好ましく思うことの一つではないか。この種の状況を総称して**「ハーレム」**といい、女性を中心に男たちが集うような場合は**「逆ハーレム」**と呼ばれる。

現実にはアラブの王族でもなければ実現不能のハーレムという夢も、フィクションなら自由自在だ。というわけでハーレム的状況は男子向け女子向け問わず、多くの作品で見ることができる。「一夫多妻制が実現された現代日本」「主人公の体に隠された秘密を求めて集まる女子たち」「王女の周囲にはべるイケメンたち」などさまざまなパターンがあり得る。時には必ずしも全員が主人公に好意的ではないケースもある。

キャラクターを見せるのには最適

ハーレムものの長所は「**キャラクターを作品全体のウリにする**のに非常に適している」ということだ。個性的で魅力的なキャラクターを多数登場させられるし、ライトノベルや漫画のようなビジュアルを活用できるフィクションでは、それを直接的に読者へアピールする手段に使える。何といっても「かわいい女性（カッコいい男性）がたくさん表紙にいる」というのは、それだけで結構なアドバンテージになるものだ。

しかし、この長所はそのまま短所にもつながってしまう。キャラクターが多ければそれだけ**書き分けが難しくなる**し、それぞれの個性を表現するためのエピソードも増えて分量が増大し、全体の印象が薄くなりかねない。そのため、各キャラクターの個性立てをしっかり行うこと、またメイン級のヒロイン一～二名をきっちりと強調するなどの工夫が必要になってくる。

ハーレム＆逆ハーレム

ハーレムものの構造

主人公を取り囲む、個性的で魅力的な異性たちの物語
（「男＋女たち」ならハーレム、「女＋男たち」なら逆ハーレム）

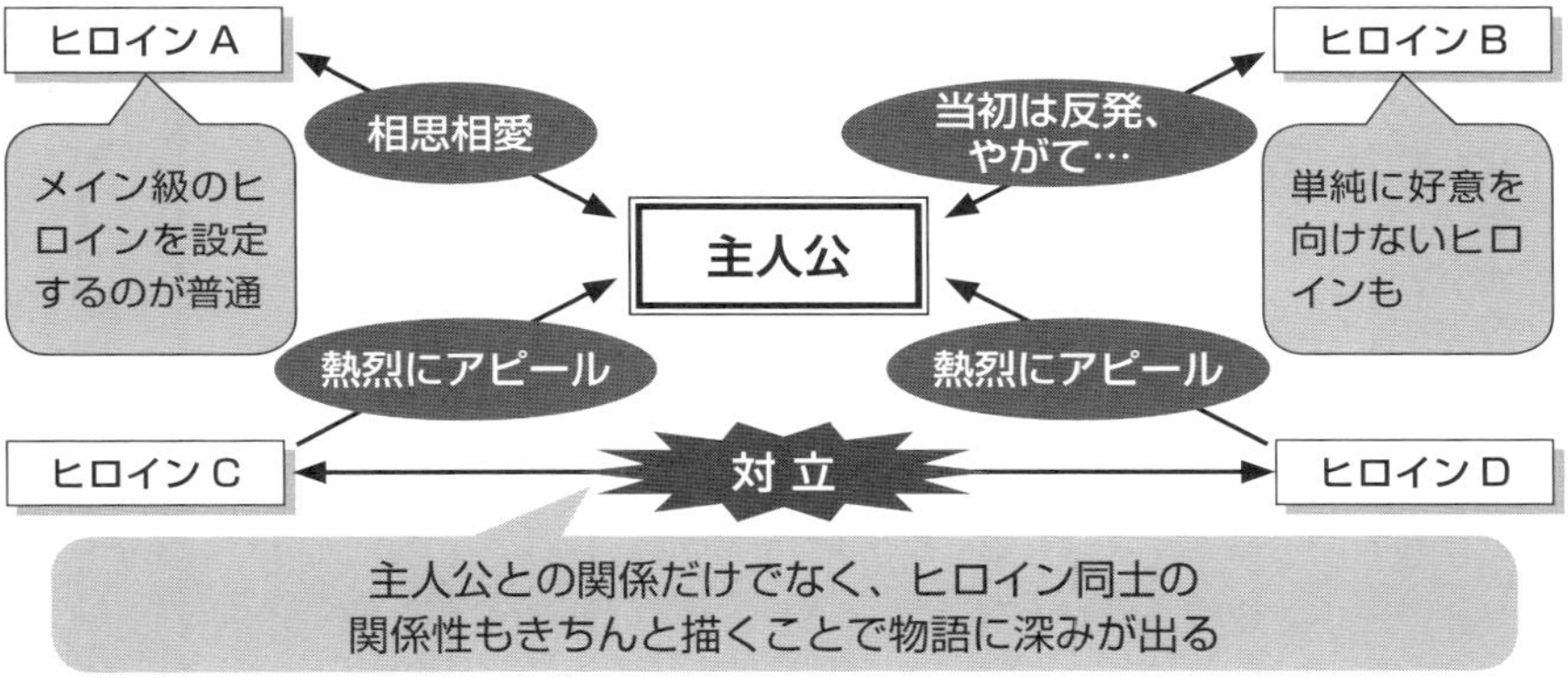

ヒロインA
メイン級のヒロインを設定するのが普通
相思相愛
ヒロインB
当初は反発、やがて…
単純に好意を向けないヒロインも
主人公
熱烈にアピール
熱烈にアピール
ヒロインC
対立
ヒロインD
主人公との関係だけでなく、ヒロイン同士の関係性もきちんと描くことで物語に深みが出る

ハーレムもので押さえるべきポイント

長所　ヒロインの個性が大きな武器

「かわいい女の子たち」「魅力的なイケメンたち」が表紙に山ほど出てくれば、それだけで大きなアピールになる。

エンタメの基本となる「キャラクターアピール」に忠実なパターン

キャラクターの魅力を前面に出す

短所　キャラクター数が多くなりすぎる

多数のヒロインを物語に登場させようとすれば、それだけでキャラクター数もエピソードも過大になりかねない。「見せ場」の調整をどう行うかが大事になる

キャラクターの個性化とメインヒロインの配置が必要

⑳アンチヒーロー

ヒーローとは鏡写しのカッコよさがここにある

反《アンチ》ヒーローという視点

普通、ヒーローとは「**強く、正しく、カッコいい**」ものだ。普段は昼行灯《あんどん》を装っていたり、物語の中で未熟な少年がヒーローへ成長する過程をたどったりはするが、この三ヶ条はやはりヒーローとして欠かせないものといえる。

しかし、これらの要素のあえて反対を行くヒーローというものも存在する。**強大な力や意思を持たない弱いヒーロー、正義を掲げないダークなヒーロー、どうにもカッコ悪いヒーロー**——それが「**アンチヒーロー（反ヒーロー）**」である。

アンチヒーローのカッコよさ

アンチヒーローの魅力は何だろうか。それは、普通のヒーローより**読者にとって身近な存在であること**からくる、深みに他ならない。

単純な話だが、読者はヒーローではない。肉体的にはもちろん、精神面でもヒーローの強さとは程遠いはずだ。悪を許さず、また自分でも悪を働かない正しさも誰もが持ち合わせているものではない。カッコよさという点はなおさらである。結果、清く正しくてある種人間離れしたヒーローよりも、強くはないがどうにか事態を解決しようとがんばるヒーロー、目的を達成するためには正義にこだわらないヒーロー、どうにもカッコがつかないヒーローといったアンチヒーローの方が親しみやすい、ということになるわけだ。

ただ、アンチヒーローの中でも**ダークヒーロー**の場合はこの辺の事情が少し違うこともある。目的のために手段を選ばず、悪事を敢然として行う、普通に考えれば「悪役」としか思えないものもいるからだ。それでも彼らがヒーローに分類されるのは、凡百の悪役と違って明確な信念を有し、読者からある種の憧れを寄せられる存在だからである。

アンチヒーロー

ヒーローとは

強く
（精神・肉体）

正しく
（正義を尊重）

カッコよく
（美形など）

強いとは限らず
（非力、不安定）

正しいとも限らず
（独自の信念、悪）

カッコ悪いことも
（不格好）

アンチ（反）ヒーローとは

典型的な「正義の味方」的な要素と正反対の性質を
一部（あるいは全部）持つのがアンチヒーローである

どうしてわざわざそんなことをするのか？

ただただ強く、立派で、負けないヒーローよりも、弱くて惨めなアンチヒーローのほうが読者にとって身近に感じられる

「ダークヒーロー」は少し事情が違うことも

世間一般とは違う正義や信念を持ち、「悪」の行動をとるような
アンチヒーロー＝ダークヒーローには独特のカッコよさがある

悪の美学には、正義の味方とは違う形の憧れが寄せられる

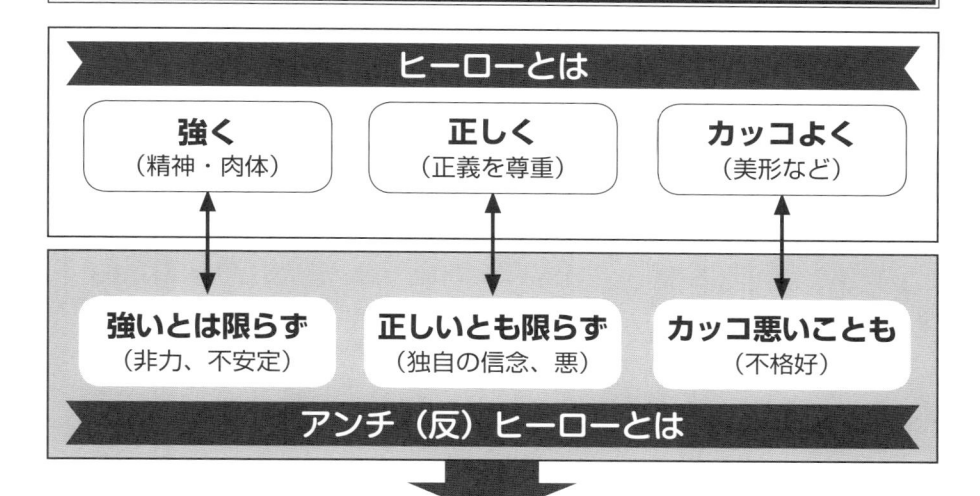

㉑メタフィクション

現実と物語の上下関係をあえて崩すところに面白さがある

この物語は作り話？　それとも……？

一風変わった物語のパターンとして、「**メタフィクション**」がある。通常、私たちの現実と作中世界は厳密に区別され、物語の登場人物たちが現実の存在を認識することはない。このような現実と架空の関係を演劇の世界では「第四の壁（舞台と観客の間には見えない壁があるという概念）」と表現する。すなわち、現実と架空は基本的に別物であるわけだ。

しかし、時にその境界線があいまいになることがある。作中のキャラクターが受け手に話しかけてきたり、自らの世界が「作り話」であることを認識していたり、作中で描かれる物語自体が作中世界における「作り話」であったりする（たとえば、アニメ『マクロス』シリーズは基本的に「その世界で起きた出来事を元にした歴史フィクション」と設定されている）。

このような物語を、物語より上位にある現実と関わっていることから、架空（フィクション）に接頭語「上位の（メタ）」をつけてメタフィクションと呼ぶ。

メタフィクションのバリエーション

メタフィクションは非常に幅広い概念であり、さまざまな活用法がある。

作中における危機に際して、受け手自身がまるでキャラクターの一人であるかのように参加する（そのように錯覚させる）物語には非常な緊迫感がある。キャラクターが親しげに受け手に「二ページ後で待ってるぜ」などと語りかけてくる作品にはなんともいえないユーモアがある。ホラーやミステリーにはさまざまなギミックを活用して「果たしてこれは本当に作り話なのか、あるいは……？」と思わせる物語もある。そこまで凝ったものでなくても作中作や劇中劇で「フィクションとは何か」というテーマに踏み込むのもメタフィクションの一つの形式だ。

メタフィクション

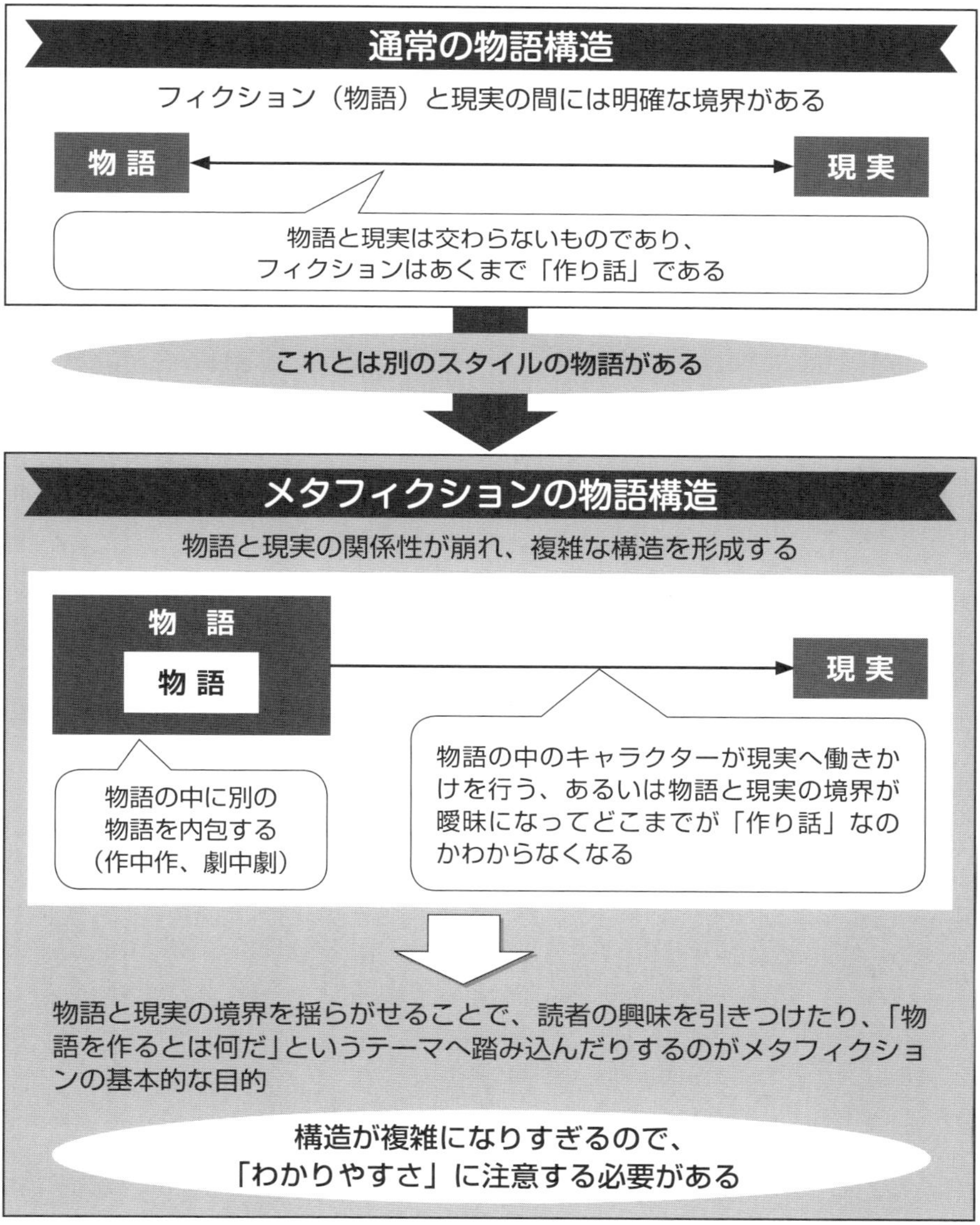
通常の物語構造
フィクション（物語）と現実の間には明確な境界がある
物語
現実
物語と現実は交わらないものであり、
フィクションはあくまで「作り話」である
これとは別のスタイルの物語がある
メタフィクションの物語構造
物語と現実の関係性が崩れ、複雑な構造を形成する
物語
物語
現実
物語の中に別の
物語を内包する
（作中作、劇中劇）
物語の中のキャラクターが現実へ働きかけを行う、あるいは物語と現実の境界が曖昧になってどこまでが「作り話」なのかわからなくなる
物語と現実の境界を揺らがせることで、読者の興味を引きつけたり、「物語を作るとは何だ」というテーマへ踏み込んだりするのがメタフィクションの基本的な目的
構造が複雑になりすぎるので、
「わかりやすさ」に注意する必要がある

❖代表的エンターテインメント（1）指輪物語

J・R・R・トールキン『指輪物語』は「中つ国」という舞台を同じくする『ホビットの冒険』『シルマリルの物語』と共に、異世界ファンタジー小説の代表的作品の一つとなっている。

基本的なストーリーは、冥王サウロンの力の源である「一つの指輪」を手にしたホビット（人間の子どもほどの背丈が特徴の異種族）のフロドが、人間やエルフ、ドワーフ、同じホビットといった「旅の仲間」たちと共に、指輪を破壊できる火山の火口を目指して旅をする、というもの。

しかし、実は旅の仲間がまとまって行動するのは物語の序盤まで。中盤以降はいくつかのグループに分かれ、それぞれの目的、それぞれの思いを果たすために独自の行動をし、それが結果的に中つ国を征服しようとするサウロンの野望を砕き、皆を助けることになっていくのである。

その中には、強大な魔法のアイテムによる誘惑、エルフとドワーフの仲違いと和解、王国を継ぐべき定めを背負った男のためらいとそれに嫉妬する者の苦悩、国の中枢に潜んだ悪の手先、そして人間と醜い怪物たちの一大決戦——と、本書で紹介している物語パターンとも合致するありとあらゆる要素が詰め込まれ、すさまじいスケールで読者に迫る。

このスケールを支えているのが、言語学や神話に堪能だった著者によって徹底的に作り込まれた「中つ国」という物語の舞台である。神話、歴史、地理、そして架空の言語「エルフ語」に至るまで細かく設定され尽くした世界観があるからこそ、『指輪物語』は圧倒的なスケールをもって読者の心に迫るのである。

また、『指輪物語』は三部作で制作された映画版も併せてご覧いただきたい。一部カットされたエピソードもあるが、映像の中で「中つ国」が美しくも恐ろしく再現されており、「ファンタジーとは何か」という答えの一端がわかる作品となっている。

第二章
神話・伝説・民話・古典から残る王道

物語の歴史は数千年。長い時間をかけて作られてきた神話・伝説・民話に秘められた物語パターンの中には、現代のエンターテインメントと共通するものも珍しくない。むしろ、「古いからこそ新鮮」ということだって……？

㉒ 貴種流離譚

高貴な生まれの若者は放浪の末に誇りを取り戻し、名誉をつかむ

ヤマトタケルや源義経《みなもとのよしつね》が代表選手

神であったり王子であったりと高貴な生まれでありながら、何らかの事情で故郷を離れねばならなかった若者。彼がさまざまな事件に遭遇し、数々の試練を克服する過程で成長し、本来得るべき地位を回復したり偉大な英雄になったりする物語パターンを**「貴《き》種《しゅ》流《りゅう》離《り》譚《たん》」**（命名は民俗学者の折口信夫《おりくちしのぶ》による）という。あるいは、「放浪の王子」パターンといえば感覚的に理解しやすいかもしれない。

日本神話におけるヤマトタケルの冒険を始めとして各地の神話・民話でこのパターンが見られる。さらに、源平合戦において平氏打倒に活躍したにもかかわらず、兄と対立して死んだ源義経の生涯が物語化されて広く受け入れられるなど、実際の出来事に対してもこの物語パターンによる理解が行われており、非常に人気のあるパターンといえる。

強い説得力が人気の秘訣だが…？

人気の秘訣は、「今は庶民に身をやつしているが元をただせば由緒ある出で……」というのが、主人公の独自性を強烈に示す要素だからだろう。私たちには**血筋や出自に対する幻想**のようなものがあり「放浪の王子さま」への憧れがある。そのような背景を有していれば、人々が自然とひれ伏すカリスマがあっても、幸運な偶然が訪れても、超常の力を備えていても、「そういうこともあるかもしれない」と思える。これは物語を作るときに大きなアドバンテージとなる。

しかし逆に言えば、人気があるだけに使い尽くされ、すっかり**手垢《てあか》のついてしまったパターン**でもある。自分の物語に組み込むなら、たとえば「王子自身ではなく、その補佐役の視点で描く」など、何らかの変化球的な要素を入れ込まなければ「古い」と思われてしまうかもしれない。

貴種流離譚

貴種流離譚とは何か？

貴種→高貴な生まれの若者のこと。
神やその末裔《まつえい》であったり、王や貴族の子であったりする
流離→あてもなくさまよい、放浪すること

高貴な身分に生まれ、本来は何不自由なく暮らせるはずだった若者が、何らかの事情から居場所を追われ、苦難の旅を続けることになる物語

若者は最終的には試練を乗り越えて大きく成長し、
英雄として讃《たた》えられることになる

たとえば…
●国が滅ぼされてから十年後、雄々しく成長した王子が反乱軍を結成して侵略者を打倒する物語
●裕福な家に生まれながら異国へ取り残されてしまった少女が、艱難辛苦《かんなんしんく》の末に故郷へ帰る

など

貴種流離譚の特徴

古くから親しまれ、わかりやすく、主人公を主人公たらしめる強烈な説得力を有する＝非常に便利な物語パターン

便利だからこそ問題もある

手垢がついていて陳腐化しており、古い印象。
どのようにアレンジし、オリジナリティを出すかが大事

㉓ 復讐譚

復讐するはわれにあり！　仇討《あだう》ちは共感の得られやすいテーマだ

やられたら、やり返す！

　愛するものを殺されたら、大切なものを奪われたら、やり返さなくては気がすまない。自分を許してそこから先へ進むことができない——いわゆる**「復讐譚（仇討ちもの）」**もまた、古くから大変に人気のあるテーマの一つだ。長き忍耐の末に主君の仇を討った史実を脚色した『忠臣蔵』などは特に有名である。

　若者が**成長を遂げるきっかけ**（あるいは成長したことを示す成果）として憎き相手を討ち果たす、あるいはかつて奪われたものを取り戻すことによって老いた英雄は再び真の英雄に立ち戻る、というのは非常にわかりやすい筋立てだ。本書で紹介する他のテーマにも共通するのだが、「わかりやすい」というのは大きな武器なのだ。その意味で、「やられたからやり返してやった。これで俺は元通りになって、新しいことを始められる」というのは実にわかりやすい。

ただ復讐を描くだけでは底が浅い

　ただ、実際に物語を作っていく際にはそう簡単な話ではないのもまた事実である。なにしろ、物語の作り手も、そして受け手も、殺し殺されがある意味で当たり前の中世の住人ではなく、人道意識の発達した現代人なのである。ただ「やられたからやり返す！」では物語として底が浅い、と感じられてしまうのがオチだ。何かアイディアが必要になる。

　最もわかりやすいのは「父の仇に復讐を遂げても自分が相手の子どもに狙われるだけ、憎悪の連鎖を止めなければならない」と復讐をあきらめるパターンだ。しかし、これもうまく演出しないと「本当に仇を憎んでいたらそんな奇麗ごとは言えないのでは？」と薄っぺらい印象を与えかねない。キャラクターが**自身の憎悪と人道的意識、信念との折り合いをどうつけるか**をきちんと描いていかなければならない。

復讐譚

復讐譚

キャラクターの動機、物語の大きなテーマに「復讐」を置く物語

愛しい人の仇を討つ！
（復讐）

奪われたものを取り返す！
（奪還）

書き手にも受け手にも非常に身近でわかりやすい行動であり、
ストーリーへ感情移入してもらいやすい

目的を達成することによって「成長」「復権」を果たしたのだと明確に
表現できるので、娯楽小説的テーマに最適である

そのため、復讐物語は古くから人々に好まれてきた

しかし、必ずしも扱いやすい
テーマではない！

「復讐」テーマの難点

多くの人にとって「わかりやすい」テーマであるだけに、
どんな決着をつけるか、どう見せるかが大変難しい

↓

キャラクターの感情を優先し、復讐を肯定する
↑「憎しみの連鎖が続くだけだ！」

現代的な人道意識を優先し、復讐を否定する
↑「憎しみは簡単には消えない！」

作り手のテーマに基づいた丁寧な演出が必要

㉔変身譚

キャラクターは魔法や呪い、あるいは科学の力で姿を変える

変身は幅広く好まれるモチーフの一つ

元は人間や神だったのが、何らかの不思議な力によって姿を変えられてしまう**「変身譚」**もまた、さまざまな物語で使われてきたモチーフの一つである。

たとえば、ギリシャ神話では神々が人間や動物の姿で現れたり、人間が神のいたずらや呪いによって別の姿に変えられる、英雄的な行為を行ったり悲劇的な死を迎えたりしたものが星座に姿を変える、といった「変身」エピソードが多数登場する。近代文学にも、主人公が朝起きたら奇怪な甲虫になっていた……という筋立てのフランツ・カフカ『変身』がある。

さらに最近のエンターテインメントに目を向ければ、『仮面ライダー』『ウルトラマン』「スーパー戦隊」などの特撮作品群がある。このような主人公が変身して悪と戦う**「変身ヒーローもの」**は一つの王道パターンといえるだろう。

変身は根源的な願望の発露

なぜ変身というモチーフに人気があるのか。それは人間の**根源的な願望**に直結しているからだ。

まったく違う姿になって新鮮な体験がしたい（鳥だったら空を飛んでどこにでもいけるのに……）。今の自分は仮の姿にすぎない（本当はもっとすごい存在なのに、呪いでただの人間に……）。これらは思春期の少年少女にとって非常にポピュラーな空想の一種であり、若者向け小説を始めとする低年齢層向けエンターテインメントに大変適したパターンといえる。

もちろん、大人たちだってこの種の変身願望は抱えているわけだが、彼らに変身ヒーローはちょっと子どもっぽすぎる。そこで**状況の変化**（**転職や離婚、あるいは新しい趣味の開拓など**）を受けて主人公自身も変化していく、というストーリーが変身願望を満たすものとして好まれるようだ。

変身譚

「変身」はさまざまな神話や民話に登場する普遍的なモチーフの一つ

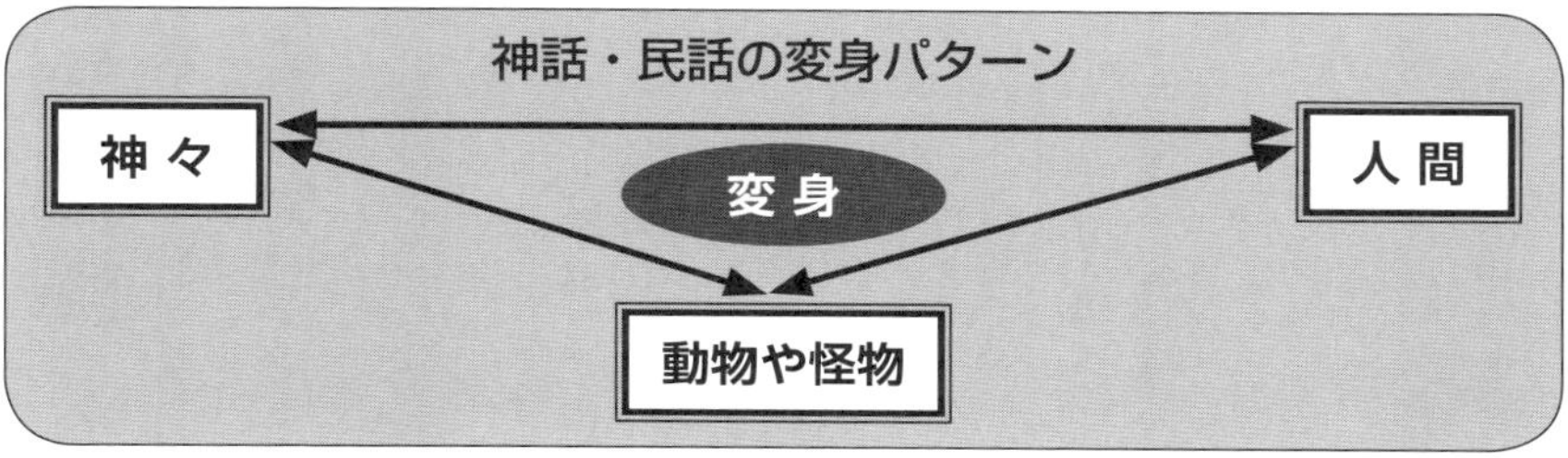

現代のエンターテインメントでも、「変身ヒーロー」や「表の顔と裏の顔を切り替えるキャラクター」「状況の急変から始まる物語」など、「変身」モチーフには多様なパターンが存在する

これだけ好まれるのは、人間の根源的な欲望につながるから

「何者かに変身したい」
あるいは
「自分は本当は別の何者かなのだ」

最もわかりやすい、
「こうであったらいいなあ」という思い

読者の興味を引き、感情移入してもらうにあたって、
「変身」テーマは非常に使い勝手がいいもの

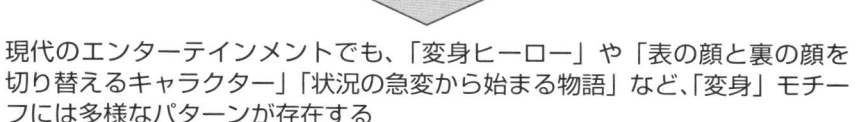

㉕ 異類婚姻譚

人間と人外の結婚は、それだけ魅力的な物語になり得る

奥様は動物か神か魔法使い!?

美しい嫁（働き者の婿）をもらったと思って喜んでいたら、何かちょっと変わったところがある。実は彼女（彼）は人間ではなかったのだ――というのが**「異《い》類婚姻譚《るいこんいんたん》」**のパターンで、洋の東西・時代の古今を問わずさまざまなタイプが存在する。結婚相手についても、日本の民話だけで蛇、猿、狐、蛤《はまぐり》、鶴などがいる。しかもただの動物（人間に化けている段階で「ただ」ではないかもしれないが）ではなく神の化身あるいは神そのものだった、という物語も多くある。

現代のフィクションにおいて古典的な動物の嫁や婿がそのまま出てくるケースはあまり見ない。しかし、神や妖怪、宇宙人、あるいは魔法使いなどといった別の世界の住人との恋愛や結婚を軸にした物語は枚挙に暇がない。特に「落ちもの」（46ページ）と組み合わせる形でよく使われる。

種族間ギャップは魅力的な素材

現代の受け手に向けた物語で異類婚姻譚パターンを活用するなら、**夫婦（恋人）の間にあるギャップ**を活かしていくのがオーソドックスなやり方だ。生まれも違うし、考え方も違うのだから、日常生活の小さなところから事件に巻き込まれた際の判断まで食い違うのが当たり前だ。普通の男女だって時には衝突するのだから、人間と異類の関係ならもっと激しいぶつかり合いやすれ違いがあるはずだ。それをコミカルに描くこともできるし、よりシリアスに演出して、最終的に強い愛情を表現することも可能だ。

また、異類婚姻譚を物語の前提に置くこともできる。人間と異類の夫婦から生まれた、というのは英雄の出生としてわかりやすく、よく使われるパターンの一つだ。たとえば日本史上最も有名な陰陽師《おんみょうじ》である安《あ》倍晴明《べのせいめい》の母は狐であったという伝説が伝わっている。

異類婚姻譚

異類婚姻譚とは何か？

人間と異類の恋愛・結婚を主題とする物語パターンのこと

狐や蛇などの人間に変化する動物から神の化身、
あるいは不思議な力を秘めた魔法使いまで

人気と歴史のあるテーマであり、
どう扱うかがポイントになる

○単純に人間と異類の出会いや恋愛、結婚生活を描く

種族の違いから生じるギャップの演出が基本。

そこからあくまでラブコメ風にコミカルに演出するか、シリアスにギャップを乗り越える話にするかは作品次第

○生まれが違うことから別れざるを得ない悲恋

報恩から始まって別れで終わる『鶴の恩返し』や、縛り付けられていたのが解放される『羽衣伝説』もこのパターンのバリエーションといえる

○人間と異類の間に生まれた英雄・傑物の物語

実在の歴史的英雄にも（真偽はともかくとして）神や動物、妖怪などの血を引いているといった伝説と、そこから発するカリスマを備えるものは多い

派生するパターンが多彩でバリエーションも豊か

㉖囚われの姫君

姫は囚われ、勇者が救いに挑む、とは限らない？

英雄が姫を救う

ギリシャ神話において怪物の生贄《いけにえ》とされるべく大岩に鎖で縛りつけられた王女アンドロメダと、彼女を救った勇者ペルセウス。昔から「囚われの姫君」とそれを救うべく冒険に挑む勇者は、伝統的パターンの一つである。

姫は何者かにさらわれたのかもしれないし、父によって幽閉されているのかもしれない。勇者は姫を救うことそのものを目的としているのかもしれないし、まったくの偶然あるいは別の目的があって立ち寄った先でたまたま救ったのかもしれない。

ともあれ、美しい姫君を救い、娶《めと》り、そのついでに王座に就く、というのは英雄物語のラストとしてこの上なく相応しいものと言えるだろう。この場合の姫君は、英雄が手にする最大の宝物として取り扱われている、と考えるべきだろうか。

今どきの姫君は……

しかし、囚われの姫君が勇者が救いに行くまで囚われたままなのは、もはや古典的なパターンだ。男女同権の現在、囚われたままで何もしない姫は読者の好意を受けにくいし、出番が減ってよろしくない。

では、どんな手法があるか。物語の序盤で解放されて旅に同行したり、魔法・超能力的手段で主人公とコミュニケーションを取り続ける手もあるだろう。そもそも、囚われた状態から脱出する姫を主人公にしてもいいのだし、さらに言えば、囚われの王子を救わんとする女性の物語にしてもいいのだ。

ギャグ的展開では「囚われた先で自由にのびのび暮らしている姫君」が描けるし、シリアスなどんでん返しとして「実は姫君は危険すぎて封印されていた。勇者が解放したせいでとんでもないことになる」などとする手もあるだろう。

囚われの姫君

「囚われの姫君」パターンの基本スタイル

悪人？
姫をさらった悪人や怪物。
あるいは過保護がすぎる父王など

幽閉

姫君
さらわれて幽閉されたり、
生贄にされたり。基本的に
は助けを待つだけの存在

救出

勇者
姫を助けることそのものが
目的だったり、何かの目的
のついでに助けに行ったり

古典的な人気パターンではあるけれど……

あまりにも古臭い印象が強く、
男女同権的に問題が……

そもそも捕らえられた状態
では出番が少ない！

たとえばこんな手法がある

姫が最初から旅に同行したり、
通信や霊体で登場したり

幽閉状態から自立あるいは
他人の助けで脱出した姫の話

姫は囚われてはいるものの実は
のびのび楽しく過ごしている

姫君を幽閉・封印したのは
善意であり、助けたせいで
大変なことに

など

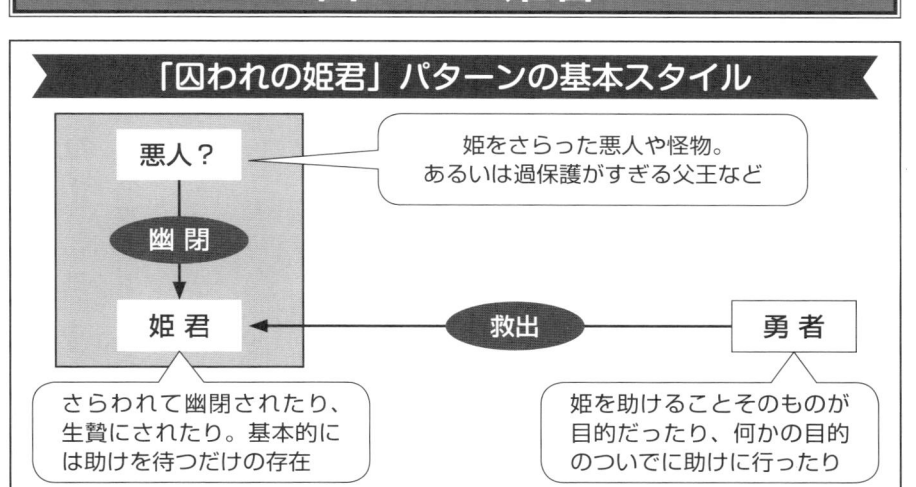

㉗ 難題婿

嫁取りのためならどこまでも行きます！

いつの時代も変わらない苦労

身分違い、立場違いの恋人との結婚を望む男。しかし相手の家族は認めてくれない。食い下がる男に、娘の父親は無理難題を押し付けてきた――いわゆる「**難《なん》題婿《だいむこ》**」と呼ばれる物語パターンの典型例である。ここから山あり谷ありの冒険へつながり、最終的には彼女の元に戻って結婚を遂げるわけだ。

また『かぐや姫』では貴族からの求婚にうんざりした姫自身が、到底実行しようのない難題を押し付けるが、これも同じタイプの物語といえよう。

幸せな結婚という目的に向かって苦労をする、その障壁は相手の家族、というのはおそらく古い習慣に基づくものと考えられている。しかしそれだけでない。現代の私たちにとっても少なからず共感できるテーマで、感情移入や憧れを助けるうまい導入といえるだろう。

難題婿

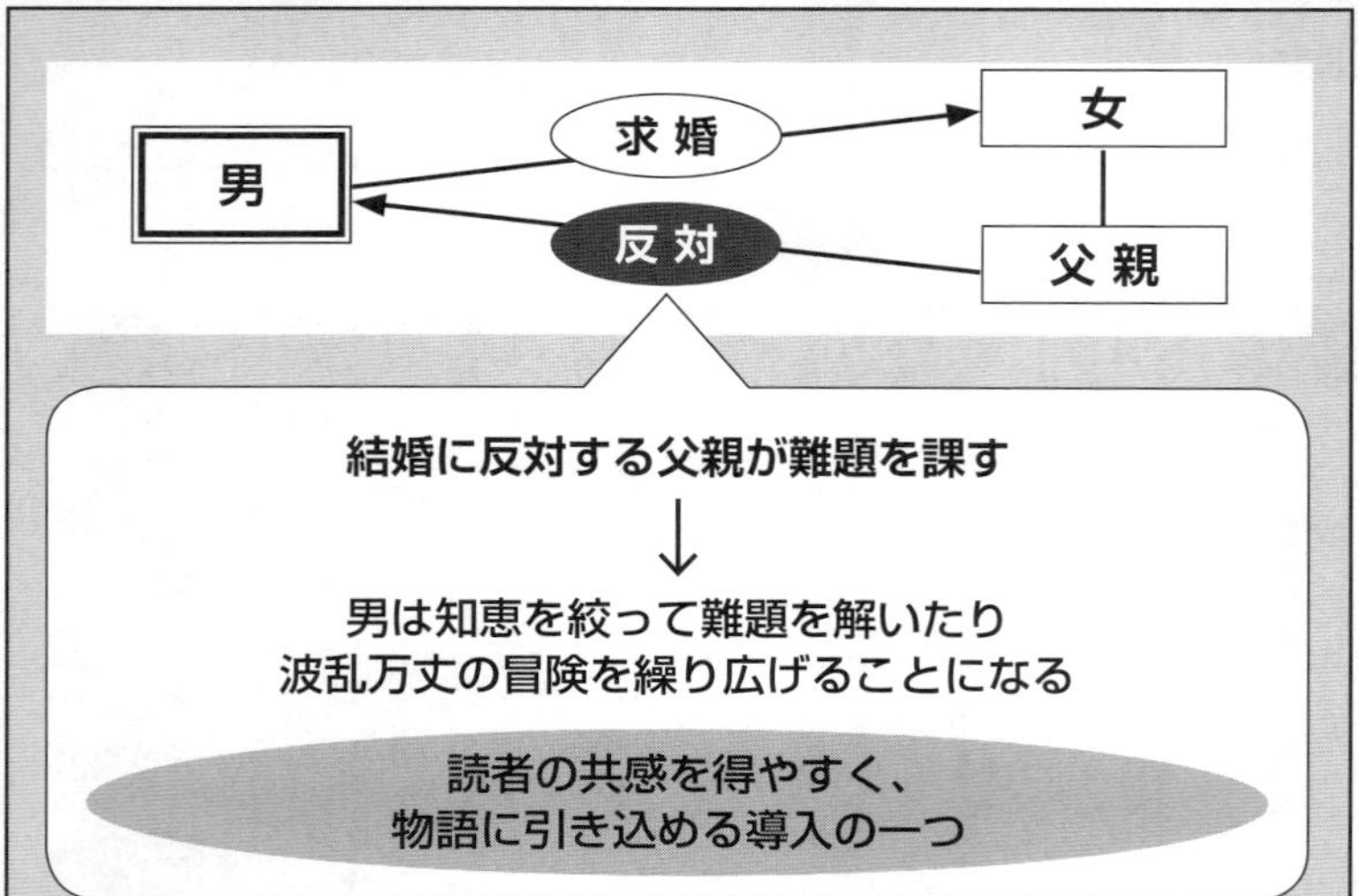

男
求婚
女
反対
父親
結婚に反対する父親が難題を課す
↓
男は知恵を絞って難題を解いたり
波乱万丈の冒険を繰り広げることになる
読者の共感を得やすく、
物語に引き込める導入の一つ

㉘白馬の王子さま

少女の「永遠の夢」ではあるけれど……

「白馬」と「王子さま」は理想の象徴

女の子なら誰しも、『シンデレラ』に代表される民話・童話の類に憧れ、**「白馬に乗った王子さまが自分を迎えに来てくれる」**的なシチュエーションを夢想したことがあるのではないだろうか。もちろんここで言う「白馬」と「王子さま」は優雅さと高貴さの象徴であり、現代風にいうなら「スポーツカー」や「イケメン」になるのだろうか。

端的にいえばこれは**「いつか、自分に本当にふさわしくて素晴らしい誰かがやってきて幸福を運んできてくれるのではないか」**という（都合がいい）願望の所産である。物語としては、このような願望を抱いているキャラクターが現実と出会い、成長していくパターンが典型的といっていいだろう。

併せて、第一章で紹介した「落ちもの」（46ページ）や第三章で紹介する「自分探し&居場所探し」（126ページ）なども参照してほしい。

白馬の王子さま

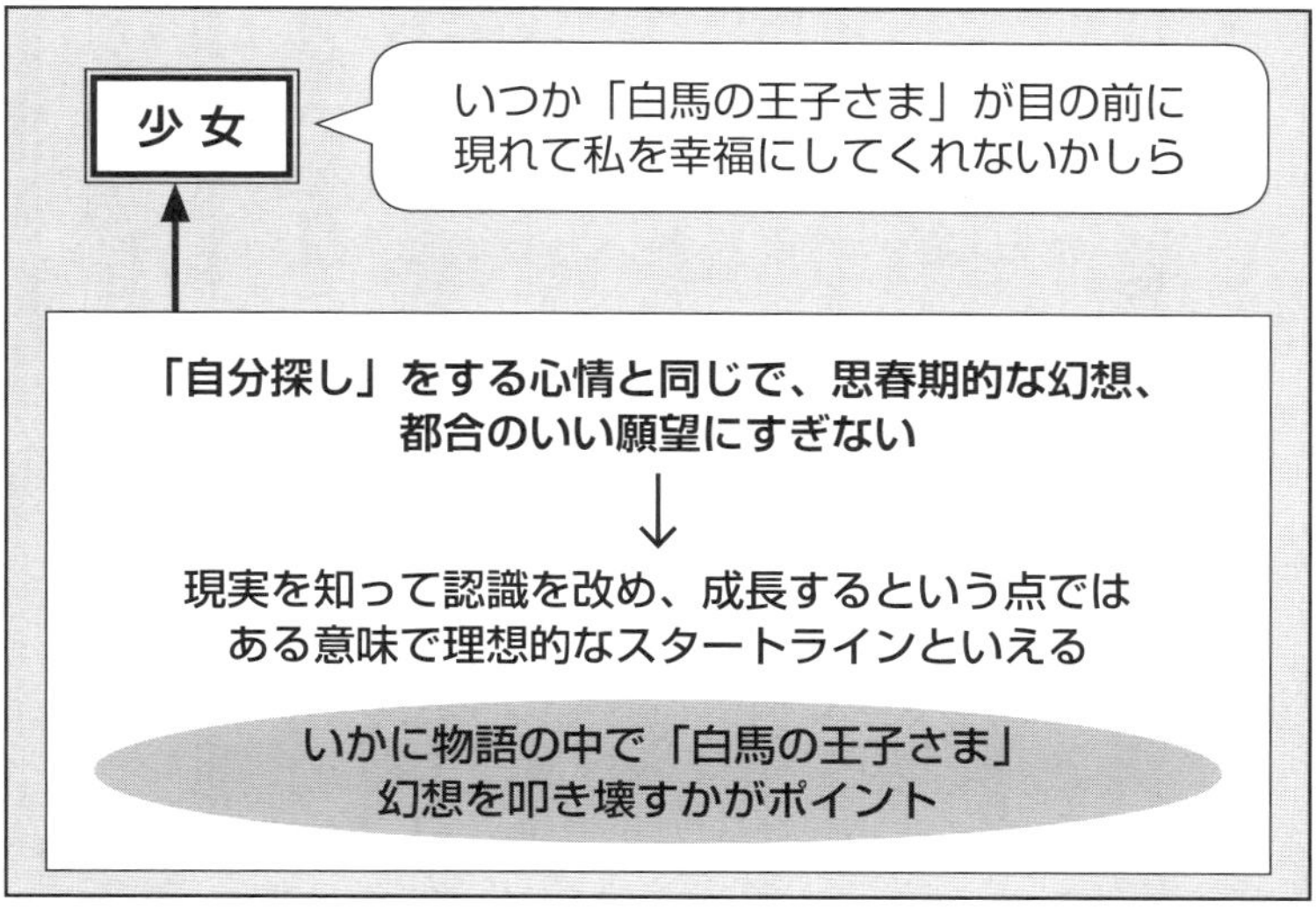
少女
いつか「白馬の王子さま」が目の前に現れて私を幸福にしてくれないかしら
「自分探し」をする心情と同じで、思春期的な幻想、都合のいい願望にすぎない
↓
現実を知って認識を改め、成長するという点ではある意味で理想的なスタートラインといえる
いかに物語の中で「白馬の王子さま」幻想を叩き壊すかがポイント

㉙ 近親婚

きょうだいでの恋は禁忌──だからこそ物語の題材になる

法的・倫理的にタブー

現代日本では**直系の血族及び三親等以内の親族との結婚が禁じられている**（従兄弟は四親等なので問題ない）。なぜ近親間での性的交渉や結婚を禁じているのかについては諸説あり、最もよく語られるのは「遺伝子的な問題が生じるから」とされるが、これはすでに否定されているようだ。ともあれ、少なくとも現代を生きる私たちにとってはタブーであり、法的にも、また倫理的にも許されないことと認識されている。

そのため、多くの場合この種の問題は**（常識的にかんがみて）「許されないこと」として物語の題材になる**。たとえば、古い血筋の家における独特の風習としてであったり、あるいはきょうだいによる悲劇的な恋愛（実のきょうだいとして育ちながら恋愛に発展するケースもあれば、赤の他人として出会って恋に落ちるケースも）として描かれたりという具合だ。

神話や歴史を見てみると……

一方、これを**神話や歴史という視点で見ると、必ずしも絶対の禁忌とはいえなくなる**。神話ではしばしばきょうだいや親子による夫婦関係や、両者から生まれる子どもの存在を見ることができるからだ。たとえば、ギリシャ神話最高神のゼウスと、その妻で嫉妬深いことをよく知られているヘラは実のところ姉弟関係にある。また、古代エジプト王朝やインカ帝国などの王族では兄弟姉妹が結婚していたとされている。

これらは「古代では近親婚は禁忌ではなかった」というよりも**神々や王族の例外性、特別性を表現するためのもの**だと考えた方がよさそうだ。逆にいえば、あなたの物語においても「あえて」この種の関係を登場させることにより、**物語の中で強い特別性を打ち出し、読者の興味を引きつけられる可能性がある**、ということなのである。

近親婚

兄弟

姉妹

直接の血族及び
三親等以内の親族は
結婚が禁止

親

子

※現代日本の場合

↓

結婚及び性的交渉は法的・倫理的に禁忌とされている

禁忌の理由として「遺伝子的に悪影響が出る」
ともいうが、否定する見方もある

↓

神話や過去の歴史を見てみると、必ずしもすべてのシーンで
禁止されていたわけではないことがわかる

↓

むしろ特別性がある表現になっている

神話にはきょうだいや親子での
夫婦・子ども作りの例も

かつて一部の王家では
きょうだい婚の風習あり

↓

「あえて」禁忌を破ることにより、物語の中で
特殊性とインパクトを表現する

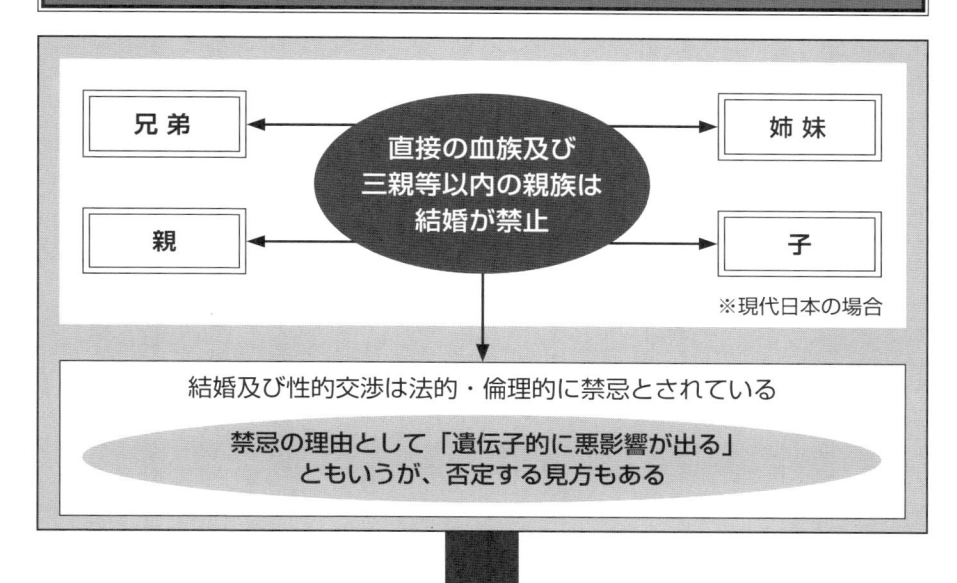

㉚ 騎士道物語

ファンタジーの源流には中世騎士たちの英雄譚があった

騎士たちの理想を体現した騎士道物語

ヨーロッパで十二世紀ごろから広く親しまれた物語スタイルが**「騎士道物語」**である。

支配階級に属する戦士としての騎士たちは、貴族として振舞うにあたって「騎士としての理想的な言動」、すなわち騎士道的規範を守ることを要求されるようになった。内容を大まかにまとめると**「神への信仰」**、**「主君への忠義」**、そして**「弱者を蔑ろにしない名誉」**の三つを守ることとである。

実際の騎士たちがこれらの騎士道を明確に守ったかどうかは怪しい。それでも——いやむしろだからこそ、騎士道の理想を体現する騎士たちが戦争や冒険において活躍し、時には架空の怪物を討ち果たすなどして功績を残す物語が大変にもてはやされることになった。結局のところ、**「現実にはない理想」**を**架空の物語に求める**姿勢は、今も昔もそう変わらないのだ。

やがてファンタジーへ

時の流れによって騎士と騎士道がヨーロッパより姿を消し、それを受けて騎士道物語も衰退した。有名な『ドン・キホーテ』はこの衰退期の作品であり、騎士道物語に憧れた男の姿を滑稽に描いた騎士道物語のパロディに他ならない。しかし、中世ヨーロッパ世界を舞台にした冒険や戦争としての騎士道物語は神話・伝説群とともにファンタジーの源流となり、その影響は現代にも残っている。特に騎士道物語の代表格である『アーサー王伝説』作品群がファンタジーに与えた影響は極めて大きいといっていいだろう。

また、騎士道物語においては**騎士と高貴な女性の恋愛**が大きな位置を占めた。騎士は弱きものである女性を守り、かつ崇拝し、彼女たちの望みを叶えるために冒険に出るわけだ。こんなところも、現代のファンタジーとそう変わらないポイントといえよう。

騎士道物語

騎士道物語とは

中世ヨーロッパで好まれた、騎士の冒険と活躍を描いた物語

騎士のあるべき姿を示す騎士道精神

神の教えに従う
信仰

主君を裏切らない
忠義

弱者を守る
名誉

理想をフィクションで体現する

騎士道物語

騎士が自らの騎士道を守るために冒険の旅に出、あるいは
戦争で活躍することで、英雄として讃えられる物語

弱者の中でも特に女性を（恋愛感情含みで）守り、
その望みを叶えようとして、時には女性関係で倒れる
のが騎士道物語の基本パターンといえる

衰退したあと、強い影響を与える

中世ヨーロッパ風世界を舞台にした剣と魔法の
ファンタジーは、騎士道物語の流れの延長線上にある

㉛死からの復活

普通の人間は死から蘇らない。だからこそ、復活は特別な人間の証であった

復活は特殊性の証

現実には人間は死んだらそこでおしまいだ。死者は蘇らない。だからこそ、物語の中で重要なキャラクターは**「死からの復活」**を遂げる。

最も有名なのは聖書神話におけるキリストの復活だろう。弟子の密告によって捕らえられて処刑された彼は神によって死から三日目に蘇ったとされ、それがキリストの神秘性を決定付けるエピソードとなっている。また、北欧神話では主神オーディンが新たな知を得るにあたって「自らに槍を刺したうえで何日間も首吊り状態になる」という擬似的な死を体験していたり、彼の子のバルドルは一度死ぬが、神々と悪しき巨人族との戦い後に復活を遂げていたりする。

このような形で死から蘇るということは神々や英雄にとっても**特別なこと**であり、他のキャラクターとは違う役割や能力を備えていることが多いようだ。

復活の失敗もまた一つの物語

それだけ特別であるだけに、死からの復活というのは物語の中でも簡単に行われるものではない。復活を試みて無残に失敗する――というパターンもいくつか見受けられる。たとえば、日本神話において、妻神イザナミの死を悲しんだイザナギは、わざわざ黄泉《よみ》の国（あの世）にまで出向くも、彼女の言う通りにしなかったので醜い姿になったイザナミから追われることになってしまう。ギリシャ神話のオルフェウスもまた妻を救うべく冥界に赴いたものの、定められたルールを守らなかったために叶わなかった。

逆に言うと、物語に復活を取り込むのであれば、あまりたやすいものにするべきではないだろう。もしその世界での復活が簡単に可能であるなら、生と死に関する価値観自体が大きく変わっているべきだ。そうでなければ作品全体に違和感が付きまとうだろう。

死からの復活

物語における通常の「死」

現実と同じように死は絶対的なものであり、復活はしない

生 ―― キャラクター → 死

神話や民話において、特別な背景をもつ、あるいは
神の寵愛《ちようあい》を受けた人物は死から復活を遂げることがある

↓

特別なシチュエーションにおける「復活」

このようにして復活した人物は、以前より特別な存在になる

生 ← キャラクター ―― 死

↑

「復活」の注意点

復活は物語においても特別なことだし、特別でなければならない

↓

特別でなければ、現実とあまりにも乖離《かいり》しすぎてしまう

「復活」が無理のある設定であれば物語の雰囲気を壊すし、そうでなくても頻繁に復活を繰り返すようでは物語に緊迫感がなくなり、読者もついてきてくれなくなる

それでも、うまく使えば物語のインパクトにも、
キャラクターの個性付けにも役立つ

㉜タブー破り

禁忌を犯した報いも種々さまざまで……

神話・伝説に見るタブー破り

各種の神話や伝説には頻繁に「タブー（禁忌）」という概念が登場する。**してはならないこと**、の意味だ。**物語の登場人物たちはしばしばその禁忌を犯して行動し、結果として大小の報いを受ける。**

開けることを禁じられたパンドラの箱を開いたために飛び出した災厄。同じく、竜宮城から持ち帰った「開けてはいけない」玉手箱を開いて老人になった浦《うら》島《しま》太《た》郎《ろう》。妻を取り戻すために冥界へ赴いたのに、「振り向いてはいけない」という禁忌を破って失敗したオルフェウス。山幸彦《やまさちひこ》は妻に「見るな」と言われたにもかかわらず、出産の際に彼女が現したサメの正体を見てしまったため、妻に逃げられてしまった。助けた鶴が恩返しに来たものの、その正体を見たためにやはり逃げられてしまった『鶴の恩返し』もある。洋の東西を問わず、この種の話は数多く存在するのだ。

物語の中で効果的な扱いを

タブー破りのパターンはしばしば物語のオチに使われることが多いようなのだが、現代のエンターテインメントに適用するのであれば、これはちょっと避けた方がいいかもしれない。どうしてもバッドエンドになり、読後感が良くないからだ。

むしろ、**物語の導入やキャラクターのバックボーンとして取り込んだ方が相性が良さそうだ。**たとえば、中国の小説『水滸伝《すいこでん》』では役人が「開けてはならない」扉を開いたために百八の魔星が開放され、時がたって人間に転生した魔星たちの活躍が本編として語られるのである。

ともあれ、タブーを破って事件が起きる、あるいはタブー破りのせいで呪いや失敗などを背負ったキャラクターというのは、**ファンタジックな空気を強く出せる**ため、物語の素材として非常に魅力的だ。

タブー破り

神話や民話、伝説に見られるタブー破り

登場人物 ― タブーを犯す → タブー（禁忌）してはならないこと。神聖的イメージも

タブー（禁忌） ― 報いが返る → 登場人物

多様なパターンの「報い」が知られている

- 妻の正体を見てしまって逃げられる
- 開けてはいけないものを開けて呪いがかかる
  →世界全体にとっての災害や悪が飛び出すことも
- 異界でルールを守れず、目的を果たせなくなる

など

↓

エンターテインメント作品にタブー破りを組み込む

物語の「オチ」として

恋愛劇や冒険劇の結末として、主人公やヒロインがタブーを破ってしまう

↓

どうしてもバッドエンドや悲劇になってしまうのが問題

きっかけや背景として

タブーを破ってしまったせいで始まる物語、タブー破りの背景を持つキャラクター

↓

成長や復権を表現する物語として

どちらにせよ、ファンタジックな雰囲気を出すのに効果的な要素といえる

㉝エディプス・コンプレックス

フロイトいわく、「息子は父親を倒そうとするもの」

オイディプス王の悲劇

ギリシャ神話の中でも有名なエピソードの一つに、**オイディプス（エディプス）王の悲劇**がある。

彼はテーバイ王の子に生まれたが、「この子は父親を殺すだろう」という神託が下ったため、幼くして追放される。やがて長じた彼はそれと知らずして父王を殺し、母を妻として自らが王となり、二人の子どもも作る。しかし、やがて真実を知ってしまって強い衝撃を受け、ついには自分の両目をくりぬいてしまう――というものだ。

このエピソードを元に、心理学者フロイトは「**エディプス・コンプレックス**」という言葉を作った。幼少期の男の子には「**父親を敵視し、母親の愛情を（性的なものも含めて）手に入れようとする願望**」があるとし、それを悲劇的な運命をたどったオイディプス王に重ねたわけだ。

父殺しもまた普遍のテーマ

実際、「**父殺し（この場合は父を乗り越えるという意味も含む）**」**はさまざまな物語の中で見られるテーマ**である。

たとえば同じギリシャ神話で、ウラヌスがわが子クロノスに殺され、そのクロノスもやっぱりわが子ゼウスに殺され、と二代にわたって父殺しが行われてようやく世界の支配構造が安定する。他にも「悪政を繰り返す国王を王子がクーデターで倒す」「仮面をかぶったライバルを倒したと思ったら行方不明の父だった」などのパターンはよく見られるものだ。

これはやはりエディプス・コンプレックス的心理から、「**少年が成長し、大人になるために乗り越えるべき相手**」としての父親は非常にイメージしやすく、受け手にも実感をもって伝わりやすいということなのだろう。

エディプス・コンプレックス

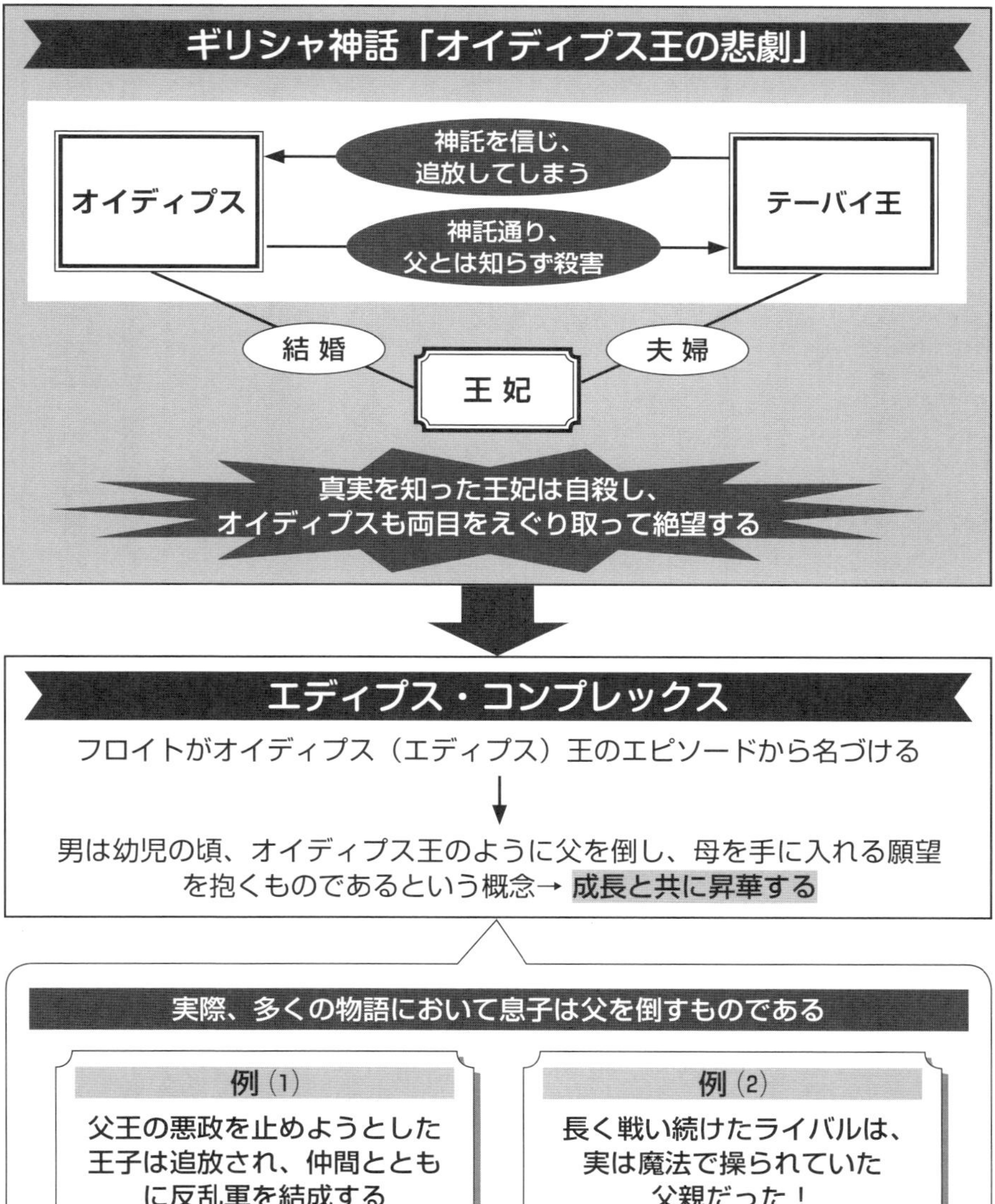
ギリシャ神話「オイディプス王の悲劇」
オイディプス
テーバイ王
神託を信じ、
追放してしまう
神託通り、
父とは知らず殺害
結 婚
夫 婦
王 妃
真実を知った王妃は自殺し、
オイディプスも両目をえぐり取って絶望する
エディプス・コンプレックス
フロイトがオイディプス（エディプス）王のエピソードから名づける
男は幼児の頃、オイディプス王のように父を倒し、母を手に入れる願望
を抱くものであるという概念→ 成長と共に昇華する
実際、多くの物語において息子は父を倒すものである
例（1）
父王の悪政を止めようとした
王子は追放され、仲間ととも
に反乱軍を結成する
例（2）
長く戦い続けたライバルは、
実は魔法で操られていた
父親だった！

㉞世界創造神話

神話が語る、世界の始まりは……？

世界創造を物語に組み込む

多くの神話では**「この世界はなぜ、どのように生まれたのか」**が語られる。

どろどろした混沌、あるいはたゆたう大海から神々が世界を創り上げた、というもの。混沌の中からさまざまな現象を象徴する神々が現れることで世界ができていった、というもの。天と地が切り離されて今の世界になった、というもの。それ以前からいた巨人が倒れ、その死体から世界ができた、というもの。そのバリエーションは多種多様だ。

あなたがファンタジックな世界でスケールの大きい物語を描こうというなら、創造神話は重要なポイントになるはずだ。世界創造に関わった神々や怪物は強大な敵あるいは味方になるし、「神話に隠された謎」も興味深い。また「神話によればこの世界はすべてわが帝国のものだ！」など価値観に迫るテーマも描ける。

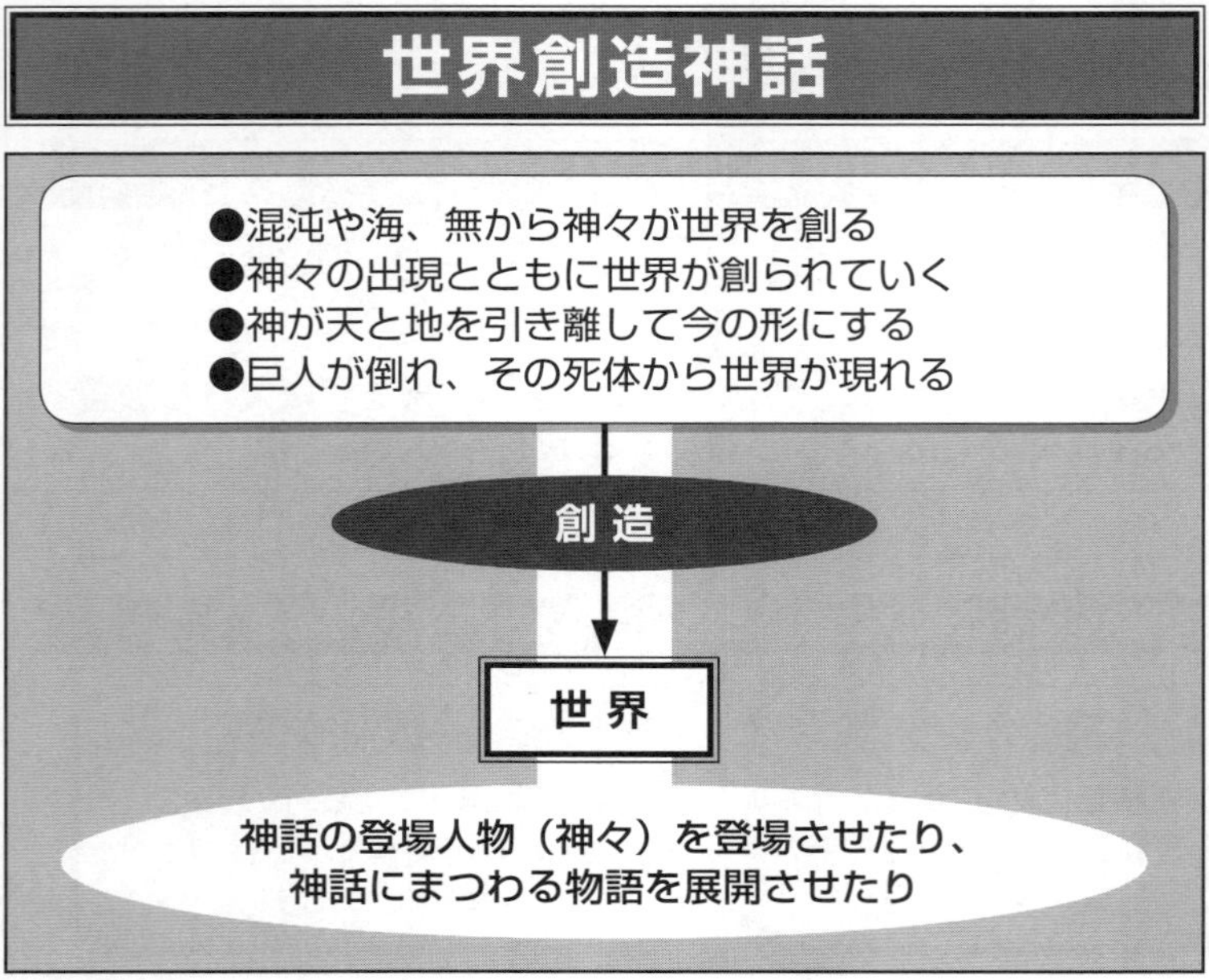

世界創造神話
●混沌や海、無から神々が世界を創る
●神々の出現とともに世界が創られていく
●神が天と地を引き離して今の形にする
●巨人が倒れ、その死体から世界が現れる
創造
世界
神話の登場人物（神々）を登場させたり、
神話にまつわる物語を展開させたり

㉟ 世界終末神話

世界の終わりは本当に来るのか、それとも……？

アポカリプス、ラグナロク、ノストラダムス

創造神話ほどではないが、**世界の終末を語る神話**も少なからず存在する。

代表的なのはキリスト教やユダヤ教の黙示録（アポカリプス）と北欧神話の最終戦争（ラグナロク）だろう。どちらでも神と対立するものたちの激烈な戦いが描かれ、その果てに新しい世界の出現することを伝えている。一九九九年七月に世界が滅ぶとされた、いわゆる「ノストラダムスの大予言」もある意味での世界終末神話といえるかもしれない。

物語の中においては「本当に神話に描かれる終末がやってくる」としてもいいし、「相次ぐ不況や天災で終末神話を信じるものが増えている」という社会問題から迫っても面白い。終末神話の流布で人々が絶望してしまって、社会の混乱や魔法的な力の暴走を招き、作り話だったはずなのに本当に世界が終わってしまう」という搦《から》め手《て》もしばしば見るパターンの一つだ。

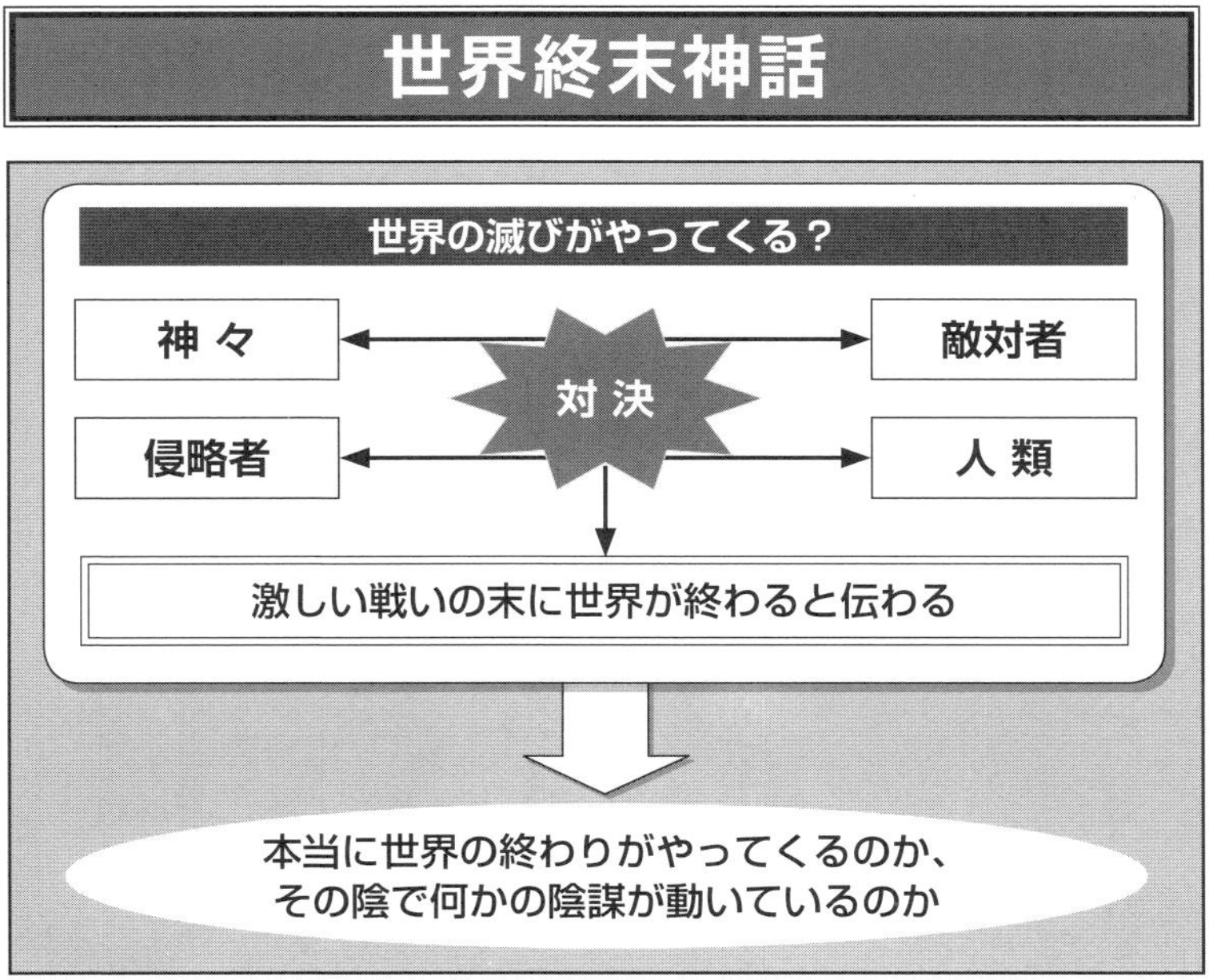
世界終末神話
世界の滅びがやってくる？
神々
敵対者
対決
侵略者
人類
激しい戦いの末に世界が終わると伝わる
本当に世界の終わりがやってくるのか、
その陰で何かの陰謀が動いているのか

㊱黄金時代

かつて、黄金の如き時代がそこにあった……

かつての輝かしき時代

黄金時代という言葉は本来、古代ギリシャの神話における最も輝かしき時代を指していた。その頃、地上には永遠の春が訪れ、神は人間を愛し、人間はあらゆる悩みと無縁であった、という。ここから転じて、**ある地域や国家、文明や文化などが最も繁栄していた時代**のことを「黄金時代」と呼ぶ。

ギリシャ神話だけに限らず、「かつて、人間が幸福に包まれていた時代があった」「神々が人間のすぐそばにいた」「偉大な国家があって大いに繁栄していた」と語る物語は数多くある。聖書神話において最初の人間であるアダムとイブが暮らしていたエデンの園などはその代表格であろう。ヨーロッパにおいてはローマ帝国こそが黄金時代であった、といってよいだろう。道路や水道に代表されるインフラ、高度な技術などが帝国の崩壊とともに失われたからだ。

物語の中での黄金時代

では、黄金時代はどんな形で物語の中に出てくるのか。黄金時代の崩壊をそのまま題材にするには工夫がいる。最後が悲劇で固定されてしまうからだ。それでも、「黄金時代が悲劇的に終わる」ことをあらかじめ示した上で、実はもっと幸福な形で軟着陸するというどんでん返し的結末にしたらドラマチックかもしれない。あるいは、そんなスケールの大きな話ではなく、「青春という名の黄金時代が終わる」みたいな物語においては、それはいつか終わるものだが、皆その思い出を胸にしまって旅立つのだ。

作中世界の過去に、黄金時代があった、というのもありそうだ。神が残したアイテムや、古代帝国の技術など現在では作れないものがあり、それが大きな事件につながっていたり、主人公やライバルの強さのもとになっている……というのは定番展開であろう。

黄金時代

そもそも「黄金時代」とは？

古代ギリシャの詩人ヘシオドスが人類の歴史を四つに分けて曰《いわ》く……

金の時代　銀の時代　銅の時代　鉄の時代

金の時代：永遠の春が続き、人間に悩みがなかった、繁栄と幸福の時代

↓

地域や国家、文明、文化、集団などの最も輝かしい時代、
反映していた時代、幸福だった時代を指す言葉

- 人間が神の庇護《ひご》のもと幸福だった楽園時代
- 優れた技術や文化を花開かせた古代帝国
- 運動部に優れた才能が集まった学年

など

物語の中ではどんな風に活かせるだろうか？

↓

①黄金時代の終わりに……

神々の時代の終わり、古代帝国の崩壊、楽園からの追放、
サークルの崩壊など、黄金時代が終わる悲劇的事件を描く？

↓

何らかの形で希望が見える方がエンタメ的には向いている

②黄金時代の遺産

神々が残した遺産や古代の技術など、作中の現代とはレベルの違う
力が遺跡などに眠っていたり、当時から生きている人が持っていたり

↓

主人公やライバルの強さの背景になったり、
物語の中心的事件のきっかけになったり

㊲ 神話の再演

神話をもう一度演じることがいったい何をもたらすのか

歴史の時代に神話を持ち込む

スケールの大きいファンタジーなどで見られるシチュエーションの一つに、**「神話や伝説の再演」**がある。典型的なものは以下の通りだ。

神や悪魔の時代が去った後、人間たちが主役になった世界においては、神話時代のような特別な出来事は起きにくい。世界に満ちていた魔力が去ったり、あやふやだった世界の枠組みが強固なものになったりしたからだ。それでもなお世界を作り変えるような現象を起こす手法として、「神話を再演する」ことが行われる。神話に語られる神や英雄の生まれ、幼少期の体験、長じてからの冒険、そして悲劇的な死などをなぞる。それによって神そのものになる、あるいは神話的な事件（世界の破滅や再生など）を起こすわけだ。あまりにもスケールの大きい事件なだけに、神や悪魔の陰謀として描かれることが多いようだ。

似ているものは同じもの……？

「神話を再演すれば神話的事件を起こせる」発想の根幹には**「似ているものは同じものである」**という考え方がある。

これはフレイザーが『金枝篇』で提唱した、類感呪術（似ているものは、影響を与え合う。丑《うし》の刻参りで人間に似た藁《わら》人形を使う、など）の考え方がこれにかなり近い。神に近い人生を過ごせば、その力や世界への影響力も神に近くなる、というわけだ。もちろん、そこには何らかの魔術的儀式も必要だろうが。

神話そのものの再演はスケールが大きすぎるかもしれない。だが、**神に近づくことで神の力を得る**ことそのものはもう少し手軽にできそうだ。シャーマンがトーテムの動物に似た姿になってその力を得たり、巫女が神の名を唱えてその力を自分に降ろしたりするわけである。

神話の再演

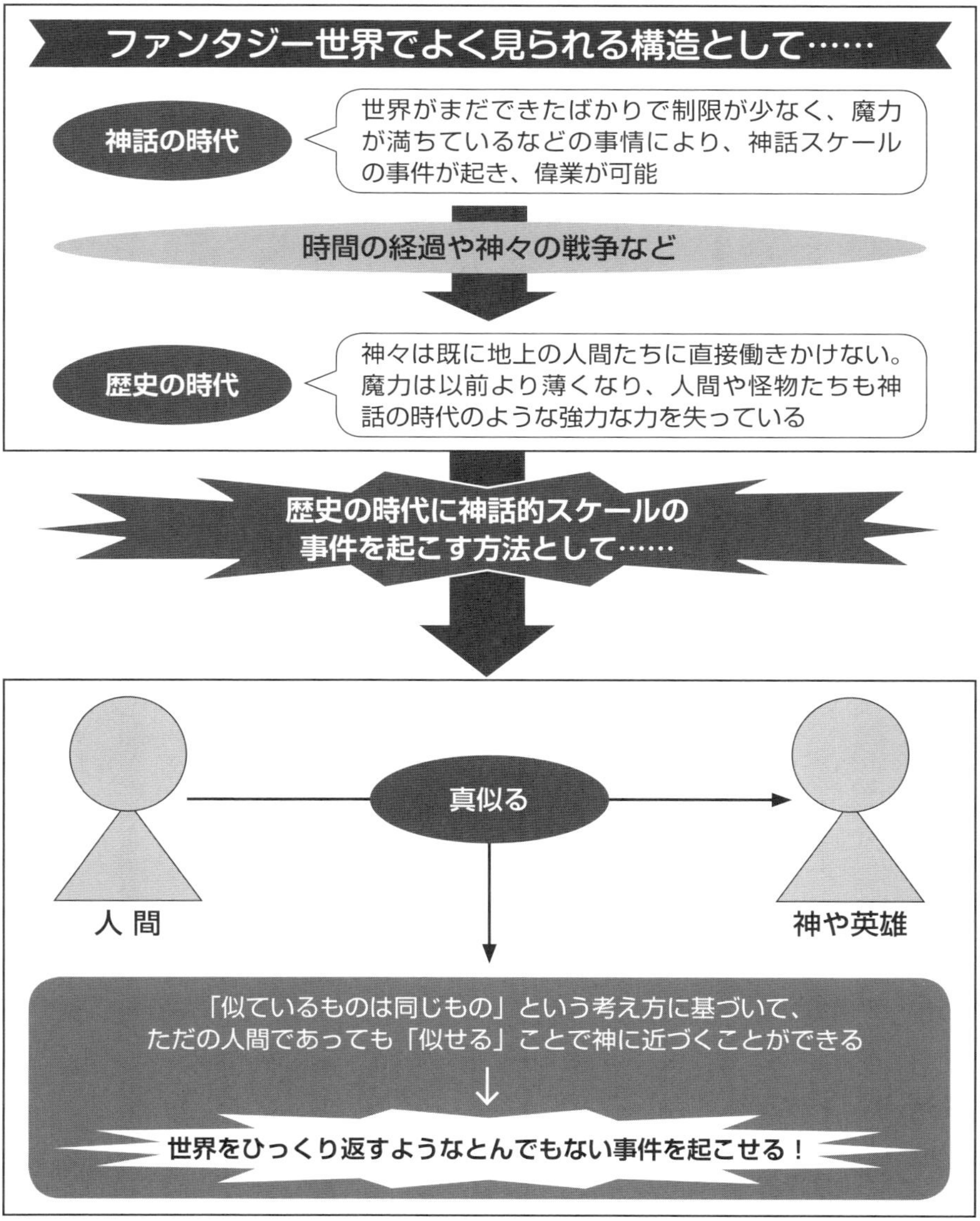
ファンタジー世界でよく見られる構造として……
神話の時代
世界がまだできたばかりで制限が少なく、魔力が満ちているなどの事情により、神話スケールの事件が起き、偉業が可能
時間の経過や神々の戦争など
歴史の時代
神々は既に地上の人間たちに直接働きかけない。魔力は以前より薄くなり、人間や怪物たちも神話の時代のような強力な力を失っている
歴史の時代に神話的スケールの事件を起こす方法として……
真似る
人 間
神や英雄
「似ているものは同じもの」という考え方に基づいて、ただの人間であっても「似せる」ことで神に近づくことができる
↓
世界をひっくり返すようなとんでもない事件を起こせる！

㊳ 予言&未来予知

未来を見通す力を、物語の中でどう活かすか

それは予言か、それとも呪いか

神話や伝説を始めとして、さまざまな物語に登場するのが**「未来を予知しているかのような予言」**である。英雄はしばしば生まれてから間もなく栄光をつかむことを、あるいはそのあとに失意の死を迎えることを予言され、実際に栄光あるいは失墜の運命を辿ることになる。このような予言と予言者の存在は、物語において重要な位置を占める。そのさまは時に未来を予知しているというより、**呪いをかけて相手を思い通りに動かしている**ようにさえ見えるほどだ。

ちなみに、イエス・キリストのような神から啓示を受けて人々を導くものは「預言者」と呼ばれる。時々予言者と混同されるが、別物と考えるべきだろう。

また、各種の予言はしばしば非常に複雑な暗号のような形で発表される。これは穿《うが》った目で見れば「どうとでも取れる形にすることで当たっても外れてもいいようにしている」といえるが、別の考え方としては**「未来への影響を最小限にしようとしている」**ともいえる。たとえば「落ちてきた石に当たって死ぬ」と予言されれば、普通は頭上に注意して生活するようになるだろう。そうなれば、もしかしたら未来が変わってしまうかもしれない。それを避けるため、あえてわかりにくく予言をするわけだ。

予言で物語を壊さないように注意

そうでなくても、未来予知は物語を作っていく中で少々悩ましい要素の一つだ。

あなたの物語にその種の能力を持ったキャラクターを出すなら、どこまで正確に未来を見通せるのか、すべてが見えるならそれによって**物語を壊さないためにはどうしたらいいのか**（悲劇的な未来をあえて回避しないことで最終的な利益を得ようとしていた、など）を考える必要がある。

予言＆未来予知

神話や伝説によく見られるパターンとして

予言者 → 長じてつかむ栄光や、最終的に辿る末路を予言として言い当てる → 神々や英雄

しばしば明確な言葉で未来を語らないのは、
「あやふやな言葉で責任逃れをするため」とも
「未来への影響を最低限に抑えるため」とも

その様子は、未来予知というより
ある種の祝福や呪いのようでさえある

「予言」と「預言」は違う

予言者	預言者
予言するもの、未来を言い当てる人	神から言葉を預かり、それを伝える人

物語の中で予言＆未来予知

冒頭〜中盤で衝撃的な
予言、未来予知を演出し、
伏線として活用して読者の
興味を引きつける

予言者や予知能力者が
未来のすべてを読めるのなら
物語は成立しない。どう
つじつまを合わせるか？

㊴勧善懲悪

悪を挫き、善を助ける！　王道中の王道ストーリー

善人は救われ、悪人は滅ぶ

勧善懲悪とは辞書的には「善行を賞し勧め、悪行を戒め懲らすこと」（日本国語大辞典）だ。転じて、物語においては**「善人が救われ、悪人が滅ぼされる」**ものだと考えればよい。悪人のせいで困っている善人のところにヒーローが現れ、悪人を倒して善人を救うのが基本パターンである。

勧善懲悪ものの最大の魅力はその**シンプル**さだ。善人は栄え、悪人は滅ぶ。そこに複雑な理屈はいらないのだ。現実はなかなかこうはいかない。双方にそれぞれ事情があり、簡単にどっちが善でどっちが悪などと決めつけられない。ヒーローが現れてくれる可能性は低い。それどころか、「こいつを排除すればすべて解決する悪人」がいるとも限らない。だが、物語の中なら勧善懲悪は成立しうる。**「現実にできないことがやれる」**ことは、**物語の根源的な魅力**だ。

シンプルであることは足枷でもある

もちろん、問題もある。勧善懲悪はあまりにもシンプルすぎるし、現実味が薄い。これらの事情から、エンタメの世界が成熟するに従って、勧善懲悪ものは比較的避けられてきたようだ。一つの解決法は、勧善懲悪を本筋として残しつつも、物語に深みを与えるための工夫を施すことだ。たとえば、悪の側の事情をしっかり書いた上で、それでもヒーローが正義の信念を貫き通して悪人を倒し、善人を守る、などだ。

別の考え方もできる。善悪それぞれに事情があったり、そもそも正義と悪の対立ではなく「正義ともう一つの正義の戦い」になる話などは、なるほど複雑で深みがある。だが、それと同じくらいシンプルに正義が勝つ話、あるいは**「事情は複雑だけど信念を貫く話」**も面白い。複雑な話が目立つ時代には、シンプルな話が新鮮かつ面白く見えてくるものだ。

勧善懲悪

勧善懲悪 → 「善行を賞し勧め、悪行を戒め懲らすこと」

↓（たとえば）

窮地に陥った善人が突如現れたヒーローによって救われ、悪人が滅ぼされ、ヒーローが去る物語

勧善懲悪の魅力

現 実

善悪それぞれに事情がある。あるいは正義ともう一つの正義が対立している

シンプルでない

物語だからこそできることがある

物 語

フィクションの世界だからこそ、善悪が明確で、都合のいいヒーローも登場する

シンプル！

勧善懲悪の難しさ

あまりに現実離れしすぎると、特に比較的高年齢層向けの作品では説得力に欠ける

シンプルすぎる作品ではテーマ性やメッセージ性などが不足して、深みに欠ける

↓

シンプルさの魅力を失わない程度に「複雑さ」を付け加えて深みを出すのは不可能ではない

複雑な話が一般に見られるようになったからこそ、シンプルな勧善懲悪が新鮮に受け取られるのではないか？

㊵ 股旅物

今日は東へ 明日は西へ、そのうちひょんなことから事件に……

旅の中で事件に出会う

物語の王道の一つに「旅」がある。わけありの男が旅から旅へと各地をさまよい、ふと立ち寄った町で事件に遭遇し、さまざまな人々と触れ合う。その中には恋や友情といった心の交流もあるが、事件解決後に再び男は旅へ出かけてしまう――このようなスタイルを総称して**「股旅物」**という。一つの物語で一箇所に現れて去るパターンが多いが、壮大な旅を描くために複数の箇所を巡っていくパターンもよく見られる。

股旅物は映画・演劇や時代小説などでよく見られるスタイルで、テキ屋の車寅次郎《くるまとらじろう》が全国を旅しながらお節介と失恋を繰り返す『男はつらいよ』シリーズや、先の水戸藩主徳川光圀《とくがわみつくに》がお供の一行とともに世直しの旅を続ける『水戸黄門』シリーズなどが代表的だ。より広く意味を取れば、主人公が行く先々で事件に遭遇するミステリーなども股旅物の範疇《はんちゅう》に入るだろう。

物語の中で旅をどう扱うか

股旅物の基本である主人公がどこかからやってきてまたどこかへ去っていくスタイルは、舞台設定やエピソード量の調節が比較的容易だ。そのために短編から長編まで分量に合わせて物語が作りやすく、シリーズものへの転換も難しくない（大目標を一つ設定し、そこに辿り着くために各地をさまよっていることにすればいい）。逆に一つの物語の中で各地を移動するスタイルはエピソード量の配分が難しく、結果としてすべての場所での出来事の印象が薄いものになってしまいがちなので、シリーズもの前提（大長編の小説、あるいはＴＶの連続ドラマなど）でなければ難しい。

どちらにせよ「旅」というのは非常に魅力的な題材だ。「行って帰る」物語を明確に表現できるし、外から来たものと内にいるものの交流というのも物語を鮮やかに彩ってくれる要素だからだ。

股旅物

股旅物とは

↓

主人公が「旅また旅」の日々の中で遭遇する事件ものである

「旅」は物語として非常に魅力的なテーマ

股旅物の構造

どんな人(人々)か？

単独なのか、チームなのか、それともバラバラに移動しているのになぜか偶然集まるのか？

場所の演出も大事

舞台立てによって受け手にどんな印象を与えられるか、が非常に大事になる

主人公

旅

物語の舞台

現地の人々

旅自体の目的は何か？

主人公のキャラクター立てに深く関わってくる重要要素。
いくつもの場所をめぐるタイプなら物語全体を左右する

どんなキャラクターがいるのか

「外」からやってくる主人公と「内」にいる人々では事情も考え方も違って当たり前。そこから生まれるギャップと相互影響が股旅物の見所

「旅」の扱い方

○主人公の到来から去るまでが一つの物語のタイプ
→エピソードの配分がしやすい。スケールは小さくなる

○主人公たちがいくつもの場所をめぐるタイプ
→非常に大きなスケールで物語を作れるが、配分が難しい

㊶不老不死

老いず死なずは誰もが願う夢だけに、物語でも簡単ではない

それは人類永遠のテーマ

老いることなく生き続けたい——**不老不死**は人類永遠のテーマだ。中国最初の皇帝である始皇帝《しこうてい》が不老不死の薬を求めて部下、徐福《じょふく》を海の彼方へ派遣し、その一行が日本にも訪れたとされる逸話『徐福伝説』はあまりにも有名だ。それだけ人々が求めただけに、不老不死はしばしば物語の要素としても登場する。人々は自らの願望を物語に託したわけだ。

それは始皇帝が探させたように薬や食物によって実現するものであったり、修行や素質をバックボーンとした魔法あるいは超常能力の結果であったり、神々や妖精の世界などのこの世ではない場所に影響されたものであったりする。聖書神話において、蛇にそそのかされてエデンの園を追放される前のアダムとイブ（人間）には死の概念がなかった、というのも同種の物語と考えるべきであろう。

不老不死を得るもの、得られぬもの……

あるいは、不老不死を目指すも失敗して——というのも一つのパターンだ。不老不死はあまりにも巨大な夢であり、また人間と神を分ける大きな壁であるだけに、失敗パターンの物語も多く伝わっている。最古の英雄物語とされる『ギルガメシュ叙事詩』にも若返りの薬を奪われるエピソードがあるし、最も有名な怪物の一つであるヴァンパイアも「不老不死ではあるが弱点も数多く、かつ人間の血を吸わなければいけない」という意味で失敗した不老不死だ。これもまた「生きる」ことに直結してさまざまな物語に発展し得る。

このように、不老不死を獲得したい、というのは物語全体を貫く主題あるいは主要キャラクターの行動動機になり得る非常に普遍的なテーマだ。**自分のために不老不死を求める浅ましい欲望**も、**大切な誰かのために探す気高しい心**のどちらも演出ができるのである。

不老不死

不老不死に託された願い

人類：老いることも病やけがに苦しめられることもなく、永遠に生き続けることができればいいのに！

しかし、現実には今に至るまでこの望みは誰も叶えていない

↓

各地に伝わる不老不死の物語に人々は夢を託したのだろう

- 薬や食物、アイテムによる不老不死
- 修行や素質など、能力による不老不死
- 神々や妖精の国など場所による不老不死

↓

不老不死は人間の欲望に直結したテーマであるため、読者の興味も引きやすく、強烈な感情の発露を物語の中に織り込んでいくこともできる

物語の道具立てとして便利なものの一つ

たとえば…
不老不死のマイナス面を強調する物語はなかなか面白いものに成り得るのではないだろうか？

○吸血鬼は不老不死だが、弱点が多すぎる！
○不老不死になっても、心が人間と変わってしまっては、目的（＝家族と楽しく暮らしたい、など）が無意味になる？
○心が人間のままでは、永遠と続く時間に耐えられない！

など

㊷力あるアイテム

神々や英雄の武器は、物語の中でも大きな意味を持つ

武器は力の、宝石は権威の象徴なり

古来、剣や槍《やり》といった武器は力の象徴であり、鏡や宝石などの祭器や装飾品は権威の象徴であった。そのことを反映する形で、神話や伝説には**多様な力あるアイテム**が登場している。

英雄たちの多くは名剣や魔剣に代表される強大な力を秘めたアイテムを備え、その力を借りつつ冒険に挑んで偉大な結果を残してきた。あるいは、冒険の目的自体が貴重で価値あるアイテムを手に入れることであって、そのために多大な犠牲を払わなければいけないこともある。たとえば、『アーサー王伝説』には前者としてアーサー王の愛剣「エクスカリバー」（彼に仕える円卓の騎士たちにも名のある名剣を持っているものが多い）が、後者として円卓の騎士たちが捜し求める「聖杯」（キリストの血を受けたとされ、神秘的な力を発揮すると伝えられる）が登場した。

時には「喋る剣」なんてものも

現代のエンターテインメントで活用する際にも扱いはほぼこれに準じる。すなわち、**キャラクターの個性と能力を強化する付属品**か、**物語全体の動機にもなるようなストーリー要素**だ。強力な武器や防具、世界の命運を揺るがすようなアイテムには物語全体のスケールを大きくする効果がある。端的に言えば「ハッタリが利く」わけだ。

あるいは、アイテムそのものが意思を持ち、言葉を介して、キャラクターのように振舞う可能性もある。意思を持って自らの使い手を助ける（もしくは破滅へ導く）魔剣というのは別段希少なアイディアではない。ＳＦなら宇宙船や車に搭載されたＡＩ（人工知能）がまるで生身の人間であるかのように生き生きとしたキャラクターとして登場し、主人公の相棒を務めることもよくある。

力あるアイテム

物語を動かしていくのはキャラクターばかりではない

↓

力あるアイテムの存在もまた、物語に大きな影響を与える

神話や伝説、民話に見る力あるアイテム

魔剣など、神々や英雄の持つ強力な武器

キャラクターの個性や能力を強化する付属品

冒険の動機にもなるような影響力をもつ物品

物語全体に影響を与える要素

力あるアイテムはキャラクターや物語を象徴するような重要な存在になり得る

神話や伝説、民話などに登場する「力あるアイテム」は、ハッタリが利くぶっ飛んだ能力のものや新鮮な着眼点のものも多く、物語を作っていく中で参考になる

名前を借りてきたり、アイディアの元にするだけでも十分役立つ

ファンタジーでは「喋る魔剣」、SFでは「AI(人工知能)」など、意思を持って言葉を操るキャラクターとしてのアイテムも登場する

㊸私小説

「私」を主人公とし、経験と体験を物語に落とし込む

私小説の手法を取り入れる

純文学の一ジャンルとして**「私小説」**というものがある。「私（わたくし）」、すなわち作者自身の体験や経験を物語の中核にしながら、自らの価値観や人生観を描いていくもののこと。自伝的小説といってもいいかもしれない。

日本の近代文学を代表する小説ジャンルであり、大正末期から昭和初期ごろに大いに花開いたが、現在でも私小説を書く作家は少なからず存在している。

誤解しないでほしいのだが、エンターテインメントとして私小説そのものを書け、といっているわけではない。私小説は基本的に純文学の手法であり、娯楽小説やエンターテインメントとはかみ合わない部分もある。大事なのは、**自身の体験や経験を物語の中に活かしていくこと**であり、そのために私小説的な観点も意識に入れておくべき、ということなのだ。

物語を自己満足の道具にしてはならない

それでも、物語の中に「私」を入れていくことをためらう人も多いだろう。自身を投影したキャラクターを物語に投入した場合、**「自分を美化しただけ」「他人に認められたい願望を実現しただけ」**になりかねないのも事実だ。フィクションは受け手を楽しませるためにあるのであって、作り手が気持ちよくなってもしょうがない。

必要なのは、自分の体験や経験を活かすことによってリアリティやインパクトを出すことであり、願望や欲求を投影することによってキャラクターや事件を魅力的にすることだ。実在する地域を舞台にするにあたってそこで暮らした経験は大きな力になるし、「こんな女の子と付き合いたい！」という願望はキャラクターの魅力を引き出す大きな力になり得る——そういうことなのだ。

私小説

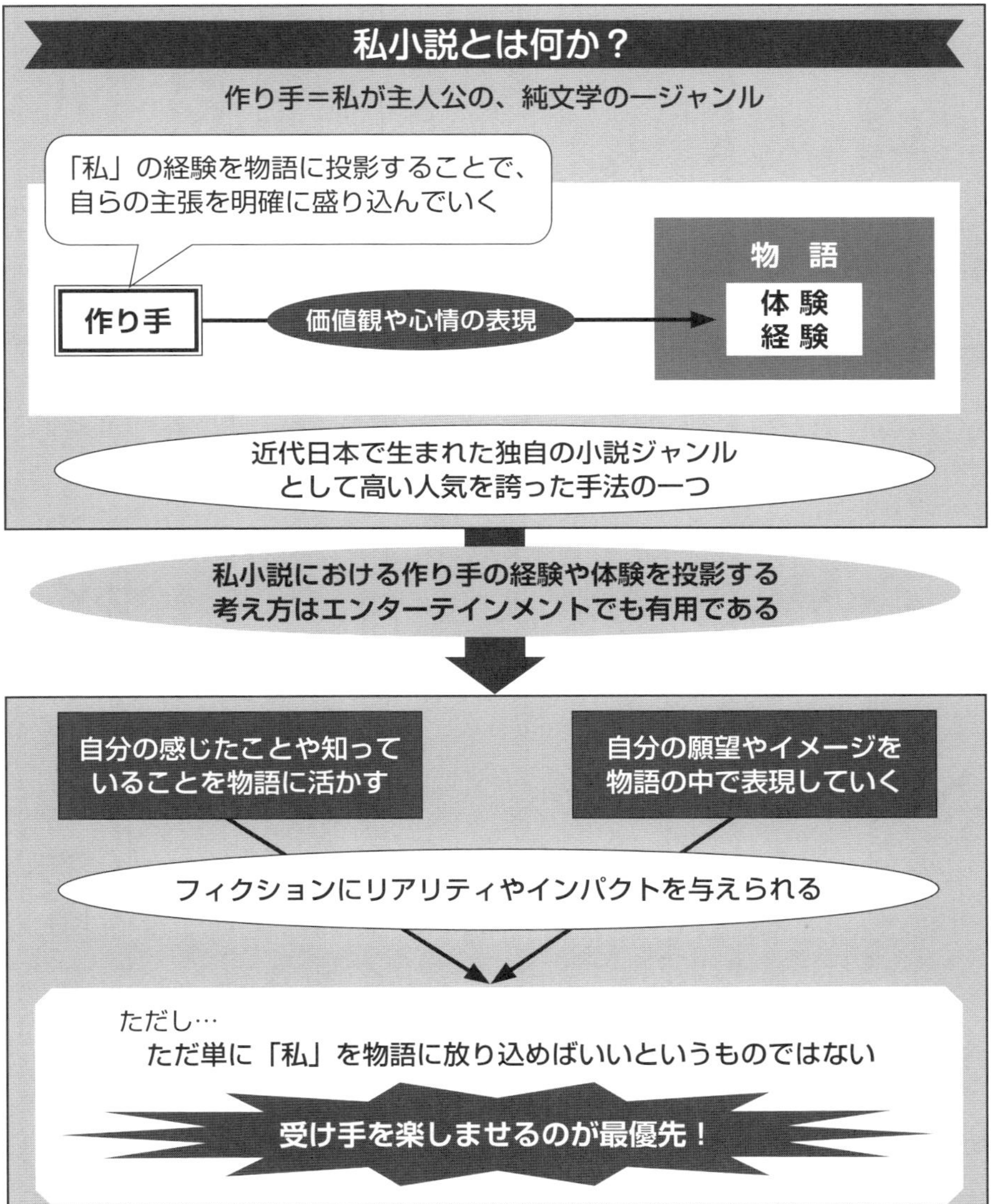
私小説とは何か？
作り手＝私が主人公の、純文学の一ジャンル
「私」の経験を物語に投影することで、自らの主張を明確に盛り込んでいく
作り手
価値観や心情の表現
物 語
体 験
経 験
近代日本で生まれた独自の小説ジャンル
として高い人気を誇った手法の一つ
私小説における作り手の経験や体験を投影する
考え方はエンターテインメントでも有用である
自分の感じたことや知っていることを物語に活かす
自分の願望やイメージを物語の中で表現していく
フィクションにリアリティやインパクトを与えられる
ただし…
ただ単に「私」を物語に放り込めばいいというものではない
受け手を楽しませるのが最優先！

代表的エンターテインメント（2）隆慶一郎作品

隆慶一郎はＴＶドラマなどの脚本家として活躍したあとで小説家に転進、『影武者徳川家康《いえやす》』（新潮文庫）など斬新な作品を多数発表して注目を集めたものの、作家デビュー後四年足らずというあまりにも短い活動時間でこの世を去った作家である。

彼の作品は基本的に「歴史伝奇娯楽活劇」というべきものである。歴史上のある一時期（多く、戦国時代末期から江戸初期）を切り取り、その中で起きる歴史的事件そのものは変えないが、内幕を変える――一般的に信じられている出来事とは違うことが起きていたのだ、という展開に持っていくのだ。

先に紹介した『影武者徳川家康』はその典型例で、「実は徳川家康は関ヶ原の戦いで死んでいたのだ！」という衝撃的な仮説を元に、江戸時代初期の歴史に次々と新たな解釈を見出し、壮絶な暗闘の秘史を作り上げてしまっている。歴史小説はどれだけ斬新な視点・切り口を見出せるかが勝負だ、というのがよくわかる作品なのである。

もちろん、ただ歴史的視点が面白いだけではない。主人公の破天荒さ、カッコよさが大きな魅力となっている。隆慶一郎作品ではほとんどの場合、主人公は超人的な戦闘能力を持ち、独特の美学を備え、かつ溢れんばかりの生命力に満ち満ちている。「感情移入」はしにくいかもしれないが、「憧れの対象」「男が惚れる男」ではある。作品によっては秀才型で読者が共感しやすいキャラクターが脇に配置されることもあるが、基本的に隆慶一郎作品は超人的主人公の胸がすくような大暴れを楽しむもの、といえるだろう。

また、「道々のもの」と呼ばれる放浪民たちが多く登場するのも特徴だ。武士でも農民でもない彼らは独自の価値観を持ち、それがしばしば主人公の美学と共鳴して手助けをすることになる。これらのポイントがあいまって、隆慶一郎作品は異彩を放つ異色作に仕上がっているのである。

第三章
現代１）
学生編

学園と青春はエンターテインメントの定番中の定番だ！

思春期の甘酸っぱい思い、自身の将来や周囲の人間関係への葛藤と煩悶など、魅力的な物語の素材は無数に存在する。

現代もののうち、青春的テーマ及びそれに近いものを紹介。

㊹学園もの

青少年の青春を描くのであれば、学校は最も自然な舞台になる

学校は学生たちの日常空間

青春小説やライトノベルなどの小説群において頻繁に物語の舞台となる場所――それが学校（学園）である。なぜ学校が登場するのかといえば、そのような作品は受け手の多くが中高生だからだ。彼らにとって一番簡単に感情移入できるキャラクターは学生であり、一番身近に感じられる場所は学校に他ならない。学校が大きな舞台となる作品を特に**「学園もの」**と呼ぶ。

何しろ、普通の学生たちは一日のかなりの時間を学校ですごすのだから、あなたがどんな物語を描くにあたっても学生を主人公にする以上は学校を完全に排除することは難しい。たとえば、伝奇ものやＳＦものなどで「学校の外で行われる非日常的な出来事」を大きく扱ったとしても、その非日常と学校ですごす日常を対比することがなければ、キャラクターの心情をきちんと描いたとはいえないのだ。

学園もののバリエーション

特別な設定のない**普通の学校**であっても、そこは物語において貴重な舞台になり得る。学校という場所は周囲からある程度隔絶され、同年代の（しかも思春期を迎えた不安定な）子どもたちだけが集められ、独特のルールが存在する。結果、その中ではさまざまな出来事が起きる可能性があり、複雑な心の交流が行われる。これは魅力的な物語を生み出し得る土台なのだ。

もちろん、**特別な学校**にするという選択肢も捨てがたい。職業訓練のための学校（専門学校など）など現実に存在する特殊な教育施設や、あるいは「魔法を学ぶための学校」などのファンタジックな学校は、学校としての属性を備えている。その上で、通常のそれとは一風変わったイベントが起きる場所となっていて、読者の感情移入を誘いながら興味を引くことができる。やはり魅力的な存在なのである。

学園もの

ジュブナイルやライトノベルなど中高生ターゲットの
作品群では学校を舞台にした作品＝学園ものが多い

どうして学校が舞台になりやすいのか？

①子どもは時間の多くを学校ですごす

中高生読者にとって最も感情移入しやすいキャラクターは、似たような年齢・立場・状況の学生たちである

学校がメインの舞台にならないにしても、
「日常」の演出に学校は欠かせない存在

②学校という場所の持つ構造的特殊性

思春期の子どもばかりが集まって、外部からある程度隔離された空間

物語が無数に
転がっている

③「学校」に味付けをしてみる

○特別な役割を与えられた学校
　→男子校や女子校、専門学校や職業訓練校など

○特殊な状況に置かれた学校
　→ファンタジー世界の学校、離島の分校など

学校という身近な存在にアレンジを利かせると効果も大きい

㊺巨大学園もの

超巨大スケールの学校を舞台に、何をするかが問題だ

最大の特徴はスケール

学園ものから派生した物語パターンとして、「**巨大学園もの**」がある。巨大という言葉がついている通り、舞台になるのは通常の学校よりはるかに大きな——生徒数が一万人を超えてしまうような——学校だ。あるいは、ある種の特区として整備され、学校ばかりが集まった「学園都市」も、このくくりに入れるべきかもしれない。

さて、巨大学園ものに挑戦するなら、少なくともその**最大の特徴であるスケールの点で、普通の学園ものとの違いを出していきたい**。百人や二百人しかいない学校と数千人、数万人単位の巨大学校とではまず敷地の広さが桁違いであってしかるべきだし、施設にもいろいろと独自なものがあるはずだ。電車やバスのような交通機関が網の目のように整備され、学校の敷地内で寮住まいをする生徒も相当な数に上るだろう。

何のための巨大学校なのか？

しかし、せっかく巨大学園ものをやるのに、特徴はスケールだけです、ではちょっと物足りない。舞台としての魅力をもっと引き出していきたいところだ。

一つのアプローチとしては、**巨大学校の「都市」としての特性に注目する**ことがある。数千、数万も人が集まるなら、そこは立派な都市だ。であるならば、生徒たちはただ学業や日常にいそしむだけでなく、都市を運営する側——行政や運営に携わってもいいのではないか。すなわち、「学生都市」にしてしまうのだ。

別のアプローチとして、「**なぜそんなに学生が集められたのか**」**に注目する**手もある。データを集めているのか、何かの実験体にでもされるのか、それともごく低確率で学生の中に現れる「何か」を探してでもいるのか。それを物語のテーマに絡められれば、巨大学園ものにする意味があった、ということにもなる。

巨大学園もの

学園もの

多くの読者にとって身近だが、新鮮さは少ない？

読者の興味を引き、物語の幅を広げるバリエーションとして

↓

巨大学園もの

通常の学校よりはるかに巨大で、数多くの
生徒が通う、巨大な学校を舞台にする

巨大学園もののポイント

ポイント(1)
学校の「巨大さ」をアピール
しなければ意味がない！
↓
巨大学校ならではの施設やルール、
生活環境などを演出したい

ポイント(2)
それだけ学生がいるなら、
「学生都市」になるのでは？
↓
都市の行政や経済を、
すべて学生たちが取り仕切る
巨大学園も面白い

ポイント(3)
どうしてそんな巨大学園
ができてしまったのか？
↓
学校設立に至る理由を物語に
絡めれば舞台に意味が生まれる

㊻学校内の人間関係トラブル

未熟故にトラブルが当たり前とはいうものの

子どもが集まっていれば……

すでに「学園もの」（108ページ）の項で紹介したように、学校という空間は近い年齢の子どもたちが狭い場所に集まって長い時間をすごすということで、**独特の人間関係を醸成する**ことになる。それが友情や恋愛といったプラスの方向に発展するならいいが、必ずしもそうとは限らない。

大人でさえ職場や家庭で軋轢《あつれき》を発生させるのが珍しくないのに、人格的にまだ未熟な子どもたちが完全に円滑な関係だけを作り上げるというのはリアルに考えたとき、無理がある――むしろ、まったく何も人間関係におけるトラブルやアクシデントが起きない学校には、このあとで紹介することになる「ディストピア」（206ページ）の匂いさえする。**トラブルがあって当たり前であり、むしろそれらを経験し、学習し、乗り越えてこその成長**というべきなのだろう。

トラブルの形、それぞれ

具体的には、どんなトラブルがあるだろうか。

一番ありそうなのは**友人グループ絡み**のものだろう。グループ同士の対立もあれば、グループ内部の反目もあるはず。男子には男子の、女子には女子のグループの性質やルールがあり、それに反した（あるいは反したと決め付けられた）ものはしばしば排除され、攻撃を受ける。結果、いじめのような問題に発展するのもそう珍しいことでもない。さらに問題が悪化すれば退学や転校、最悪自殺という結末が待っている。

それ以外にも**恋愛絡み、学業やスポーツの嫉妬、先輩後輩の上下関係、教師と生徒の関係、個人と個人の反目**など、トラブルの種はいくらでもある。**物語のちょっとしたきっかけ**としても、あるいは**主人公が乗り越えるべき障壁**としても、物語の中で十分に活用できる要素といえる。

学校内の人間関係トラブル

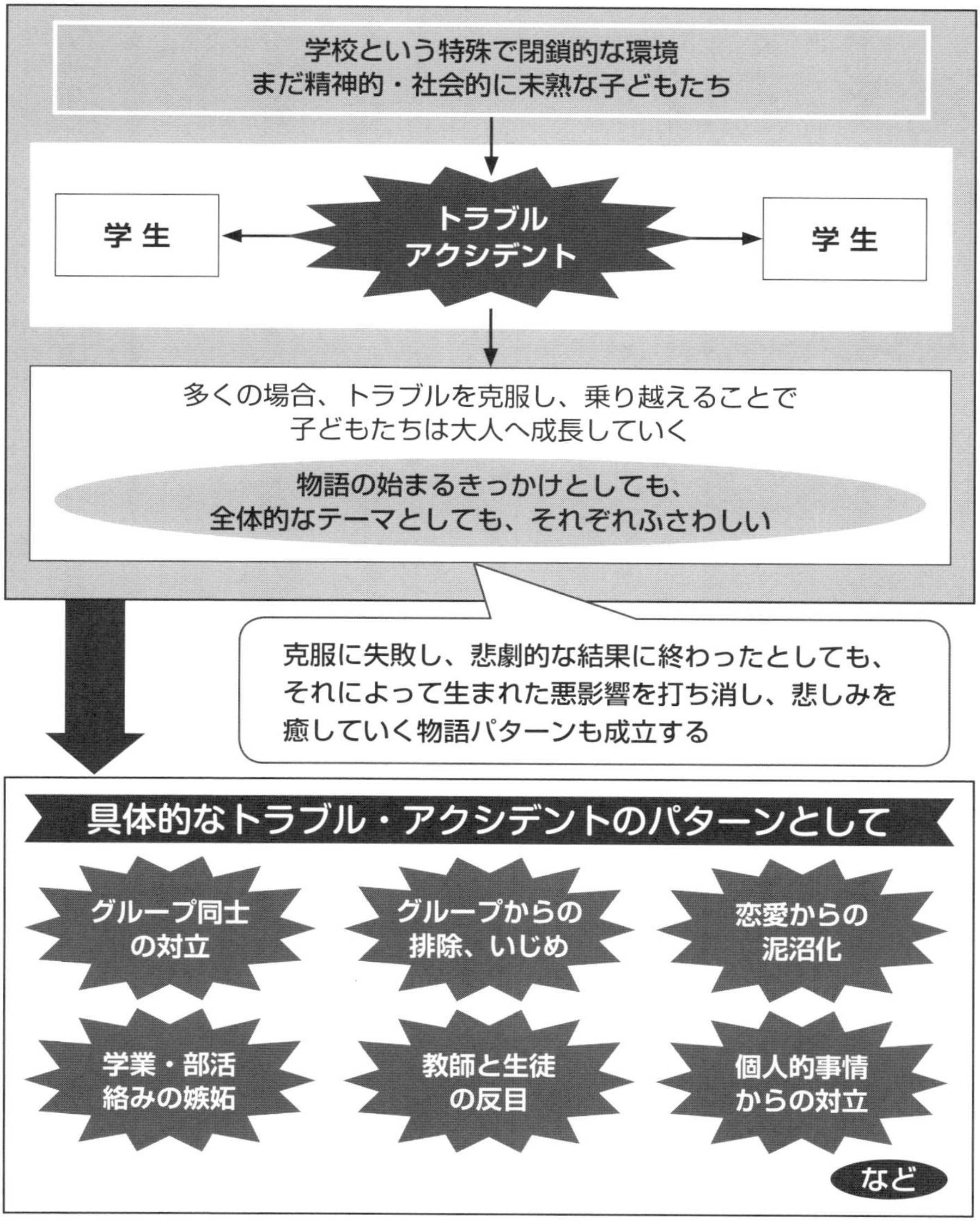
学校という特殊で閉鎖的な環境
まだ精神的・社会的に未熟な子どもたち
学生
トラブル
アクシデント
学生
多くの場合、トラブルを克服し、乗り越えることで
子どもたちは大人へ成長していく
物語の始まるきっかけとしても、
全体的なテーマとしても、それぞれふさわしい
克服に失敗し、悲劇的な結果に終わったとしても、
それによって生まれた悪影響を打ち消し、悲しみを
癒していく物語パターンも成立する
具体的なトラブル・アクシデントのパターンとして
グループ同士の対立
グループからの排除、いじめ
恋愛からの泥沼化
学業・部活絡みの嫉妬
教師と生徒の反目
個人的事情からの対立
など

㊼部活・同好会

青春を打ち込んだ放課後の思い出は――

部活と同好会

学生の本分は勉学だ――とはいうものの、本当に勉強するだけの学生生活を送る人はあまりいないはず。学校の中でも部活や同好会での活動にいそしむものは相当数いるだろう。帰宅部と称して部活に参加しないものも少なからずいるだろうが、それでも**「部活・同好会」は学生時代を語るにあたって欠かせない存在**といっていい。

部活（クラブ）と同好会の区分は学校によって違うだろうが、一般に同好会は規模が小さかったり学校側に認められていなかったりする、部活より一段階低い存在として扱われることが多いようだ。この点はむしろ物語の素材としては扱いやすく、作品オリジナルの奇妙なスポーツやゲーム、題材にまつわる同好会の愉快な面々――というテーマは、学園ものの中でも非常に人気のあるパターンの一つだ。

物語の中でどう扱うか

部活を大きく分けると「運動系」と「文科系」に二分され、前者は野球やサッカーなどスポーツに励み、後者は美術、文芸など文化的活動に取り組む。

これらを物語の中で扱う手法はいくつかある。一つは、**各部活動が持っている定番イメージをキャラクター付けに活用すること**だ。坊主頭の野球部員、眼鏡のパソコン部員――この辺はさすがに古くなってしまった感はあるが、それだけに強烈な個性として作用する。一方、**どれか一つの部活をメインの舞台として掘り下げていく**のは、漫画やアニメなら定番だが、小説ではちょっと難しい。バトルものなどと比べ、どうしてもインパクトが弱くなりがちだからだ。そのため、青春の葛藤や成長をメインに持ってくる、読者の目を引くような特殊だったりオリジナルだったりする部活内容を選ぶ、などの工夫が必要になってくる。

部活・同好会

学生たちの日常生活

勉強・学問

友人付き合い

部活・同好会

数多くの学生たちが、放課後は部活動にいそしむ

運動系（体育会系）
野球、サッカー、陸上、柔道、剣道、テニス、卓球、水泳、アメフト、ラグビー、バスケ
など

文科系
文芸、新聞、コンピューター、ブラスバンド、合唱、絵画、放送、家庭科、園芸、演劇
など

(1) キャラクター立ての一環として

→各部活ごとにいくつかのイメージがあり、キャラクター性を簡単に表現することができる

(2) 物語のメイン舞台として

→漫画では定番だが、小説では地味になりがちなので何らかの工夫が欲しいところ

メジャーな部活の思わぬ側面、
マイナーで一般に知られていない部活、
オリジナルの部活など、読者の意表を突くべき！

定義は学校によって違う可能性もあるが、
同好会＝部活よりも小規模、予算が出ない、など

ゲリラ的活動をする同好会、マイナーな趣味に
励む同好会など、物語のネタとして魅力的

㊽生徒会・委員会

部活に比べたら影が薄いかもしれないが……

学校における生徒会・委員会

部活・同好会と併せてもう一つ、学生の放課後に欠かせない存在として、**行事などで活動する生徒会や委員会**がある。これらの組織が具体的にどのような仕組みをしているかは学校によってさまざまだろうが、委員会は各クラスから数人ずつ選ばれた中で委員長を決め、生徒会は選挙あるいは自主的な加入によって構成される、というのが一般的な形だろうか。

とはいえ、多くの学生にとって、**生徒会や委員会は部活ほどのウェイトは占めていない**のではないか。いいところ「一週間に一度くらいの割合でやってくる面倒な義務」、あるいは風紀委員会や美化委員会のような生徒たちの日常に直接介入してくる委員会に対してちょっとした反発心がある、という程度だろう。年に一度の生徒会長選挙はイベントかもしれないが、それだって大きく盛り上がる学校はそう多くない。

物語における役割

では、生徒会・委員会は物語の中でどんな役割を果たすのだろうか。わかりやすいのは、部活・同好会と同じく**キャラクターの性質を表す属性**としてだろう。多くの生徒にとってあまり深く関わるものではないからこそ、逆に「生徒会長」「風紀委員長」など生徒会や委員会に深く関わっているキャラクターにはある程度イメージがあり、個性付けとして活用できる。

あるいは、**生徒会や何らかの特殊な委員会をメインの舞台とし、そこに集まってきた個性的な面々に物語の焦点を当てる**手法もある。生徒会の面々がさまざまなイベントやトラブルに対応する過程は十分物語になる。さらに、学校が特殊な性質を持っていればそれに対応するための委員会（超能力バトルが日常の学校においては、バトルを取り仕切る委員会があるに違いない！）があるはずで、ここから話が広げられそうだ。

生徒会・委員会

学生生活における生徒会・委員会

生徒会
学生自治の中心的存在として、さまざまな分野で活動する。
会長ほか、主要メンバーはしばしば選挙で選ばれる

委員会
生徒会の下で学生自治の実務に携わる。風紀、美化、図書、体育、保健など、役割ごとに委員会が存在する

具体的な組織、性格は学校や地域ごとに異なる

↓

物語の中ではどんな役割を果たすのか？

↓

(1) キャラクター立ての一環として
→「委員長」「生徒会長」クラスなら、部活と同じようにキャラクター属性の一種として作用する

(2) 物語の中のちょっとしたイベントのきっかけとして
→委員会活動で出会った別のクラスの生徒と……
生徒会や委員会主催の行事、イベントで……

(3) 物語のメイン舞台として
→委員会はともかく、生徒会は好んで使われるモチーフの一つになっている

舞台を特殊な学校に設定するのであれば、
そこにふさわしい委員会・生徒会があれば
物語にグッと説得力が出てくる

部活・同好会ほどには物語に深く関わってこない
＝多くの学生たちにとって、それほど頻繁に
自分と関わる存在ではない

㊾寮生活

寮の厳しさもまた、子どもたちを成長させる

寮は厳しいか、楽しいか

たいてい、寮生活は**未成年の子どもたちにとって非常に厳しい**ものだろう。起きる時間や寝る時間がきっちり決められ、外出にも制限が多い。寮監や先輩による締め付けだって楽なものではない。

しかもこれが職業訓練校や軍隊の学校などになるとさらに締め付けが厳しくなり、場合によってはある種の体罰も見られるだろう。とはいえ、ルールの遵守が強く求められる以上、これは仕方がないことなのだが、それまで甘やかされて育ってきた子どもの場合などは特につらい経験になるだろう。だからこそ、成長や成熟にもつながるのだが。

これが人数が少なかったり、寮というより下宿に近いような環境では、事情も変わってくる。**厳しい締め付けがなくてアットホームで共同生活的な寮**、というのもいいかもしれない。

寮生活、それぞれ

スポーツ特待生などの形で遠隔地からの学生を受け入れていたり、独特の教育方針（生徒の行動を厳しく統制し、人格を養う！）を持っている学校では、敷地の近く、もしくは敷地内に**寮**を備えていることも珍しくない。

また、名門校やある種の職業訓練校のような場所なら、全寮制もしばしば見られる。たとえば、「日本中から（あるいは全世界から！）エリートだけが集まる学校」というなら、家から通える学生はほとんどいないため、必然的に寮暮らしになる。

別の発想をしてみよう。ほとんどの生徒は家から通っているけれど、何らかの特別な事情で親元にいられなかったり、学校側が監督・監視したい生徒だけが入る寮がある、というのは物語のネタとしてなかなか面白そうだ。

寮生活

一口に「寮」といってもさまざまなケースがある

一般的な寮

遠隔地からの生徒を迎えるための寮がある学校は決して珍しくない

↓

あるいは、教育方針に基づいて寮を設置する学校もあるだろう

全寮制

職業訓練校や一部の名門校などではすべての生徒が寮に入ることも

↓

学校の抱える状況、及び教育方針次第でさまざまなスタイルがある

特殊例

一部の特殊な生徒だけが入れる寮というものがあっても面白い

↓

ファンタジックな方向で、超能力を持った生徒だけが入る寮など……

⬇

起床・就寝時間を始めとして時間管理が厳しい

平日・休日ともに行動の自由がしばしば束縛

寮監や先輩によるプレッシャーも厳しくなる

↓

状況が厳しければ、人間はそれに適応する方向へ成長する
→自分を律する or うまくやりすごす

イベント・アクシデントの類も多く、物語の舞台としてわかりやすく魅力的

㊿ 転校生

転校生は二つの日常をつなげる鍵

転校生は境界線を越えてやってくる

どちらのパターンにせよ、転校生というパターンを扱うにあたっては、第一章の「行きて帰りし物語」(36ページ)の項でも紹介した「境界線を越える」ということがキーワードになるのは間違いない。

転校生は自身の日常から境界線を越えて別の日常へやってくるわけで、どちらにとっても相手の日常は非日常だ。そこにはお互いにとって興味深い部分、憧れられる部分もあるだろうし、逆に幻滅する部分、衝突してしまう部分もあるだろう。これは物語を大きく動かしていくのに非常に役立つものなのである。

そうでなくても、転校生の来訪あるいは自分が別の学校へ転校するというのは読者にとって非常に身近でイメージがしやすい**「日常に変化がもたらされる」イベント**なのである。これを見逃すのはあまりにももったいない。

古典パターンではあるけれど

「登校中にぶつかってちょっと揉めた美少女が朝のホームルームで転校生として紹介される」あるいは「謎めいた美少年が転校生としてやってきてから、学校の空気が少しずつ変わっていく」——もはや定番すぎ、またちょっと古くなった感もあって、ギャグやパロディ以外では使いにくいシチュエーションではある。それでも**「転校生がやってくるところから物語が始まる」**というのはやはり学園もの、青春ものの王道パターンといえる。

逆パターンとして、主人公が転校生だ、というのもよく見られる。田舎の小さな町に現れた都会出身の主人公(あるいはその逆)がカルチャーギャップに悩みながらもクラスや町に溶け込んでいき、視野を広げ、成長していくのが基本的なスタイルになるだろうか。こちらはあまり古びていない印象がある。

転校生

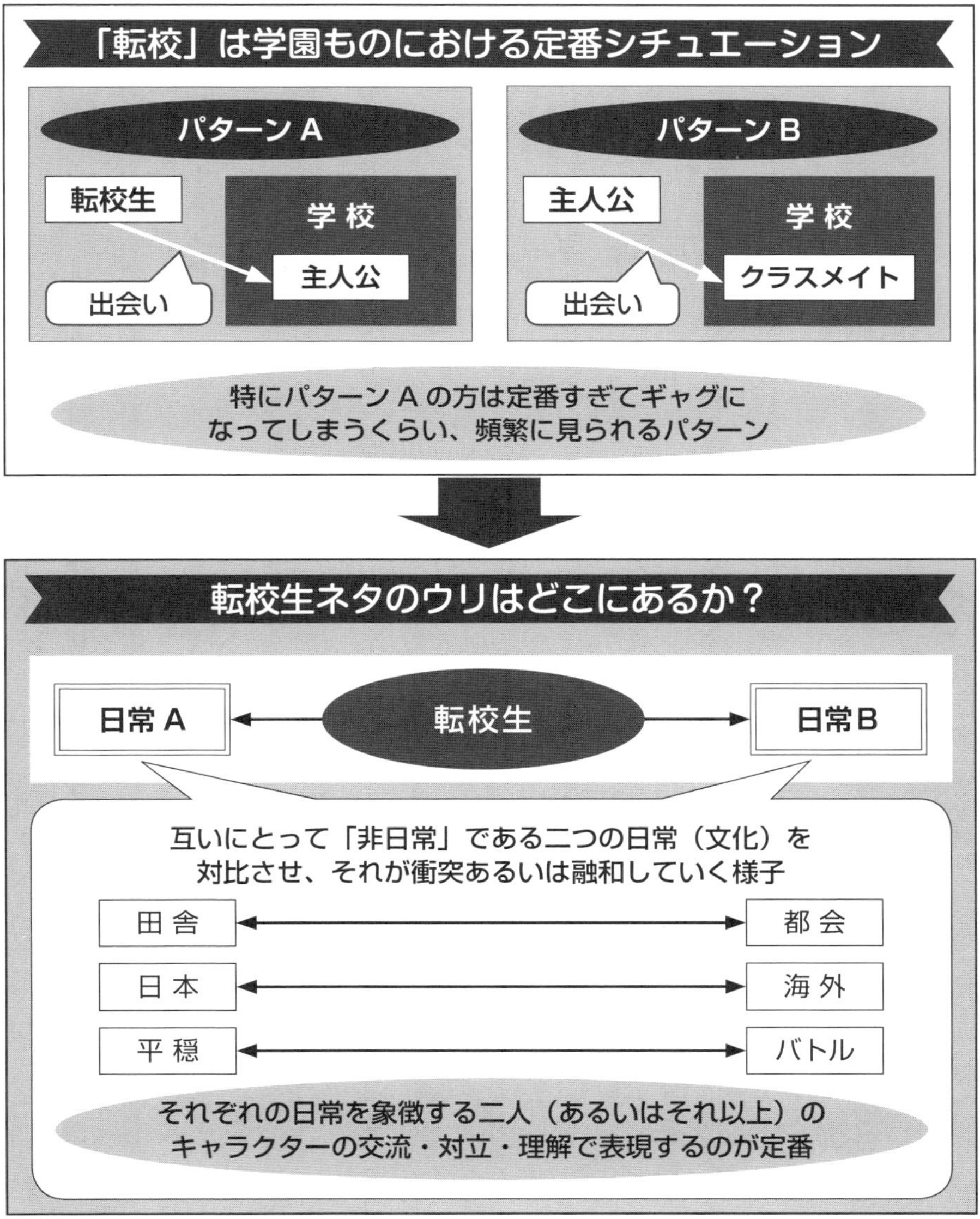
「転校」は学園ものにおける定番シチュエーション
パターンA
転校生
学 校
主人公
出会い
パターンB
主人公
学 校
クラスメイト
出会い
特にパターンAの方は定番すぎてギャグになってしまうくらい、頻繁に見られるパターン
転校生ネタのウリはどこにあるか？
日常A
転校生
日常B
互いにとって「非日常」である二つの日常（文化）を対比させ、それが衝突あるいは融和していく様子
田 舎
都 会
日 本
海 外
平 穏
バトル
それぞれの日常を象徴する二人（あるいはそれ以上）のキャラクターの交流・対立・理解で表現するのが定番

㉛ 学園イベント

体育祭、学園祭、修学旅行。学園生活を彩るイベントの数々

単調な日常を覆すイベント

学園生活というものは、代わり映えしない日常が続くもの……という印象を持っている人は多いのではないか。専門学校や大学を除けば、多くの学校は登校下校の時間がきっちり決まっていて、同じ場所で同じ仲間と似たような授業を毎日受けるだけ……となればそう思うのも無理はない。

だが、**学校にはイベントもつきもの**であるはずだ。体育会系の腕の見せ所である**運動会（体育祭）**。各クラスや部活がそれぞれの出店・催し物で張り切る**文化祭（学園祭）**。特別な講師を招いての講演会や特別授業。そして修学旅行・移動教室・林間学校などクラスや学校単位で長距離移動してのイベントと、さまざまな出来事がある。普段の授業が退屈な分、こういったイベントごとでこそ張り切る……という生徒も珍しくないだろう。

特別なイベントであればこそ

ただ、普通にイベントを描いても面白くなりにくい。**何か特別な要素を持ち込みたい**ところだ。

イベントそのものを特別にする手がある。修学旅行で東京や京都に行くのは普通だ。だが、行き先がファンタジー異世界だったら？　特別行事が「簡単な装備だけで無人島に放り出される」であったら？

イベントは普通なのだが、その最中にとんでもないトラブルが起きる……というのもアリだろう。修学旅行で出かけた異国でクーデターが起きて帰れなくなったら？　学園祭真っ最中の学校をテロリストが襲撃したら？

参加する側にドラマを用意する手法もある。「修学旅行中に何としてもあの子と仲良くなる！」と目標を掲げてみたけれど……とか、特別な部活や委員会のメンバーが学園祭で大暴れといった具合である。

学園イベント

学園・学校での暮らし

同じ学校、同じ先生、同じクラスメート、同じ登校時間。どうしても退屈になる

↓

だからこそ、刺激や非日常を求める動機になる

日常生活 ―― 退屈な日常の中での貴重な刺激 → **特別なイベント**

●体育祭（運動会）：
運動が苦手なら苦痛。得意なら腕の見せ所になる

●文化祭（学園祭）：
クラスや部活単位で店をやったり、演劇に挑戦したり。団結や対立が付き物

●修学旅行、移動教室、林間学校：
まさに非日常！　学園の外へ飛び出せば、環境だけでなく自分も、人間関係も変わる

●特別授業、講演：
普段とは違う授業。特別な出会いもあるかもしれない

**非日常的環境、空間、イベントの中で、
普段は目立たないキャラクターが目立ち、見えないものが見えてくる**

とはいえ、単にイベントを描いてもつまらないので……

↓

イベント そのものが特別！ ↓ **異世界への修学旅行など**	イベントで トラブル発生！ ↓ **学園祭をテロリストが襲撃**	参加者の方に こそドラマを作る ↓ **イベント中にあの子に告白を！**

52 長期休暇

長い休みを満喫することこそが学生の特権だ！

長期休暇は最も身近な非日常

社会人が持っていたらなかなか珍しいが、学生ならほとんど持っているもの。それが**夏や冬（年末年始）**、**春の長期休暇**である。大人が一ヶ月単位で休むのはケガや病気、妊娠などの理由がなければ日本では難しいだろうが、学生には毎年毎年長い休みが待っている。

その間、補習や登校日、部活などがなければ学校にまったく行かないで済み、普段はできないさまざまなこと――家族・友人との遠出や旅行、アルバイト、夜更かし、趣味やスポーツへの長時間没頭――に挑戦できるわけだ。休み明けの学校で再会したクラスメートが海水浴で肌を真っ黒に焼いていたり、あるいは彼女や彼氏ができていたりという具合にすっかりイメージチェンジしていた、というのも珍しくない。そのため、夏休みや冬休みは学生たちにとってはある意味では**最も身近な非日常**といってもいいのかもしれない。

物語の舞台装置として

物語の中で扱うにあたっても、長期休暇は非常に便利な要素だ。学生たちを「学校」という檻《おり》から解き放って自由に行動させられるため、「山奥の村に閉じ込められる」「事件に巻き込まれて何日間も街を走り回る」などのシチュエーションをさほど無理なく展開することができる。その意味で、**物語の導入において大変よく使われるパターン**といえる。

また、各種長期休暇はそれぞれに特性があって、物語に絡めやすいというポイントがあるのもいいところだ。夏休みには「解放的」というイメージがあり、冬休みはクリスマスや正月などイベントを内包している。春休みは年度の切り替わりとともに卒業から入学、あるいは学年が上がる狭間であり、中途半端な時期に揺れ動く思春期の思いは、青春ものなどに特にマッチする要素なのである。

長期休暇

長い休みがあるのは学生の特権だ！

(1) 夏休み

1学期と2学期の狭間、7月中盤〜8月末。
イメージとして解放感があり、時期も一番長いため、
旅行やアルバイトなど、「特別な経験」にふさわしい時期

「宿題が終わらない」ネタも定番

(2) 冬休み

2学期と3学期の狭間、12月下旬〜1月中旬。
クリスマスや正月など、イベントが多い。
田舎帰りなどで遠い親戚や普段会わない人と出会うことも

イベントをいかに活用するか

(3) 春休み

3学期と1学期の狭間、3月中盤〜4月上旬。
年度が切り替わる境目であり、「中途半端」な時期。
新学期から始まる新しい物語のプロローグにも

青春ものとして面白い時期

※地域や世代によって時期などは大きく違う

長期休暇は学生にとって
最も身近な非日常。
成長変化の時期

作り手にとっても、学校や
普段の生活に縛られずに
キャラクターを動かせる

↓

**物語の導入部分としても、非日常を演出する
舞台装置としても、非常に役に立つ**

㊼ 自分探し&居場所探し

「ここではないどこか」に理想の自分なんて存在しない

誰もが通る道ではあるけれど

思春期にありがちな心の動きとして、**「今の自分は本当の自分ではないのではないか」「今自分がいる場所は本当の居場所ではないのではないか」**という思いに駆られることがある。もっと自分にふさわしい場所、趣味や価値観、技術などがこの世のどこかあって、それに出会えたらもっとすごい人間になれるのではないか——と思い込んでしまうわけだ。いわゆる「自分探し」や「居場所探し」である。

これは端的にいえば**自己評価と他者評価の食い違い**、あるいは**社会を知らないが故の「ないものねだり」**にすぎないことがほとんどなのだが、本人にそんなことはわからない。「ここではないどこか」に真実の自分を求めてしまうわけだ。そうした客観性のなさこそが思春期最大の特徴であり、物語においてはむしろ物事を思いつめることによる強さにもつなげられる。

挫折し、成長すること

ともあれ、学生を主人公とし、青春もの的な雰囲気を物語の中に組み込むのであれば、自分探しや居場所探しという行動、そしてその原因になる思いは欠かせないポイントといえる。

具体的にはどんなパターンがあるだろうか。自分の探しの旅に出た先で事件に巻き込まれる、「ここにはいたくない」という思いが高じて異世界へ飛ばされてしまう、ファンタジックな出来事に巻き込まれた際に「これこそが自分の求めていたものだ!」と歓喜する、などがよく見られる。しかし、たいていの場合物事は主人公の思うようには進まず、シビアな現実に打ちのめされ、結局は**「どこかにある理想の自分」などというものは存在せず、今の自分を磨き鍛え、また今自分がいる場所の環境を変えていこうと努力するしかないのだと悟る**——というのが基本パターンとなる。

自分探し＆居場所探し

思春期にありがちな心の動きとして……

少 年

今の自分は「本当の自分」じゃない！
ここではないどこかに行けば、本当のもっとカッコよくてすごい自分が見つかるはず

少 女

ここは「本当の居場所」じゃない！
ここではないどこかに行けば、本当の自分を認めてくれる場所が見つかるはず

実際のところどうかといえば……

思春期特有の視界の狭さのせいで、正しく自分を見られないだけ

社会経験が乏しいせいで、ないものねだりをしているだけ

物語の中ではどんな役割を果たすか

主人公 → 都合のいい理想を投影 → **非日常**

非日常 → 厳しい現実を突き付ける → **主人公**

主人公の成長を表現し、読者にも感銘を与えるのに、
非常にわかりやすいテーマといえる

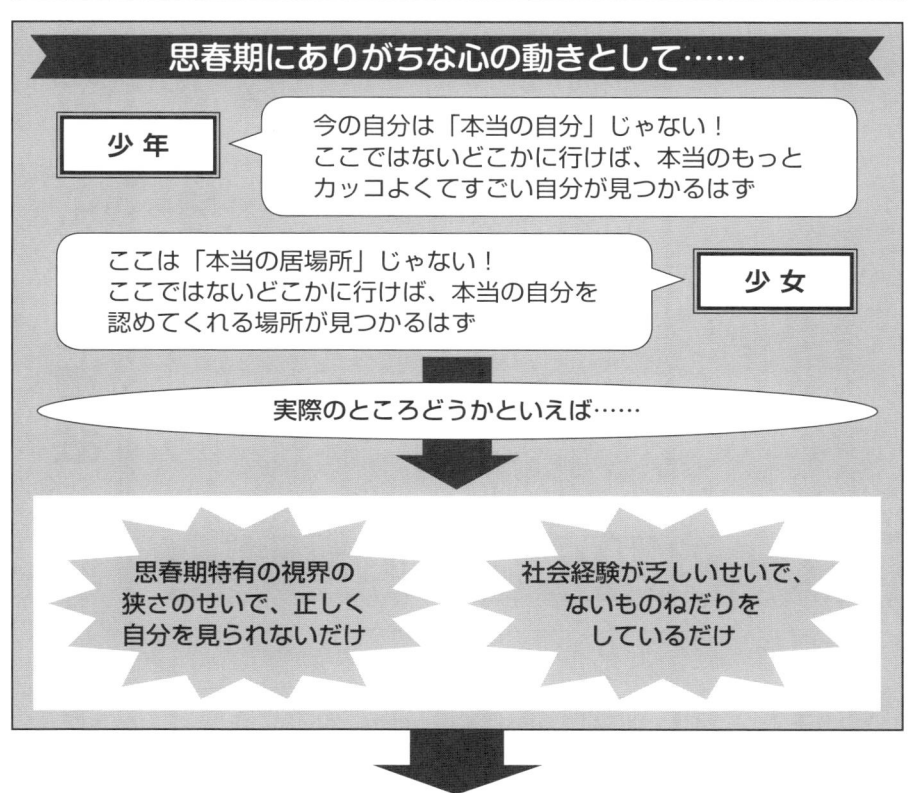

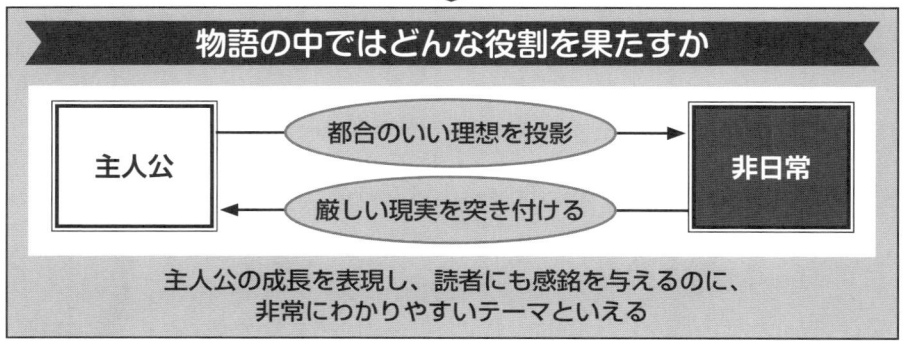

㊹ 幼なじみとの再会

久しぶりの幼なじみとの出会いに何を思う？

パターンやお約束を活用する

青春ものや恋愛もののパターンもいろいろあるが、その中でも定番といえるものに**「幼なじみとの再会」**がある。昔住んでいた場所に転校して戻ってきてすっかり成長した幼なじみと再会し、以前と変わった（あるいはまったく変わっていない）相手と新たな関係を作っていく——あるいはその逆で、転校して去ってしまった相手とばったり出会ってしまう、というシチュエーションもしばしば見られる。この二つのパターンでは互いに覚えているのがキモだが、「初対面の人間だと思っていたら実は幼なじみだった」というのも定番かつ味わい深い展開だ。

これ以外にも青春ものやラブコメには、大小の定番シチュエーションや「お約束」が本書には書ききれないほど多数存在する。それらを活用するのが読者の興味を引く重要なポイントとなるわけだ。

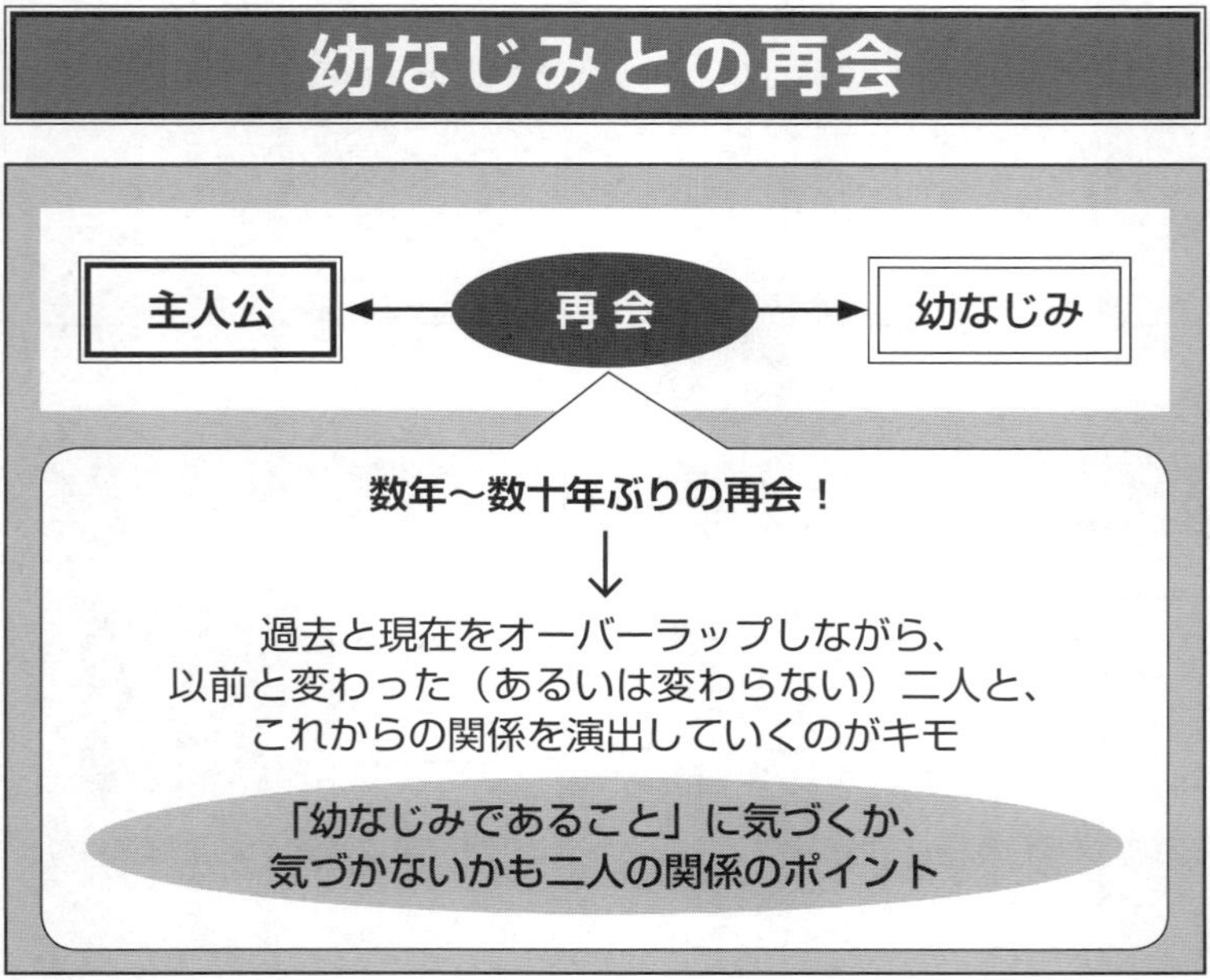
幼なじみとの再会
主人公
再会
幼なじみ
数年～数十年ぶりの再会！
過去と現在をオーバーラップしながら、
以前と変わった（あるいは変わらない）二人と、
これからの関係を演出していくのがキモ
「幼なじみであること」に気づくか、
気づかないかも二人の関係のポイント

㊺ 友情と恋愛の境界

男女の友情は成立するかしないか

甘酸っぱさが決め手

男と女の間に友情は成立し得るか――これも青春ものの・恋愛もののお約束テーマの一つであり、また男女にまつわる永遠のテーマの一つといっていいかもしれない。

人によっては「結局恋愛の範疇から出ない」と考えるだろうし、別の人は「同性と変わらず成立する」と思うだろう。このあたりの価値観の違いを浮き立たせるテーマとしても面白い。

しかし、やはり青春ものの物語として考えたときに一番面白く、魅力的になりそうなのは**「友情と恋愛の境界を越える瞬間」**だろう。ずっとお互いをただの友だちだと思っていたのにひょんな出来事から異性として意識する。あるいは以前から片方が異性として見ていたことが発覚する。結果、二人の関係はギクシャクして――というのは非常に甘酸っぱく、青春的なエピソードである。

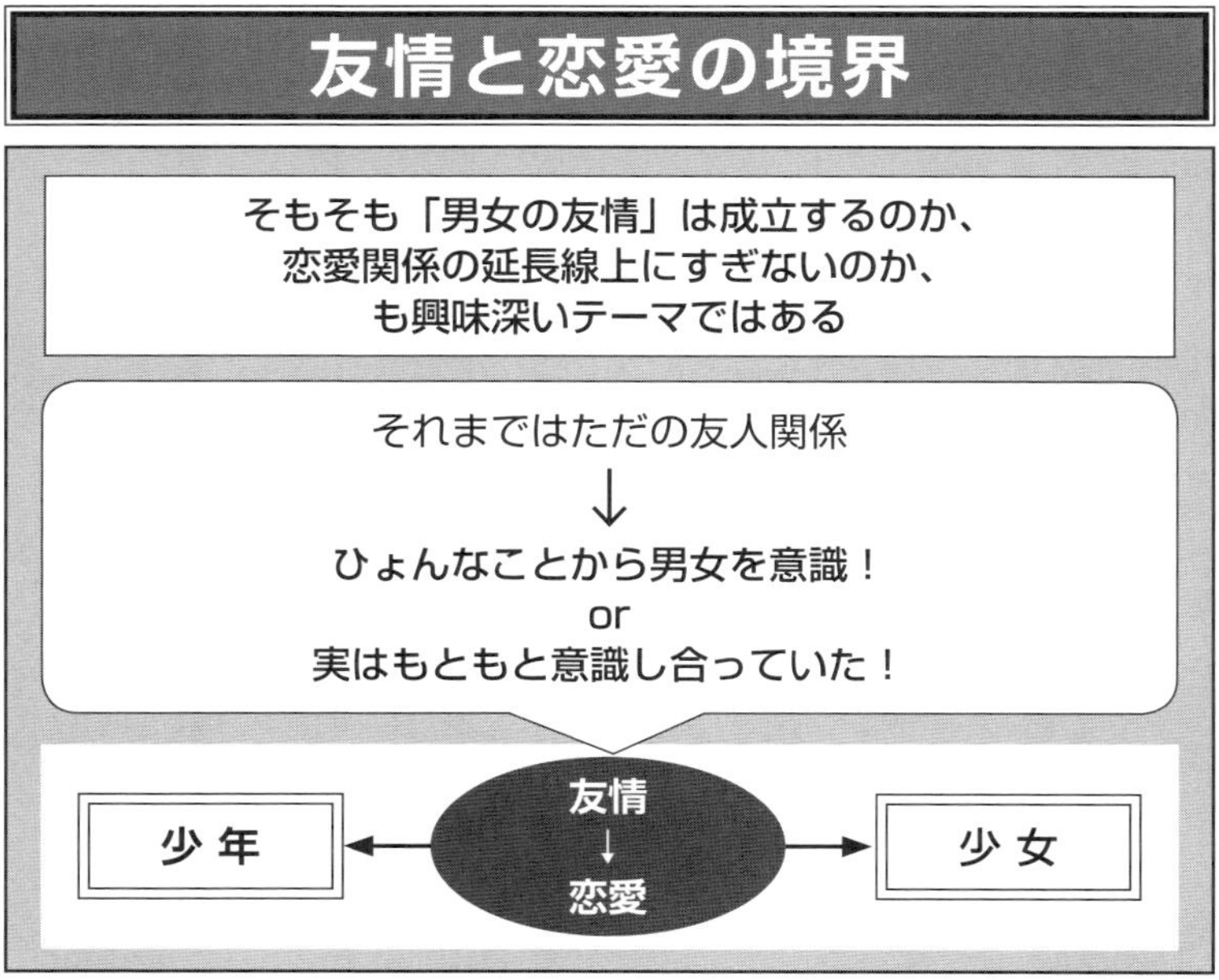
友情と恋愛の境界
そもそも「男女の友情」は成立するのか、
恋愛関係の延長線上にすぎないのか、
も興味深いテーマではある
それまではただの友人関係
↓
ひょんなことから男女を意識！
or
実はもともと意識し合っていた！
少年
友情
↓
恋愛
少女

㊻兄弟／姉妹へのコンプレックス

身近にいる人だからこそ、複雑な思いがあって……

劣等感としてのコンプレックス

ことわざで「兄弟は他人の始まり（仲がよい兄弟でもやがて縁は薄くなる）」とは言うけれど、やはり**生まれてから長く一緒に育つ兄弟との関係は、ある種独特なものになる**のが自然。ただただ仲の良い兄弟も少なくないが、相手に**コンプレックス（劣等感）**を持ってしまうケースもあるだろう。

兄弟姉妹は同じ両親から生まれても、教育や環境、経験によって個別の成長を遂げていく。人格や能力、社会的立場などがある程度違って当たり前だ――それ故に、兄弟姉妹が自分にはない要素を備えていれば、それは十分嫉妬や劣等感の理由になり得る。そのコンプレックスをバネにして相手の背中を追い、あるいは独自の道を模索するものもいれば、コンプレックスに押しつぶされて自らの可能性を自分の手で潰してしまうものもいるはずだ。

もしくは、「兄は、エリートで生真面目な弟に引け目を感じ、弟は、自由闊達《かったつ》で人に好かれる兄に嫉妬する」という具合に、コンプレックスの往復関係が生まれることも珍しくない。このような**コンプレックスから生まれる人間関係や人格の歪《ゆが》みをいかに解決するか**、というのはキャラクターの成長テーマとしてふさわしいものになる。

愛情・執着としてのコンプレックス

一方、「**ブラザーコンプレックス（ブラコン）**」や「**シスターコンプレックス（シスコン）**」と書くと、事情が少々変わってくる。こちらは同じコンプレックスという言葉でも正反対の意味になり、**兄弟姉妹への（時には病的なレベルでの）愛着・執着**を指すことになる。物語においてはキャラクター性の表現として扱われることが多いが、劣等感の方と同じく「克服すべき問題」として物語のテーマになることもある。

兄弟／姉妹へのコンプレックス

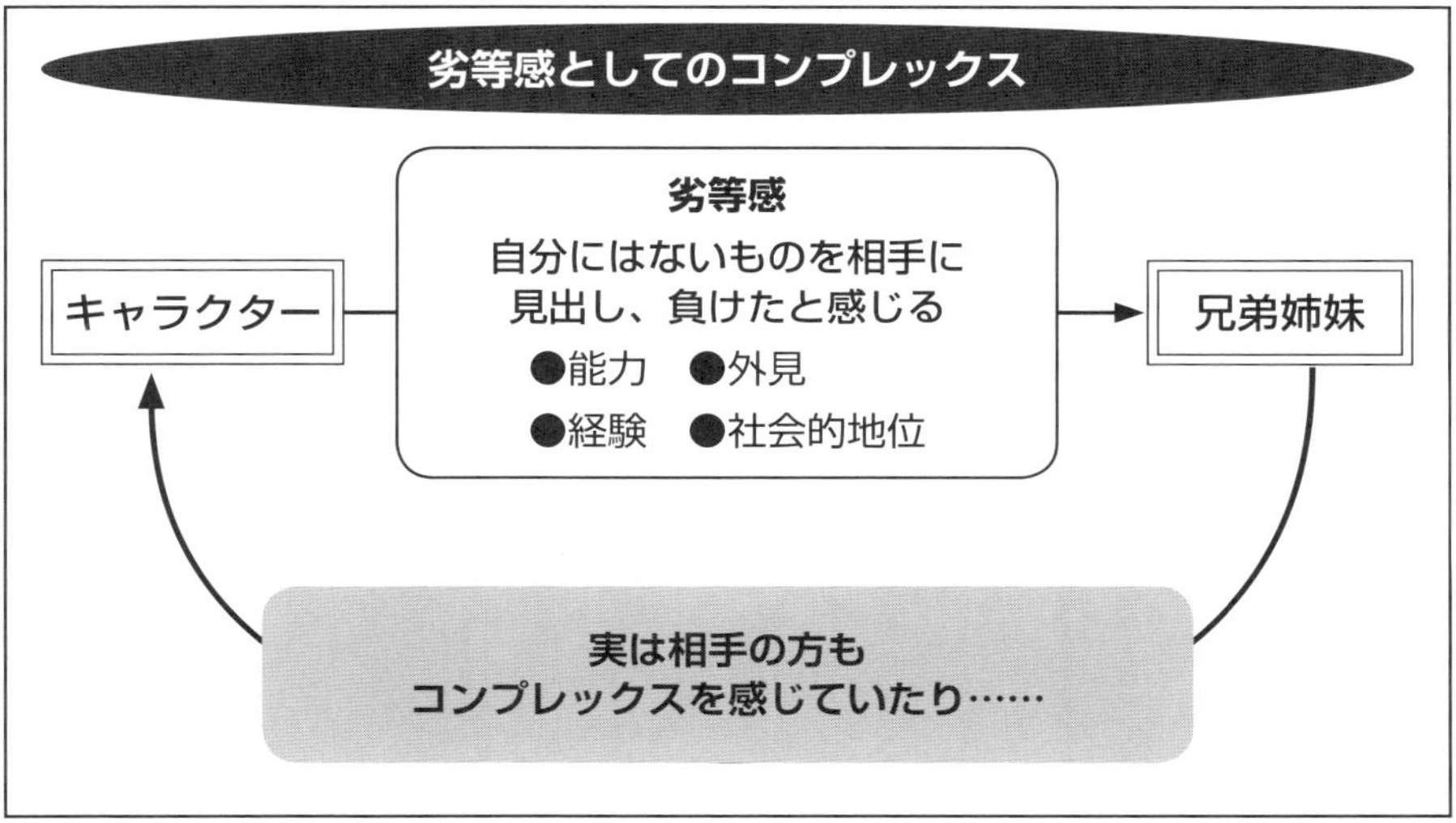
劣等感としてのコンプレックス
劣等感
自分にはないものを相手に
見出し、負けたと感じる
●能力　●外見
●経験　●社会的地位
キャラクター
兄弟姉妹
実は相手の方も
コンプレックスを感じていたり……

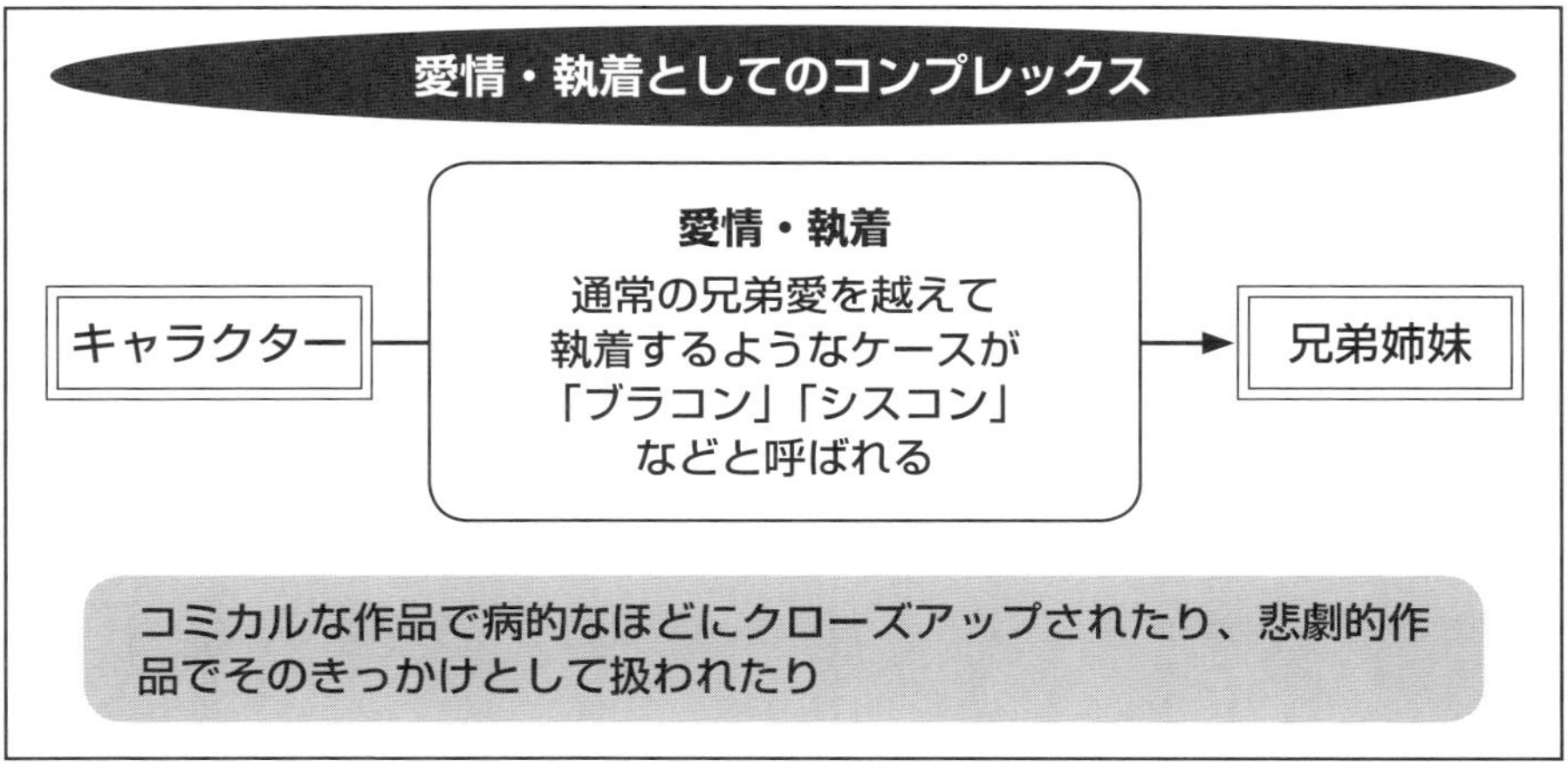
愛情・執着としてのコンプレックス
愛情・執着
通常の兄弟愛を越えて
執着するようなケースが
「ブラコン」「シスコン」
などと呼ばれる
キャラクター
兄弟姉妹
コミカルな作品で病的なほどにクローズアップされたり、悲劇的作
品でそのきっかけとして扱われたり

どちらの「コンプレックス」であるにせよ、
キャラクターの個性付け及び**解消して成長につなげる要素**と
して物語の中で意味を持たせることができる

57 家庭内トラブル

家族に起きた問題は、子どもの人格に深い影響を与える

現代日本に問題は多く

子どもにとって家は平穏な安らぎの場であってほしいものだ。しかし、ニュースなどで**共働きによる親の不在**、**家族内の不和**、**離婚率の上昇**、そして極端なところでは**虐待**などのさまざまな家庭内トラブルがささやかれ、一部は社会問題にもなっている。

それだけに、子どもたちの気持ちをしっかり描いていくのであれば、そして物語にリアリティを与え、キャラクターの振る舞いに説得力を持たせたいなら、これらの問題から目をそらすわけにはいかない。

たとえば、ハリウッド映画やアメリカのTVドラマにおいてかなりの確率で「離婚調停中」「すでに離婚済みで子どもとたまに会うのが楽しみ」なキャラクターが出てくるのは、この種の問題を抱えている人がアメリカには一定数いて、「ああ、こういう人いるよね」と現実感が生まれ、視聴者からの共感を得られやすくなるからだ。同じことが学園ものや青春ものにおける家庭内トラブルについてもいえるのだ。

家庭の事情はキャラクターのバックボーン

このような問題は子どもの成長に影響を与える。たとえば、「虐待を受けて育った親は、自身も虐待をするようになる」とする説があるし、そうでなくてもけんかの絶えない家や親の愛がしっかり注がれない家で育つことが子どもに良い影響を与えるとは考えにくい。結果、大人になってからもなお人格や行動に暗い影を落とし続けることも珍しくない。逆に言えば、平穏な家庭に育ったものにはしばしば良い影響が残る。

キャラクターの背景、行動原理として家庭環境の良し悪しを設定するのは非常に一般的な手法といえる。とはいえ、環境と関係なく善悪いずれかの性格を示す人間も明確にいるわけで、あくまで傾向と考えるべきだろう。

家庭内トラブル

現代日本の家庭にはさまざまなトラブルの種がある

共働きの親が増え、
愛情を注ぐ余裕が少ない

長く続く不況により
教育が不十分になりがち

家族

家族内部の不和、
時には両親が離婚

両親による虐待により
最悪子どもが死ぬことも

など

家庭の崩壊、家族の不安定は、
しばしばダイレクトに子どもへ影響を及ぼす

良い方向にせよ、悪い方向にせよ、
人間の人格は周囲から影響を受けるもの

↓

メイン級のキャラクターならば
「どんな背景と経験を経て、そのような人格を養ったか」
がしっかりしていた方が物語の中で動かしやすい

リアルな青春もの＝リアルな現代を描くなら、
この種の問題から目をそらせない

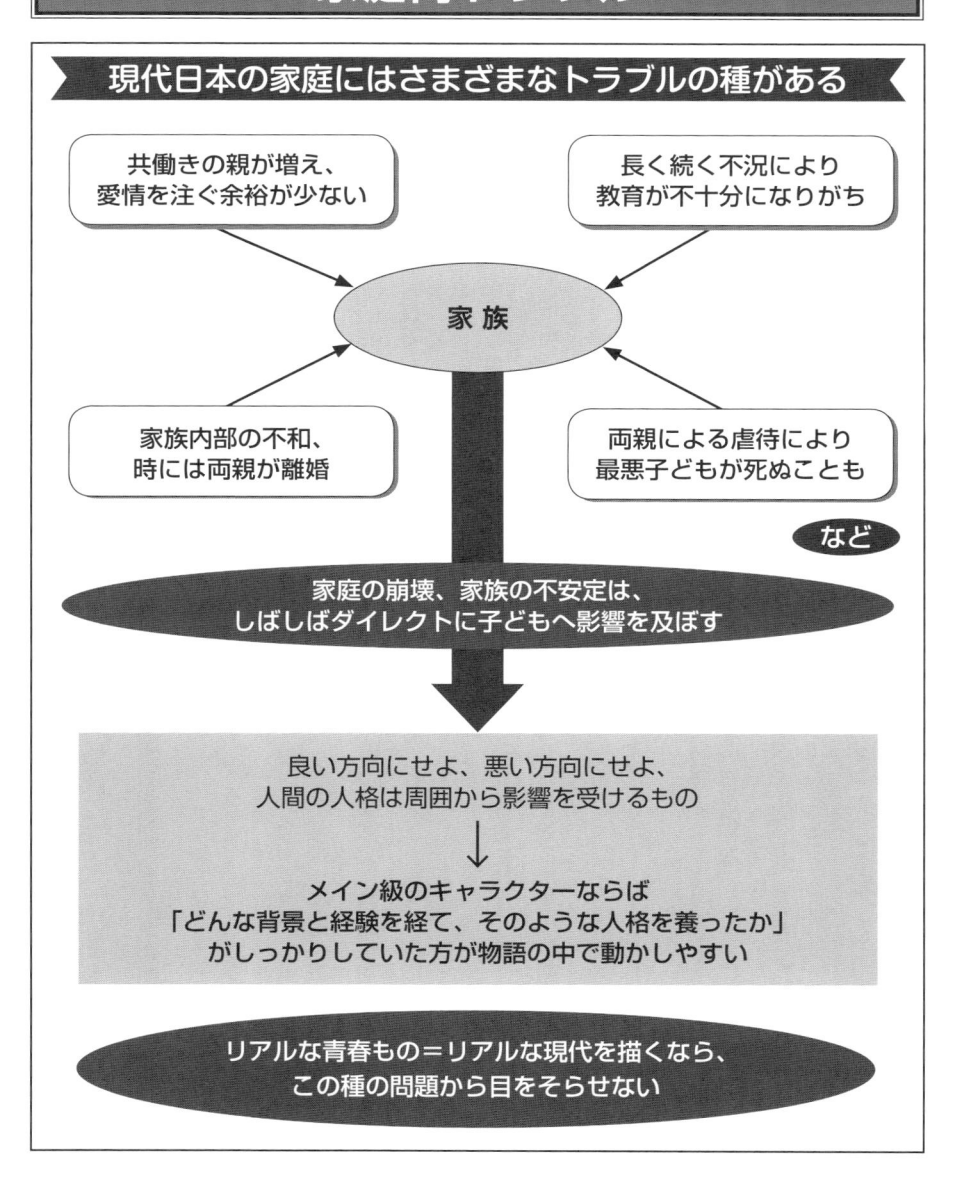

㊿⑧ 親の不在

物語の上で「親」という大きな存在が邪魔になることも……

物語に親がいない？

ライトノベルに代表される少年少女向けエンターテインメントでしばしば見られる設定に、「**主人公の親が不在である**」というものがある。死別していたり、出張中や長期旅行中や不仲で別居していたり、いるにはいるのだが、ひどく鷹揚《おうよう》だったり無関心だったりで干渉してこない——事情はさまざまだが、とにかく親が物語に関わってこないケースが散見される。

親は邪魔？　それとも必要？

このような設定を採用する最も大きな理由は「**物語を作る上で親が邪魔である**」ということだ。ごく一般的に、親というのは子の行動に干渉し、束縛するものだ。学生が何らかのファンタジックな（あるいはＳＦ的な）アクシデントに巻き込まれる際、これは大変ありがたくない。事件のたびに親が主人公を問い詰めるようでは、物語が進まないのだ。そこで、親を排除する。いないものは干渉してこようがない。これは乱暴な解決法に思えるかもしれないが、物語の作り手には不要な要素を取り除く正当な権利があるのだ。

また、親の不在は**主人公に特殊性を与える**手法としても活用できる。周囲よりも大人びている、生活力がある、意思が強い、大人への不信感があるという特徴の理由付けとして「親の助けがなく、自立して生きている」のはきちんと合致した背景情報といえる。

ただ注意点として、ギャグでないならあまりにも常識はずれな設定はやめよう。現実に親なしで子どもが生活していくにはさまざまな問題があって、そこがクリアされていなければ物語には違和感が残る。

また逆に、現実の範疇で青春ものをやるのであれば、しばしば親はいたほうが都合がいい。青春的テーマにおいて、「親とどう付き合うか」というのは大変重要であるからだ。

親の不在

ライトノベルなど、低年齢層向けエンターテインメントでしばしば主人公の設定として「親が不在である」という要素が付く

疎遠《そえん》だったり描写されなかったりで実質的不在ということも

たとえば…
- ◯物語が始まるより前に死別している
- ◯仕事や旅行、趣味などで家を離れている
- ◯学生ながらすでに親元を離れている
- ◯家にはいるが、疎遠でいないも同じ

など

物語から「親」を排除することの意味

親の存在が物語上邪魔になる可能性がある

普通の学生＝親元にいる未成年にとって親の存在は非常に大きく、親の方からも監視と干渉がある

↓

特に主人公がファンタジックな事件に巻き込まれるような物語では、親の存在が大きな足かせになりかねない

たとえば、「謎の少女を拾ってきた主人公」を親が非難し、追求するようでは物語が進まない

親の存在はキャラクターの背景として効果的

普通、子どもというのは親の庇護下にいるもの

↓

「普通」ではない、特殊な存在であることのわかりやすい証拠

逆説的にいえば、それだけ「親」の存在は大きく、リアルな青春ものなどでは欠かせない要素といえる

㊾ 社会との接触

子どもたちの狭い世界の外、大人たちの世界を垣間見る

社会を知らないがための未熟さ

この章の冒頭で紹介したように、学生たちの日常は基本的に学校という比較的隔離された空間の中にある。それだけでなく、多くの場合未成年である彼らは親に保護される立場にあり、社会との接点は多くない。結果として学生たちの価値観や視野は狭いものにとどまり、その影響が**偏った考え方やものの見方の甘さ**といった点に出てくることになる。

このような未熟さは青春ものにおいて重要なテーマとなる。それは**大人になるために克服するべきもの**であったり、あるいは**欠点であると同時に長所**（大人だったら自己保身や世間体などのために下せない決断を、子どもであるが故の甘さに基づいて断行することができる！）であったりするわけだ。これらの要素は学校や子どもの日常という狭い世界の中よりも、何らかの形で外部の社会と接触するときにこそ発現する。

「社会」とどう接していくのか

そのような意味での「社会との接触」で最も頻繁にあるのは、親や教師といった身近な大人との接触であろう。彼らは子どもたちにとっての上位者であり、社会の論理や価値観を最も最初に提示してくる存在でもある。高校生や大学生ならアルバイトで社会と積極的に触れる機会も多くなるだろうし、スポーツや芸能といった特技を備えている学生なら周囲より一足先に「一人前」扱いされることもあるかもしれない。登下校や遊びに出た際にマナーの悪さを説教される、あるいはちょっとした事件に巻き込まれることもあるだろう。

これらの接触で垣間見る「社会」は、子どもたちの価値観からすれば愚かだったり間違っていたりするかもしれないが、それを否定するだけでは始まらない。どう折り合うか、どう超克していくか――それはキャラクターの成長を描く上で非常に効果的なテーマだ。

社会との接触

子どもたちは社会との接点が少なく、「未熟である」

偏狭な価値観　状況判断の甘さ　客観視ができない

これらの克服は青春ものにとって重大で、
かつ受け手にとってわかりやすいテーマになる

誰もが経験したことがある、あるいは経験している
真っ最中のテーマなので、共感を得られる

子どもたちの「未熟」とそこからの「成長」を表現するにあたって、
最もふさわしい題材にはどんなものがあるのか？

社会との接触

「社会の理屈」を象徴する大人たちと接触し、その理屈を否定したり
受け入れたり超克したりする中でキャラクターは成長していく

仕事をする以上、子どもの理屈だけでは通らないケースが
山ほど出てくる。その中でどう反省し、どう行動するのか？

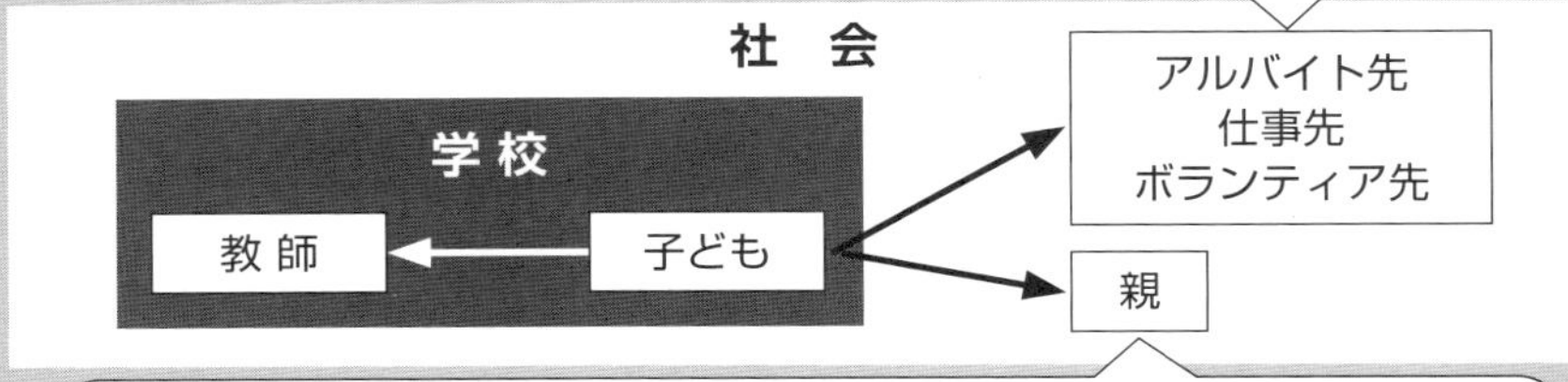

親や教師の言動が自分の価値観とずれている時、それを「愚か」
とするか、「大人の事情」とするかで作品の方向性も違う

⑥⓪ モラトリアムな日々

成長や決断を猶予された幸福な時期から、
抜け出したくない……？

モラトリアム＝成長の猶予

モラトリアムという言葉がある。本来は「支払猶予」という意味の経済用語なのだが、そこから転じて**「子どもが大人になる前段階の状態及び、その状態における心理的な気分」**をも指すようになった。肉体的にはほぼ出来上がっていても、まだ社会に出ていってはいない高校生や大学生などは、このモラトリアム状態の中で能力や価値観を養い将来に備える——あるいは、その振りをしつつ自由な時間を満喫しているわけだ。恋愛ものにおいて、主人公が複数のヒロインと関係を保ちつつどっちつかずの状況を持ち続けるのも、ある種のモラトリアム状態といえるかもしれない。

一般に、このようなモラトリアム状態は**幸福でありながらもいつか脱却するべきもの**として描かれる。永遠に学校にいるわけにはいかず、いつかは社会に飛び出さなければいけないからだ。**居心地のいい揺籃《ようらん》の地と気心の触れた仲間と決別して世間の荒波に漕《こ》ぎ出す**というのは、青春ものにおいて「成長」を体現する重要な要素の一つだ。

いつまでもモラトリアムでいたい!?

ただ、近年のライトノベルや漫画の世界では、この事情が少し変わってきているようだ。**幸福なモラトリアムの状態を維持し続けることを目的とする物語**が比較的多くなってきたように感じるのである。

彼は自らの周囲に幸福な状況が成立していることを自覚し、それを守るためにこそ行動する。この状況を壊すようなことは基本的にしないので、誰か特定のヒロインに対して告白するようなこともない。居心地のいい状態を守り続けるわけだ。モラトリアムを脱すること、特定のヒロインと結ばれることという従来のパターンから逸脱したこの新たなパターンは、現代の若者たちの心理を如実に反映している。

モラトリアムな日々

モラトリアムとは？

本来の意味 → 非常事態において経済を崩壊させないため、支払いを一時的に猶予することを指す経済用語

↓ 転じて

心理学用語 → 肉体的には出来上がった子どもと大人の中間、青年期において成長を猶予された状態のこと

↓

物語におけるモラトリアム状態

成長や決断を猶予されたニュートラルな、だからこそ幸福だがいつかはご破算になるのが約束された状態

学校生活や複数のヒロインとのハーレム状態

↓

自らの意思や状況の変化によってモラトリアム状態を脱し、自分にケリをつけることは直接的な成長の表現になる

ところが、最近の傾向として…

幸福でニュートラルなモラトリアム状態に固執し、それを維持し続けたいという物語が増加している

↓

決断し、成長することはせっかく獲得した幸福さを失うことに他ならない＝いつか失われるとしても守り続ける

そのまま、昨今の若者たちの気持ちを反映している

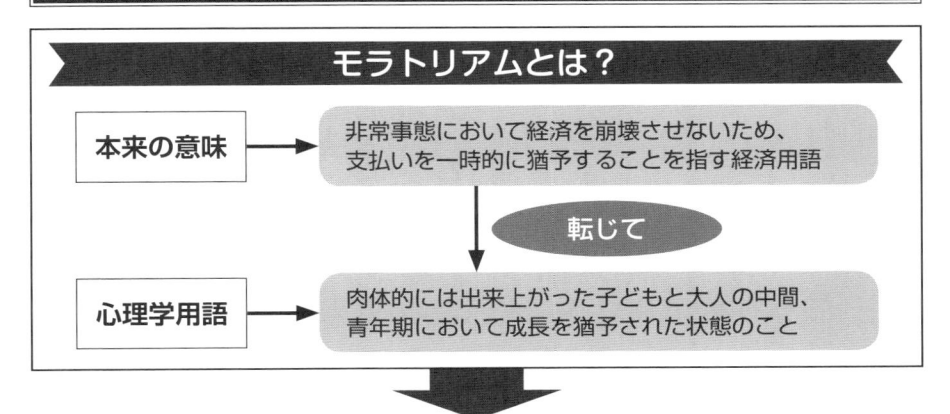

⑥①地方都市の鬱屈

縁の濃さが負担になることもある

田舎で生きるということ

青春ものをリアルに描きたいのであれば、**周辺環境のことを蔑《ないがし》ろにはできない**。子どもたちはしばしば大人以上に環境の影響を受けるものだからだ。

地方、それも小規模な都市を舞台にする場合には、**独特の鬱屈が付きまとう**ことになる。人口が少なく、経済活動も都会ほど活発でなく、文化の波及も決して早くはない。都会へのコンプレックスを持つものも少なくないし、長引く不況の影響もそこかしこで深く深刻な傷あとを残している。古いしきたりや血族関係、あるいは企業城下町化していることによる因縁・拘束が問題を生んでいることもあるだろう。

結果、あるものは「大人になったら都会へ出る」と誓い、別のものは自分が故郷から離れられないことを悟る——青春ものにおけるキャラクターの葛藤や人間関係のバックボーンとして非常に魅力的な要素である。

地方都市の鬱屈

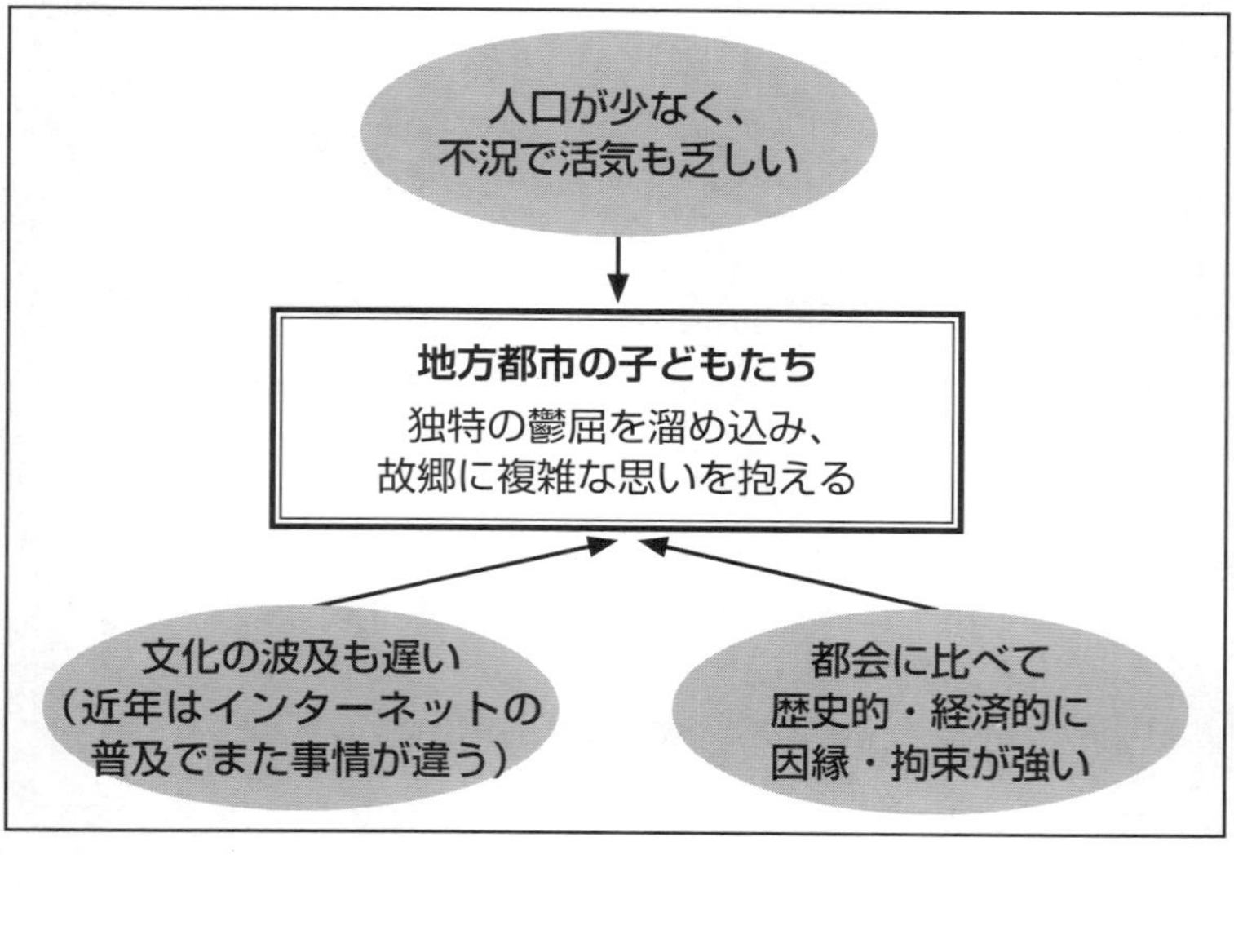
人口が少なく、
不況で活気も乏しい
地方都市の子どもたち
独特の鬱屈を溜め込み、
故郷に複雑な思いを抱える
文化の波及も遅い
（近年はインターネットの
普及でまた事情が違う）
都会に比べて
歴史的・経済的に
因縁・拘束が強い

㊷ 都会の希薄な人間関係

縁が薄ければ自然とつながりを求める

都会で生きるということ

地方都市にあったある種のよどみが鬱屈を生んだように、都会には都会の問題がある。人が多く、また外から新たに人が流れ込んでくる東京のような場所では、どうしても**人間関係が希薄になる**。

町内会のようなシステムが有名無実化しているところもあるだろうし、「マンションの両隣や上下に住んでいる人は顔くらいしか知らない（あるいは生活時間が合わなくて顔さえ知らない！）」というケースも決して珍しくない。

結果、地方都市の項で紹介したような因縁の重さはないだろうが、一方で故郷への強い思い入れのようなものも生まれにくい。

むしろ、希薄な関係の中で友人、不良グループのような**仲間への執着が強く現れる**傾向にあるようだ。このあたりの心の動きもまた、物語のいいバックボーンになってくれるだろう。

都会の希薄な人間関係

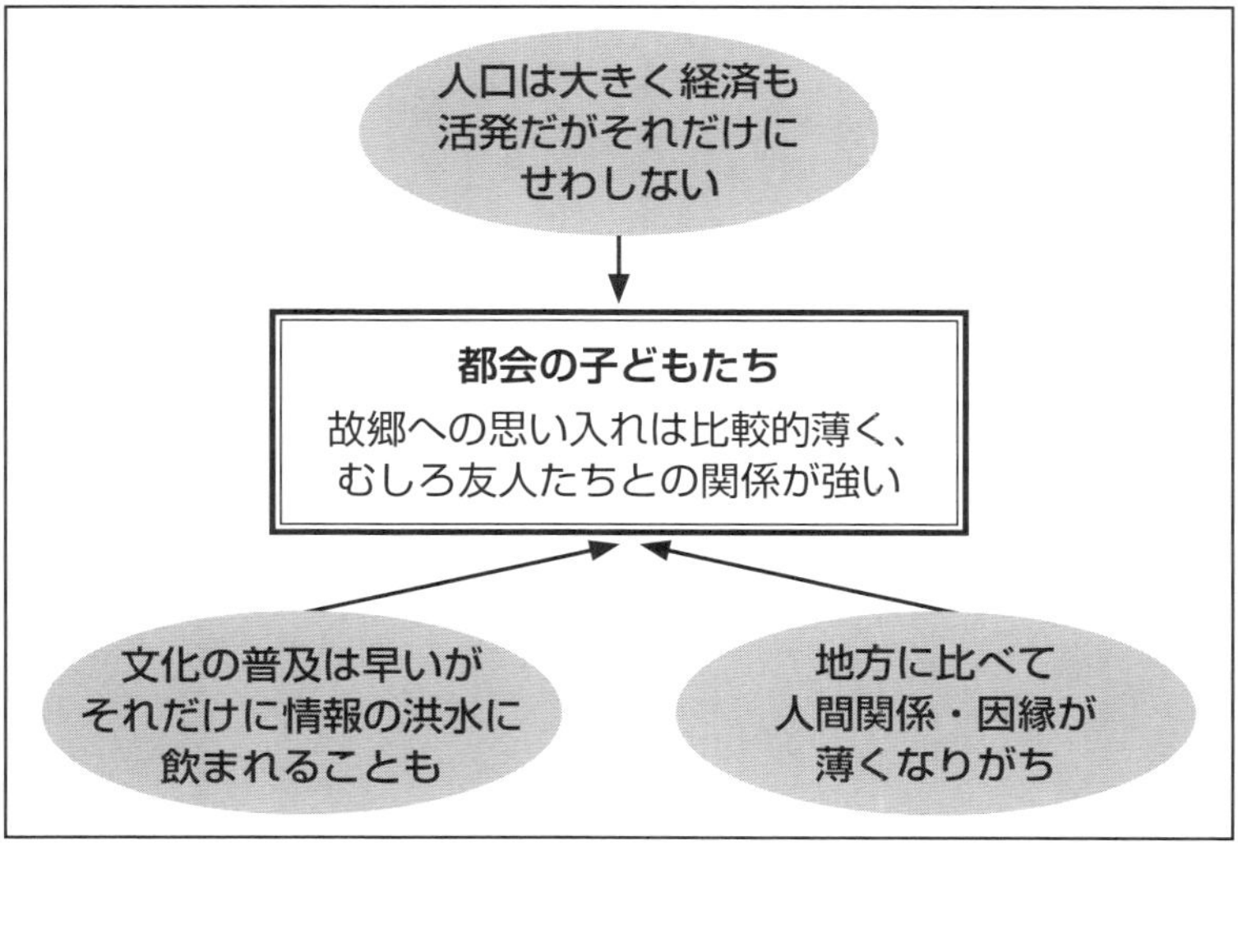
人口は大きく経済も活発だがそれだけにせわしない
都会の子どもたち
故郷への思い入れは比較的薄く、むしろ友人たちとの関係が強い
文化の普及は早いがそれだけに情報の洪水に飲まれることも
地方に比べて人間関係・因縁が薄くなりがち

63 ゲームもの

ゲームは魅力的な題材だが、ゲームにこだわりすぎては……

読者にとって親しみのある題材

文化や娯楽が大いに発展した現代日本には、**さまざまな種類のゲーム**が存在する。あなたが物語を作っていくのにあたり、幅広い層をターゲットにしていこうと思うのであれば、彼らが親しむ各種ゲーム——コンピューターゲーム、カードゲーム、ボードゲーム、TRPG（複数人が集まり、ルールに従って会話とサイコロ、カードなどで物語を作っていくゲーム）、ネットゲーム（オンラインゲーム）、将棋や囲碁、麻雀《まーじゃん》など——を物語のメインあるいはサブ題材として扱っていくのは、決して悪い選択肢ではない。

別に物語のメインテーマにするのではなくても、学生たちが暇な時間でゲームに興じたり、熱く語ったりするのは雰囲気作りに大いに役立つことだろう。これはゲーム以外の各種趣味（アニメや音楽、読書など）についても同じことだ。

物語はゲームの説明書ではない

どんな種類のゲームを題材にするにせよ、物語の中で大きく扱っていくのであれば忘れてはいけないことがある。それは、**「ゲームの説明書ではない」**ということだ。

既存のゲームを扱うにせよ、架空のゲームを用意するにせよ、そのゲームのルールを紹介するのに躍起になって、物語がおろそかになるようではいけない。ところが、漫画やアニメならばともかく小説ではビジュアルによってゲームを解説することができないこともあって、ついつい「こういうルールがあって、こういう風に操作をして」と細かい解説をしてしまいたくなる。しかし、それでは結局「ゲームを説明しているだけ」で、ゲームを題材にして物語を語っていく、という視点が欠落してしまう。それではダメなのだ。あくまで**物語が主で、ゲームは従の関係**なのである。

ゲームもの

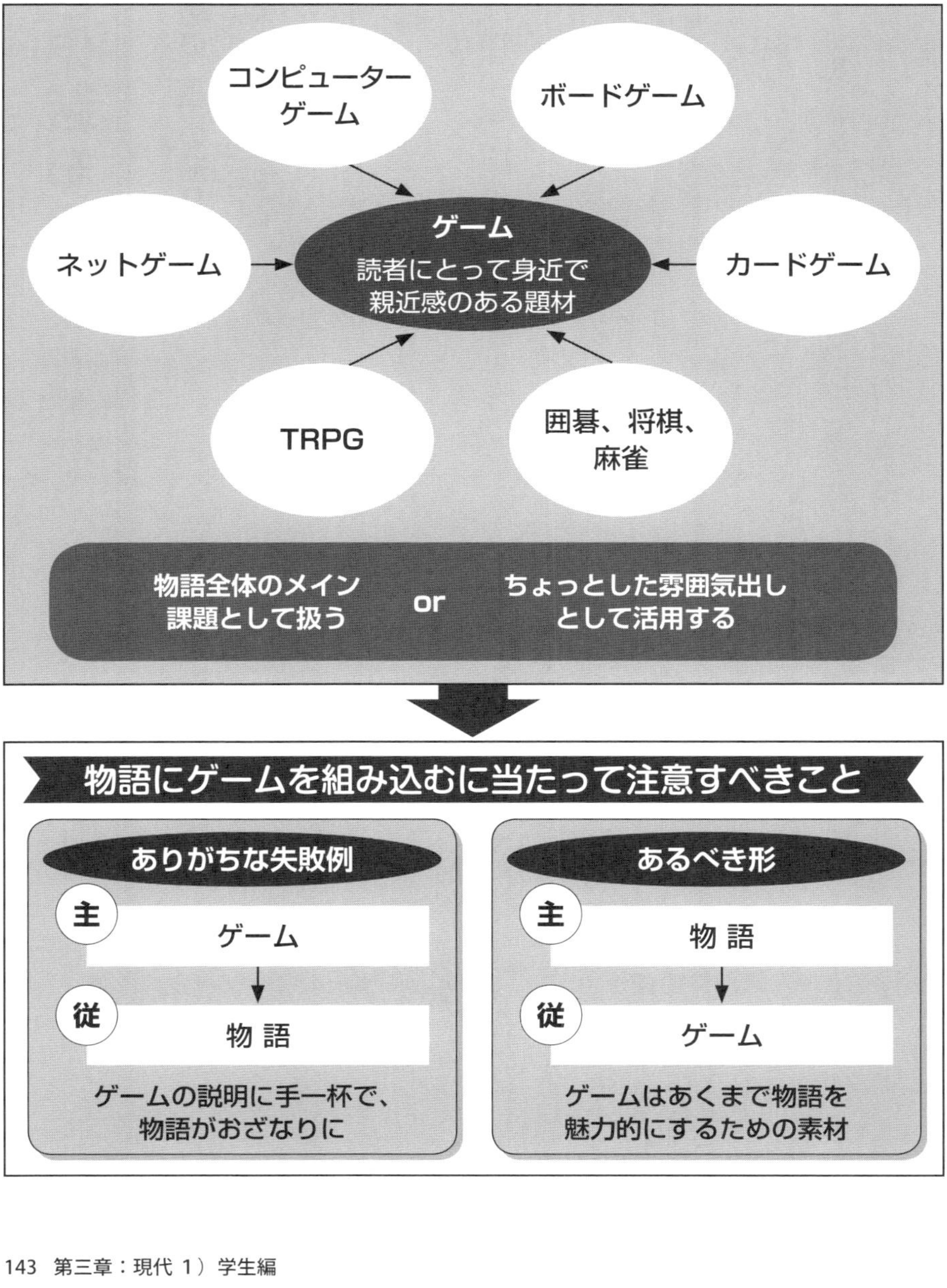
コンピューターゲーム
ボードゲーム
ネットゲーム
ゲーム
読者にとって身近で親近感のある題材
カードゲーム
TRPG
囲碁、将棋、麻雀
物語全体のメイン課題として扱う
or
ちょっとした雰囲気出しとして活用する
物語にゲームを組み込むに当たって注意すべきこと
ありがちな失敗例
主
ゲーム
従
物 語
ゲームの説明に手一杯で、物語がおざなりに
あるべき形
主
物 語
従
ゲーム
ゲームはあくまで物語を魅力的にするための素材

64 偽装もの

正体、性別、外見、立場……偽らなければいけないわけがある

何のために、何の振りを

主人公がやむを得ない事情から何かの「振り」を**しなければならなくなった**――というところから始まる物語を、ここでは「偽装もの」と呼ぶことにする。

当然、第一の注目ポイントは**「何のために、何の振りをするのか」**だ。

○彼女がいると家族に嘘をついた友人のために、恋人の振りをすることになった。
○男なのに手違いで女子高に入学させられてしまい、女の子の振りをすることになった。
○お金や地位、交換条件を目当てに好きでもない相手と結婚の振りをすることになった。

あたりが定番だろうか。あくまで「振り」のケースもあれば、実際に結婚しているのだが将来的に離婚する算段が付いているなど、ある程度実質が付いているケースもあるだろう。

振りだけのつもりでも……

いくら「振り」だけ、といっても本当に最後まで「振り」で終わってしまうと面白くなりにくい。形だけとはいっても、続けていけば中身の方もついていってしまうのが人間というものだ。だから、偽装ものでは**「最初は振りだけだったものがやがて変わっていく」**ところが重要なポイントになりやすい。嘘の恋人だけど情が湧いていってしまったり、女の子の振りをするのが楽しくなってしまったり、という具合だ。

もちろん、「少しほだされたけど結局は振りで終わらせた」というオチでもかまわない。たとえばプロフェッショナルなスパイなら、潜入先の相手にそんなに簡単に情を移さないだろう。それでもまったく変わらないのでは魅力的なキャラクターと見えにくい。プロの心がどのくらい揺れたのか？　その見せ方は書き手の腕次第だ。

偽装もの

事情と目的があって、本来の自分の姿や立場とは
違うものの「振り」をすることになってしまった……

- 恋人の振り
- 異性の振り
- 夫婦の振り
- 王様の振り

など

ポイント①：何のために「振り」をするのか？

- 友達に頼まれて……
- 何かの手違いで……
- 家庭の事情で……
- 目的のものを探すために……
- 上司の命令を断れず……
- 仕事上どうしても必要で……
- 国を守るために他に方法が……
- 困っている人を放っておけず……

など

背景にどんな事情があるかで何の振りをするのか、
どのくらい真剣に振りをするのかが決まってくる

ポイント②：本当に「振り」だけで終わるのか？

本来の自分 → 必要があって「振り」をする → 偽装の自分

偽装の自分 → 何らかの形で影響が出る → 本来の自分

「振り」だけで終わって何の影響もないのではつまらない。
成長したり、情にほだされたりと、変化があってほしい

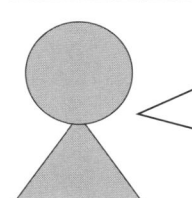

⑥⑤ 恋人探し、結婚相手探し

理想の相手を探すために何をすればいいのだろうか

理想の相手を求めて

理想の相手と結婚したい、最高の伴侶を得たい、というのは今も昔も変わらぬ願望の一つであろう。そのため、主人公や主要キャラクターが持つ目的として**「素敵な恋人、魅力的な結婚相手が欲しい」**は十分にあり得る。その場合、**「こんな属性・特徴を持った相手と結婚したい（とにかく美人でおっぱいの大きい子がいい！　など）」**というケースと、**「特定の好きな女の子を探している（生き別れになった幼なじみを探している、など）」**ケースに分かれるようだ。

近年は結婚に対する意識も大きく変わった。一昔前なら結婚して初めて一人前、中年以降になって独身であれば変わり者というイメージがあったのが、今では中年で独り者でもそれほど珍しくはなくなった。それだけに、せっかく結婚するなら理想にこだわりたい、という意識が反映されることも多いように思える。

軽薄になりすぎないよう……

どうしたら恋人探し、結婚相手探しが魅力的な物語になるだろうか。主人公が恋人を探す過程で魅力的な異性が次々登場し、ハーレム的展開にするのが一番わかりやすそうだ。その際、前述した条件がまったく揺らがないと物語としての面白さを出しにくいので、「条件とは違うけれどこの子でいいかな……」と揺れるのが王道展開だ。しかし、あくまで目指す相手に向けて一直線というのも、読者に好感を持ってもらうためにはいいかもしれない。

そう、「恋人探し」というパターンを盛り上げていくと、どうしても軽薄さが出てきてしまうことがある。色々な異性をとっかえひっかえということになりがちだからだ。だから、主人公のまっすぐなところをアピールしたり、結婚相手を探す切実な理由を用意するなどの工夫ができるといいだろう。

恋人探し・結婚相手探し

理想の恋人、結婚相手が欲しい！

多くの人に共感してもらいやすい、明確なテーマ

最大のポイントは「理想の相手ってどんな人？」だ

①特徴・属性が目当て

美人の彼女が欲しい！

玉の輿に乗りたい！

家に相応しい結婚相手が必要だ

とにかくモテればいい！

など

②特定の相手がいる

昔別れた幼なじみが……

一度だけ出会った運命の人を……

など

どちらがいいというものでもないが、キャラクター次第

具体的なストーリー展開としては……

恋人（結婚相手）を探す主人公の前に魅力的なヒロインが次々と現れて、
迷ったり悩んだりしながら主人公も成長・変化していく展開が定番

↓

ヒロインたちの中に本命はいたり、いなかったり……？

注意

主人公が軽薄なキャラクターに見えてしまうことがある（特徴・属性目当ての時は特に！）

↓

主人公の事情や頑張り、あるいは軽薄さに罰が当たる展開などを用意する

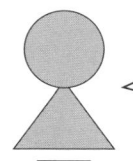

❖ 代表的エンターテインメント（3）星新一作品

星新一《ほししんいち》といえば、いわずと知れた「ショートショートの神様」である。その執筆活動は質量共に並外れたものであり、生涯でなんと千本を超える作品を残している。

ショートショートとは「掌編小説」ともいい、原稿用紙十枚程度のごく短い作品のこと。これだけの短さで読者の興味を引き、感銘を与えるためには、何よりもまずアイディアが重要になる。その上で、短い話の中で読者が強く印象付けられるような、強烈なオチ——どんでん返しも絶対的に必要だ。

それらの難しい条件を見事に果たしているからこその「ショートショートの神様」の通称であり、発想力を鍛えたい人はぜひ星新一作品に腰を据えて取り組んでいただきたい。ショートショートだから手軽に読めるのもうれしい。

しかも、作者が亡くなってからすでに二十年が経つものの、今読んでも古びたところがなく、むしろ今を見通していたのでは、と思わせるようなアイディアが次々と現れてくるのもすごいところだ。

星新一作品は基本的にＳＦで、かつ寓話——たとえ話的な要素が強い。

現実の社会問題や人間の普遍的な心の問題などを近未来的な要素に託し、誇張して描くことで、読者に「これは何を意味しているんだろう」「こういうことはもしかしたら身近にあるんじゃないか」と深く考えさせるのだ。

そのようにして、優れた発想力と普遍的テーマに切り込むストーリー構築力があったからこそ、星新一作品は今もってなお少しも古びることなく、私たちの心に呼びかけてくるわけだ。

また、シニカルでブラックユーモア的な作品が多いのも特徴だ。これもまた後味の悪さを武器に読者の心に深く切り込むという手法で、結果としてテーマを強く伝えることに成功しているわけである。

第四章
現代 2）職業・プロ編

エンターテインメントは若者の専売特許ではない。この章では職業もの（サラリーマンもの、警察もの、探偵ものなど）やプロフェッショナルものに焦点を合わせ、時に渋く時にカッコいい大人たちの物語に迫っていく。

66 スポーツもの

スポーツの躍動を小説で表現するのは難しいが、見せ方は他にも……

小説にスポーツものが向かない理由

少年少女向け漫画ではよく見られるのに、ターゲット層が近似しているライトノベルではあまり使われない物語パターンに「スポーツもの」がある。

これは、スポーツを題材にしたエンターテインメントの醍醐味《だいごみ》が、**迫力あるプレー風景**にあることと深く関わっている。漫画やアニメなら動きのあるビジュアルによってスポーツの動き、インパクトある風景を表現することができる。しかし、小説は（挿絵によってある程度補うことはできても）文字でしかその状況を表現することができないため、どうしても限界があるのである。

ちなみに、同じくアクションが重視される物語パターンでありながらライトノベルで好まれるものとして超常能力によるバトルものがある。こちらは派手な演出や能力の事細かな説明によって小説のウリを出せるところが、リアルなスポーツものとの差異だ。

心理戦を描いたり、背景を掘り下げたり

しかし、スポーツもの小説がまったくダメなわけではない。迫力ある動きが描けなくても、**別の形でスポーツの魅力を引き出すのは十分に可能**なのだ。

スポーツの面白さはダイナミックな動きばかりではない。フィギュアスケートのような美しさやイメージの表現力を重視する競技もあれば、いかに**相手の動きを読むかという心理戦**が大事な競技もある。これらの部分は、むしろ小説にとって得意な、文章によっていくらでも面白く書ける分野と言える。

また、**試合以外の部分**に注目するのも効果的な手法の一つだ。たとえば選手同士や選手をサポートするスタッフの人間関係、あるいはプロスポーツにはつきものの組織運営などがそうだ。このような裏の部分は、普段あまりファンの目にも触れないために意外性があり、小説の題材としても向いているのである。

スポーツもの

スポーツを題材にしたフィクションは非常に数が多い

ところが

アニメや漫画など

学校の部活動やプロスポーツなど、さまざまなモチーフを用いた作品が存在する

ビジュアルで攻められるのが大きい

小 説

特にライトノベルなど、中高生向けの作品群ではあまり見られない(皆無ではないが)

文字だけで表現するしかないのが難しい

スポーツものフィクションの醍醐味は、ダイナミックな動きをいかに表現するか、ということ

媒体ごとの特徴をしっかり押さえる必要がある

○アニメや漫画など：
どう見せ場のシーンを際立たせるか？

○小説：
ビジュアルの利点がないことをどうやって補うか？

小説における「スポーツもの」の引き立て方

心理的部分を強調する

競技時の心理戦やチーム内の人間関係など、スポーツ特有の「心の動き」に注目

背景事情を描く

スポーツをめぐる背景事情やチームの運営など、「裏側」的な話も面白い

文字の方が表現しやすいことも確実に存在する

67 修行・練習・鍛錬

キャラクターの成長を演出するためには修行あるのみ？

物語に説得力を与える展開

一般に、**スキルや知識、必殺技は何もなしに習得・学習できるものではない**。十分な時間を費やし、適切な手間をかけて身につけるものであるはずだ。

これは物語の世界においてさらに重大な問題になる。強大な敵に勝つための技術、難しい試験に合格できるだけの知識というものはそれ相応の努力があってこそ身につくものであり、そうでなければ物語として説得力がない……そのような印象を与えてしまうものである。そこで修行・鍛錬展開が必要になるわけだ。

修行を単調にしないために

ただ、修行や鍛錬、学習を物語の中で描いていくのには大きな問題がある。ズバリ、「単調になりがち」がそれだ。たとえば何万回の素振りで剣を振るフォームを身体に覚えこませるところをそのまま書いて、物語として面白くなるだろうか？　難しそうだ。何よりも危険がなく、先が見えて、ドキドキ感・ワクワク感がない。そこで、修行や学習シーンを魅力的なものにするため、いくつかの手法が知られている。

一つは、**命がけの修行**にすることだ。しくじれば最悪死ぬような修行はドキドキする。真剣での斬り合い、崖の上から落ちてくる大岩の回避、精神世界での魔法修行（しくじれば現実で目覚めない）など。

二つ目は**競争・共同作業にすること**だ。他のキャラクターが絡んでくれれば自然と展開が複雑になる。技を教えてもらえるのが一人だけだとか、テストを一緒に受ける人がいるとかにすれば、ドラマが生まれる。

最後は、一見無意味に見える行為が実は修行になっているなど、**意外な展開を盛り込む**ことだ。家事手伝いや農作業、遊びにしか思えない動きなどをさせられて不満に思っていたら、実はそれが重要な修行になっていた……などが定番だ。

修行・練習・鍛錬

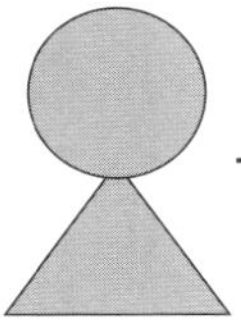

習得するためには
手間と時間がかかる
→
スキル
知識
必殺技

講師や師匠についたり、本で独学したりとやり方はいろいろあるが、
「修行・練習・鍛錬」が必要だという点では共通している

特に、創作において重要なわけがある

現実の出来事以上に、創作の世界では「どうしてできたのか」の理由付けが必要
↓
修行・練習・鍛錬がないとどうしても説得力に劣る

修行・練習・鍛錬をドラマチックにするために

①命がけの修行！

「普通のこと」「厳しくても死にはしない」だからドキドキしない

↓

しくじったら
死ぬような、
危険な修行！

②共同・競争

ただただ黙々とやるだけでは自分との戦いになってしまって、盛り上がらない

↓

仲間と共同
ライバルと競争

↓

刺激になる！

③普通じゃない修行

当たり前のことを当たり前にやっても面白みが薄い。どんでん返しが欲しい

↓

一見すると修行に見えないことが実は修行だったりすると面白い

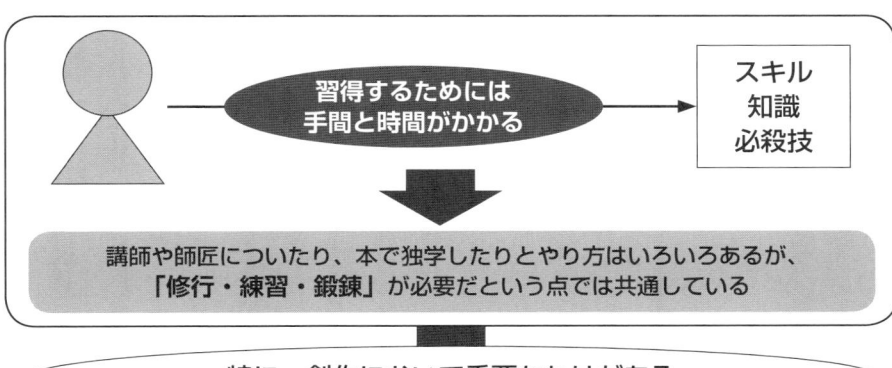

㊳ピカレスク・ロマン

主人公はヒーローだけじゃない！悪党が活躍したっていいじゃないか

愉快で小ずるい悪党たち

スペイン語のピカロ（悪党）を語源とするピカレスク・ロマンは文字通り悪党を主人公にした小説ジャンルで、一般には**「悪党小説」「悪漢小説」**と称される。とはいえ、血も涙もない大犯罪者、文字通りの悪党というよりは、暴力よりは**機転や判断、ペテンとユーモア**を活用する小悪党のほうがピカレスク・ロマンのイメージに合う。たとえば、『ルパン三世』の主人公、ルパンは「小悪党」というには大物すぎるが、ユーモア感覚とずる賢さでは近いところがある。

その意味でピカレスク・ロマンの主人公はアンチ・ヒーローの一形態といえる。偉大な英雄ではない、ちっぽけな悪人――町の不良、ちんけなヤクザ、ケチなこそ泥――が自分のささやかな力でどうにか自らの道を切り開いていこうとする物語であり、そこにいわゆる英雄譚にはない面白さが表出するわけだ。

弱さから生まれる魅力

ヒーローの物語は基本的に「人間の強さ」の物語になる。挫折はあってもそれはスパイスで、最後には成功が待っているはずだ。しかし、**小悪党の物語は「人間の弱さ」の物語**になる。強大な能力も折れない意思もなく、挫折に満ちた人生の中で、しかし明るく陽気に生きていくのがピカレスク・ロマン的な物語の基本スタイルだ。

また、彼らの生きる下層の世界には奇妙な人間らしさがあふれている。ある意味で普通の人たちよりも素直で（取り繕うことができないだけともいえるが）優しい（自分が生きるために手のひらを返すかもしれないが）生きざまには、独特の魅力がある。そうした「悪党たちの世界」をいかに生き生きと描けるか、はピカレスク・ロマンという言葉に代表されるような物語群を書くにあたって重要なポイントになるはずだ。

ピカレスク・ロマン

ピカレスク・ロマン→「ピカロ」を主人公とする物語

「悪党」や「悪漢」を意味するスペイン語

↓

しかし

↓

凶悪な犯罪者を舞台にしたドロドロの悪事を働く凶悪な犯罪者というよりは、知恵と機転の利く小ずるい悪党というイメージのほうが近い

ヒーローよりもかっこ悪いが、憎めなくて
人間臭い、アンチ・ヒーロー的キャラクター

ピカレスク・ロマン的物語の魅力は、英雄物語との対比

ヒーローの物語

時に挫折や失敗がありつつも、成長と成功に向かっていく

対比

悪党の物語

成長や成功を目指すよりは、挫折と失敗の中でどう生きていくのか？

悪党や挫折者、失敗者の生きる世界には
奇妙な明るさや陽気さがあって、それが人間臭さという魅力になる

人の善いところと悪いところをない交ぜにして、
ある意味でリアルな「人間」を描いていくのがポイント

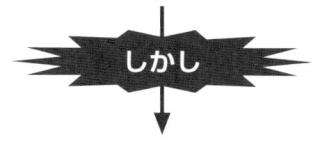

69 ハードボイルド

固ゆで卵はカッコよさを追求する「男の美学」

行動派私立探偵の活躍から

ハードボイルド、といえばたいていの人にはぼんやりとそれぞれのイメージがあるのではないか。この言葉の本来の意味は「**固ゆで卵**」。これがどういうわけか**タフでクールな主人公（多くの場合は私立探偵）が活躍するミステリー小説**のジャンル名になり、キャラクター類型の一つとして広く知られるようになって現在に至る。

ハードボイルドなキャラクター、及び彼らが活躍する物語の魅力は「**男のカッコよさ**」にある、といっていいだろう。深くは語らず、思いは行動で示し、どれだけ追い詰められてもタフに生き残り、絶対的な危機にも軽口を叩き、静かに酒やタバコを楽しむ。その姿が表現しているのはある種のマッチョイズムかもしれないが、日本的な「粋」にも通じるカッコよさを備えているのもまた事実だろう。

やせ我慢でも半熟でもいいじゃないか

とはいえ、あまりにもハードボイルドすぎるキャラクターは主人公としては適しないようだ。完全無欠の超人になってしまうと読者は感情移入しにくくなるからだ。そのため、何らかの欠点や弱点を抱える男が、「それでもハードボイルドにキメる」というパターンがよく活用される。いわば「**やせ我慢の美学**」だが、この種の弱さを克服しようとするヒーローの物語はただ強いだけのヒーローよりしばしば人気が出る傾向にあるようだ。

あるいは、「**未熟で未完成なハードボイルド（いわば半熟卵）**」という路線もアリだろう。タフでクールな先輩やフィクションに憧れては見たけれど、自分でやってみるとなかなかうまくはいかない……というのは、読者の多くが自身と重ね合わせられる魅力的なシチュエーションに他ならない。

ハードボイルド

ハードボイルド
（＝固ゆで卵）

→

ハードボイルド小説
ギリギリまで飾りを削ったストレートで勢いのある文章、非情でさえあるリアリズムを備えた探偵小説

転じて

「ハードボイルド」は冷酷さ、非情さをまとったキャラクターや物語、文体のことを示す言葉として広く定着した

「ハードボイルド」なキャラクター（一例）

常にタフでクールな行動派

危機にあっても余裕を失わない

お喋りよりは無口で寡黙

徒党を組むよりは一匹狼

総じていえば「カッコいい男」の一類型

あまりにも「クール」すぎると読者も感情移入ができない
→「未熟なハードボイルド」や「やせ我慢のハードボイルド」として欠点・弱点をつける手法が好まれる

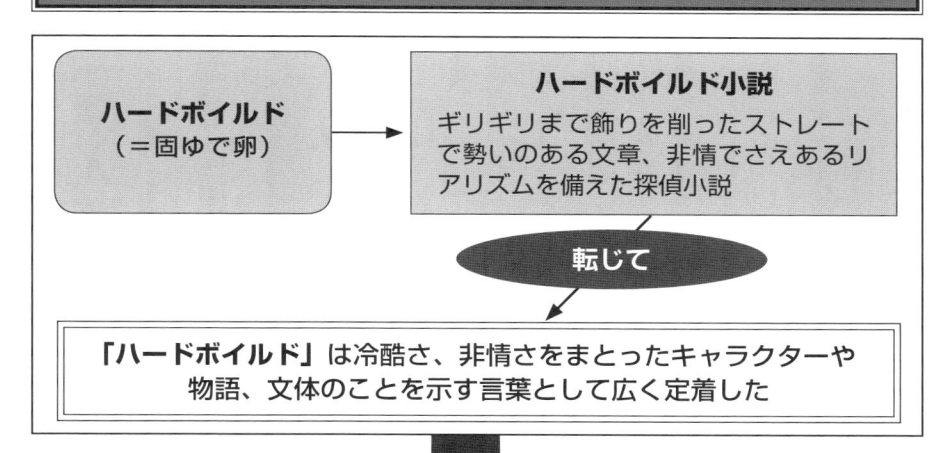

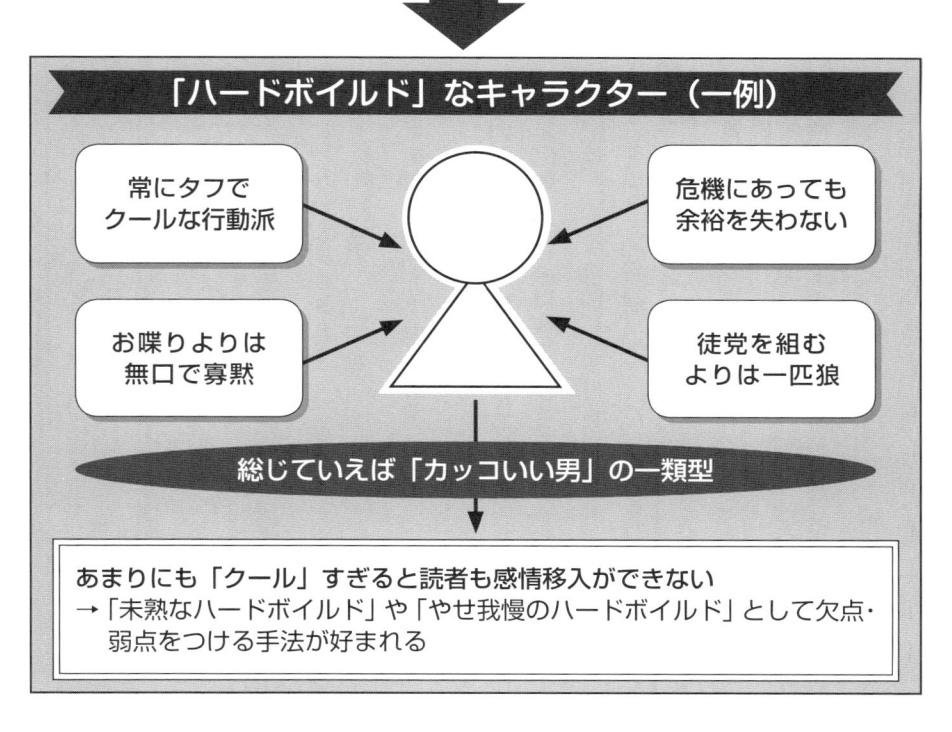

⑩「素人探偵」もの

素人が事件に首を突っ込むと、意外な視点から突破口が……？

探偵役は本職とは限らない

いわゆる二時間ドラマに代表されるミステリー・サスペンス作品群では「探偵役の主人公が事件を追いかける」というのが基本だ。しかし、主人公は必ずしも刑事（それに準じる警察関係者）もしくは私立探偵といった「それが本職」の人間とは限らない。**別の理由から事件を追いかけざるを得ない人**（事件が解決しないと仕事が進まない公務員・サラリーマンなど）や、あるいは**本当に巻き込まれただけの人**（事件現場にたまたま居合わせて容疑者になった一般人や、被害者の肉親など）など、名付けるなら「素人探偵」とでもいうべき人々が主人公となるケースも珍しくない。

これは別にミステリーやサスペンスだけの話ではなく、あえて部外者を事件の中に放り込んで、彼の目で物語を追わせるのは普遍的によく使われる物語スタイルの一つなのだ。

「素人探偵」の意義

あえて本職ではない彼らを物語の中心に据えるためには少々手間がかかる。「なぜ事件を追うのか」という動機を用意し、また素人の彼らが捜査に首を突っ込める理由も整備する必要がある。

一方、素人探偵を主人公にする最大のメリットは、**別の職業や別の価値観を持ち込むことによって物語に変化を付け、新鮮味を出せることだ**。刑事と大学教授では、一つの証拠から受ける印象も違って当たり前だ。そうした視点の違いが思いもよらぬ推測に結びついて――というのは、物語を盛り上げるのにふさわしい展開といえる。物語は予定調和ではつまらない。当たり前の展開を乱してこそ面白くなる、そんな時に素人探偵の存在には大きな意味があるのだ。また、素人に対してベテランが説明する形で専門知識を解説（という形で読者に説明）できるのもメリットだ。

「素人探偵」もの

「素人探偵」とはなにか？

ミステリーやサスペンスなどの主人公は…

↓

基本的に刑事や探偵など

事件を追いかけ、活躍するのが本業

⇔

時には「素人探偵」タイプの主人公がいる

↓

一般人や非本職の人間

本職とは別の視点で事件に関わる

たとえば…

○調査や操作とは別の能力で事件に関わっていく人物
（大学教授や専門技術者、超能力者など）

○警察ではないが、事件を追わなければいけない人物
（サラリーマンや社長、公務員など）

○自分の納得や身の安全のために調査する人物
（巻き込まれただけの人、あるいは被害者の肉親）

など

↓

押さえるべきポイント

(1) 別の視点を物語に持ち込める

本職ではない人間が事件に関わっていけば、本職とは違う視点や技術、価値観で物語に変化を付けられる

(2) 状況を整備する必要がある

物語に変化を付けるということは、その変化に伴ってきちんと状況を整備し、違和感がないようにしなければならない

⑰ 倒叙ミステリー

常に探偵が主人公とは限らない。時には犯人視点も面白い

「倒」して記「述」する物語

ミステリーにおけるジャンルの一つに、**「倒叙ミステリー」**と呼ばれるものがある。このタイプのミステリーでは「倒」して記「述」するというその名前の通り、視点が本来主人公であるはずの探偵ではなく、事件の犯人に置かれる。

基本的なパターンは以下の通りだ。物語は犯人が周到な準備の末に殺人を犯したところから始まる。計画とトリックは万全で警察も見当違いの捜査を展開し、犯人は安心する。ところがそこに探偵役が現れて鋭い推理を展開し、また犯人の言動に矛盾を発見して真相へ近づいていく。探偵と犯人の丁々発止のやり取りの末、ついに事件は決着する――『刑事コロンボ』あたりが代表的だろう。**普通のミステリーの楽しみが「真相を追う」ことに対し、「追われる」逆転現象が起きているの**がこのパターンの面白いところだ。

逆転の面白さはミステリーだけでなく

以上、ミステリーにおける「倒叙もの」の紹介をしたが、別にこれはミステリーだけの専売特許ではない。追う側が主人公で追われる側が敵役という位置の逆転によって面白さを引き出すのは、他のジャンルでも十分適応な発想である。

アンチヒーローものはまさにその筆頭だし、たとえばハーレムものの構造で「人気ものの男子を取り巻く数人の女子の一人」を主人公とし、男子だけでなくその他の女子たちとの関係なども描いていくのは、なかなかに新鮮味があって面白いのではないか。

ただ、このような変化球スタイルはしばしば**物語の盛り上がりを阻害しがち**なのに注意。ハーレムの一員という思いつきがいかに面白くても、本当に「脇役A」のように扱って、恋愛・心理的な盛り上がりがなく終わり、では物語として成立しないのだ。

倒叙ミステリー

倒叙ミステリーとは？

普通のミステリー

主人公 ―― 真相を追う ――→ 敵役

読者が探偵役の主人公やその助手に感情移入しつつ、「これはどういう謎なんだろう」「どうやって解き明かすんだろう」と盛り上がっていくのが基本的なスタイル

↓

倒叙ミステリー

主人公 ―― 追われる ――→ 敵役

主人公は事件の犯人として探偵役に追われる側であり、読者は追われる側に感情移入してのドキドキや、「犯人の構築したトリックがどう突き崩されるか」を楽しむ

普通のミステリーと比較して、「逆転」の面白さがある

この発想は非ミステリー作品にも適応できる

↓

「アンチ・ヒーロー」的作品に代表されるような、「普通は適役」「普通は主人公にならない」立場の主人公の物語には「逆転」の新鮮味がある

あまりにも変化球にしすぎて、物語としての面白さを失わないように注意！

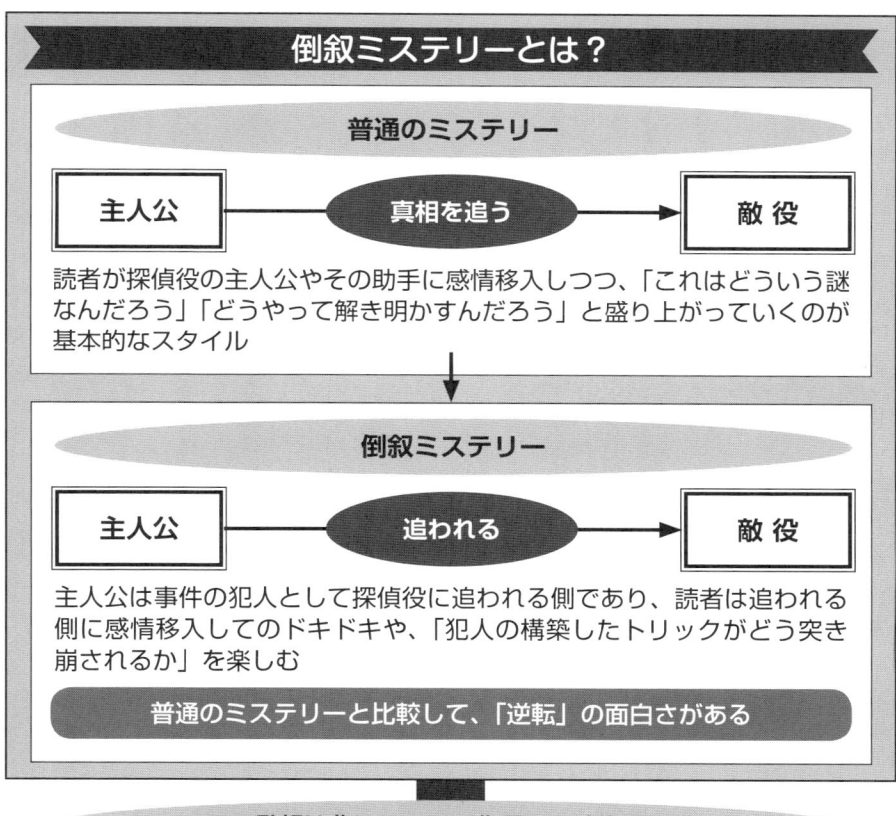

⑫ バディもの

バディ（相棒）はぶつかり合いながら事件を追い、成長していく

二人の主人公の個性を対比させるスタイル

映画や小説など広いジャンルのエンターテインメントで好まれる物語スタイルに、「**バディもの**」がある。バディというのは「**相棒**」の意味で、二人の主人公がコンビを組んでさまざまな出来事に遭遇し、乗り越えていくさまを描くのが基本である。二人の刑事が一つの事件を追いかけたり、探偵と助手のコンビが密室殺人の謎を追うなどがよくあるパターンといえよう。

バディものにおいては二人の主人公の**個性**（**性格や能力、経歴など**）**を対照的なものにして、対比させていく**のが最もオーソドックスなスタイルになる。刑事ものでいうなら「熱血新人と裏社会にも通じたベテラン」や「地元の叩き上げと上層部から派遣されてきたエリート」といった形で、能力も価値観もまったく違う二人が反発し合い、しかし一方でお互いの能力を認めて影響し合ってもいくのが一つのパターンだ。

そこまで極端に個性を変えなくても、たとえば、「やることなすこと破天荒な刑事のコンビ」という具合に似たもの同士でも、ちょっとした趣味や考え方、異性に対する態度などが違うと、それもまた十分対比の対象になるものである。

交流による変化・成長を描くのにうってつけ

大事なのは対比によってキャラクター性を引き立てること、そして自分とは違う個性と出会うことによってキャラクターがそれぞれ成長や変化をしていく過程を描いていくことだ。人間は、自分と同じような個性の持ち主との出会いよりも、**相反する個性との出会い**によってこそ変わっていくことができる。

そうした「変化」の過程を描くにあたっては、二人の主人公の活躍と心の交流を中心に物語を進める、バディものというパターンはうってつけのスタイルなのである。

バディもの

バディ＝相棒、コンビ

主人公 A ― 真相を追う ― 主人公 B

二人のメイン級キャラクターがコンビを組んで、事件に巻き込まれたり解決したりしていく物語パターン

たとえば…

○理想に燃える新人／現実を知り尽くしたベテラン
○センスで生きる右脳派／理論に頼る左脳派
○軽口を好む陽気系／冗談を理解しない朴念仁《ぼくねんじん》
○人情重視の叩き上げ／大局を冷徹に見るエリート

など

バディは相反する性質の方が映える

主人公 A ― 性質の違いからの反発 ― 主人公 B

自分とは違う相手と反発し、いがみ合っていく中で、むしろ相手の影響を強く受け、自分に足りないものに気づいていく

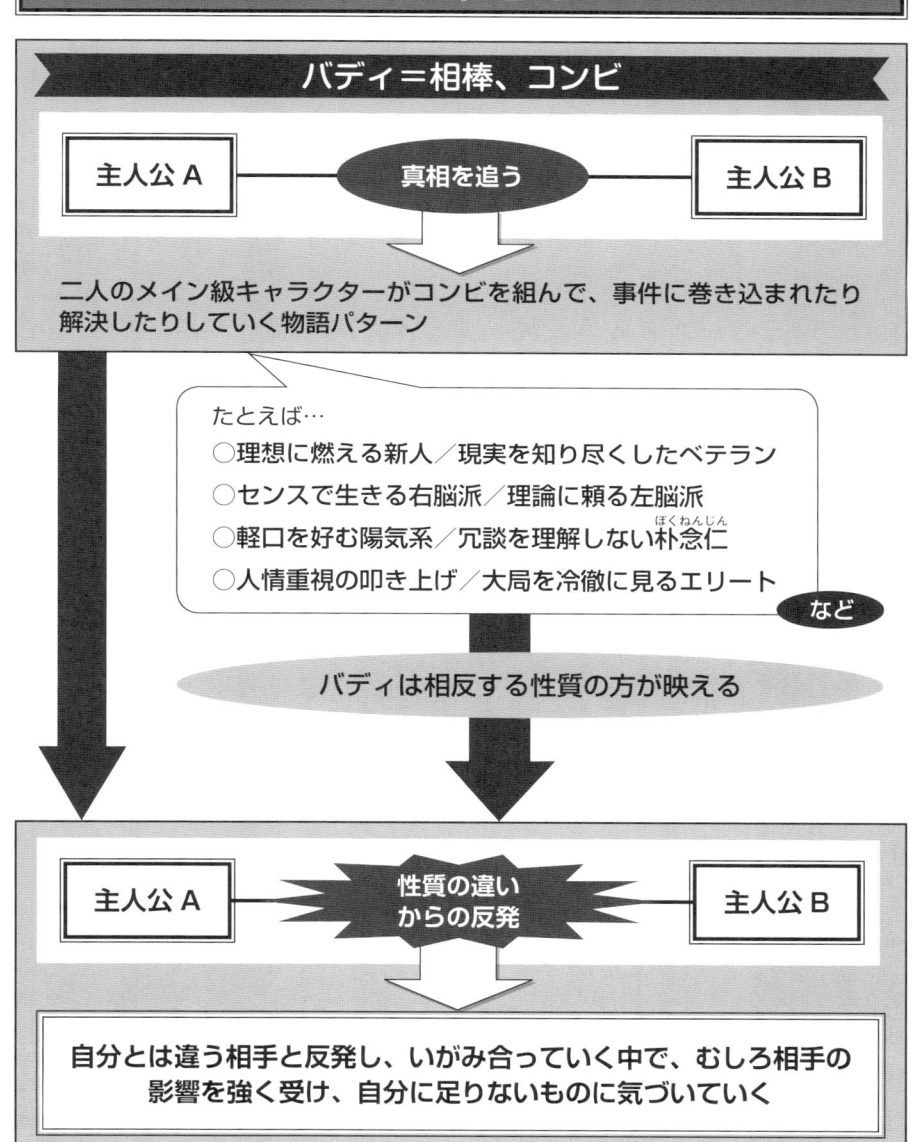

⑦③ チームもの

個性豊かなメンバーがそろえば、チームはそれだけで物語を面白くする

バディものとチームもの

バディものはある目的や状況、任務を共有する二人組の活躍を描くものである。これに対し、目的を同じくする人数が三人以上に増えた場合には**「チームもの」**というべきだろう。チームメンバー自体は十数人いるのだが、特にピックアップされるのは前線で活躍する二人――といった具合に、バディものとチームもののちょうど中間のパターンもしばしば見られる。

チームものの長所はバディもののそれとほとんど重なる。すなわち、**個性豊かなチームメンバーが事件やアクシデントと遭遇する中で交流をし、互いに影響を与え合っていく**過程が非常に魅力的であるわけだ。そのため、能力や性格、素性などはバラバラでかつ化学反応を起こすような組み合わせであることが望ましい。

たとえば、生真面目な主人公、軽薄で軽口を叩く年下、包容力があるが複雑な事情を抱えた年上三人によるチームは、時に衝突しつつもいざとなれば互いの短所を補い合える理想的な組み合わせに成り得る。このような**「組み合わせの妙」**こそがチームもののキモだ。

キャラクターのバランスに気を配る

チームものを書くにあたって最も気をつかうべきなのは**キャラクターの配置バランス**だ。それは「どの個性とどの個性をどう組み合わせるか」ということでもあるし、それ以上に「どのくらい物語の中で出番を与えるか」ということでもある。

一つの物語の中に収められるエピソードの量は有限だから、たとえば十人のメンバーすべてを主役級に活躍させることはできない。チームの人数を絞る、主役と脇役をはっきりと分ける、あるいは短編連作スタイルにして章ごとにチームの誰かを主役級に据える、というのもアリだ。

チームもの

キャラクターの変化を描く物語あれこれ

バディもの

主人公A → 交流 → 主人公B

二人のメインキャラクターの関係性によって物語をつくる

↓

バディものの延長線上として

↓

チームもの

主人公

サブA　チーム　サブC

サブB

バディものよりもキャラクターの人数は増えているが、物語としての面白さのポイントは非常によく似ている

↓

キャラクターの個性(性格、能力など)を組み合わせて、単独の時より何倍にも大きく増幅することができるか？

チームを物語の中心に置くのであれば、自然とキャラクターの数が増えてしまう。「その物語で重視するキャラクター」はある程度絞った方が良い

チームの中のバディを描く、
短編連作スタイルにする、など

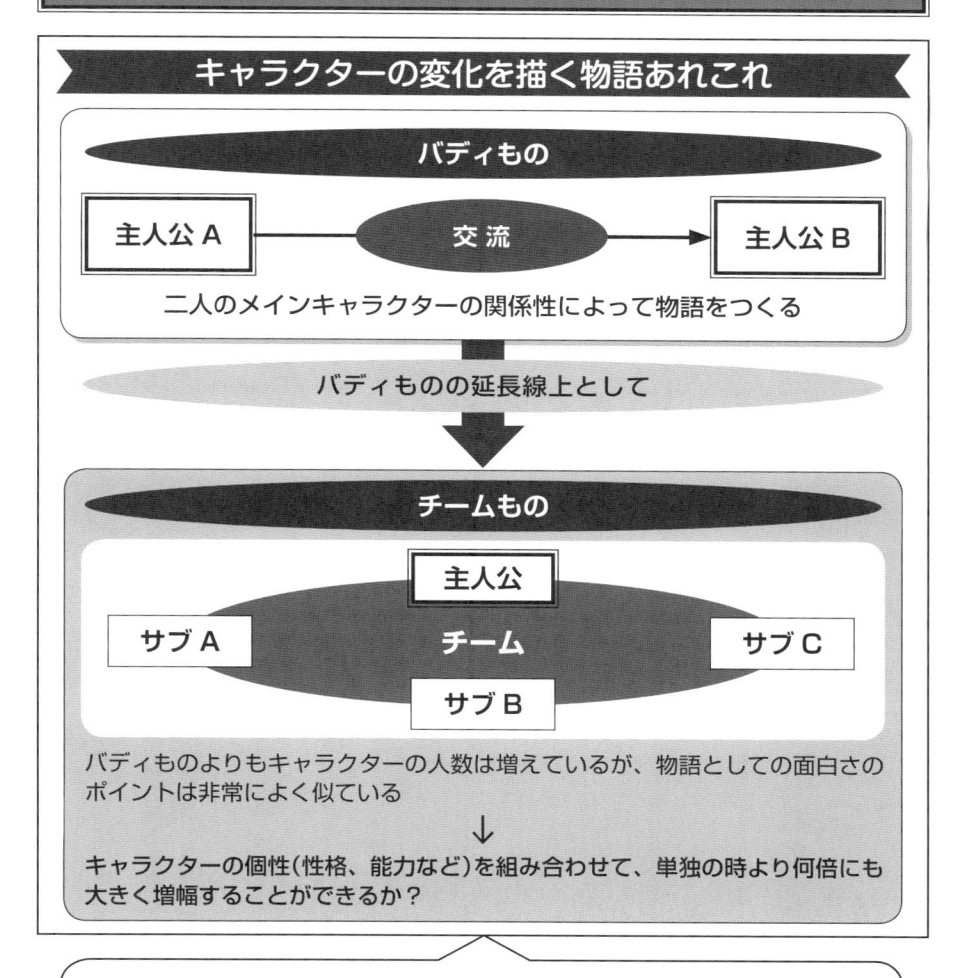

⑭ デビュー・ストーリー

まだまだ半熟、しかし甘く見ていると……？

新人、がんばる！

職業ものやスポーツものを成長物語として描く、その中で受け手にとって新鮮な世界をスムースに見せるということを考えたとき、手っ取り早いのは**「新人のデビューを描く」**ことだ。何も知らない新人がその世界を知り、また成長していく流れは、受け手の分身を務めるにあたってこれ以上ないほど自然といえる。

まったく役立たずの新人がただただ新しい世界に翻弄されるだけでは（リアリティはあるかもしれないが）物語としてつまらない。未知の常識に翻弄され、状況に流され、ベテランの先輩たちに邪魔扱いされつつも、**「ここぞ！」という時には優れた素質や若者ならではの真っ直ぐさを発揮**して活躍してもらいたい。あるいは、その職業としては新人だけれど、実は別の職業を体験していて、そちらで得た技術や知識を活用して活躍、というのも魅力的なパターンの一つだ。

デビュー・ストーリー

長所

- 真っ直ぐな心、世慣れていない若さ
- 他業種や別の世界の知識・技術

↓

新人
成長劇の魅力と、設定紹介の自然さ

↑

短所

- 実力不足、経験不足、若者の甘さ
- 人間関係もまだできあがっていない

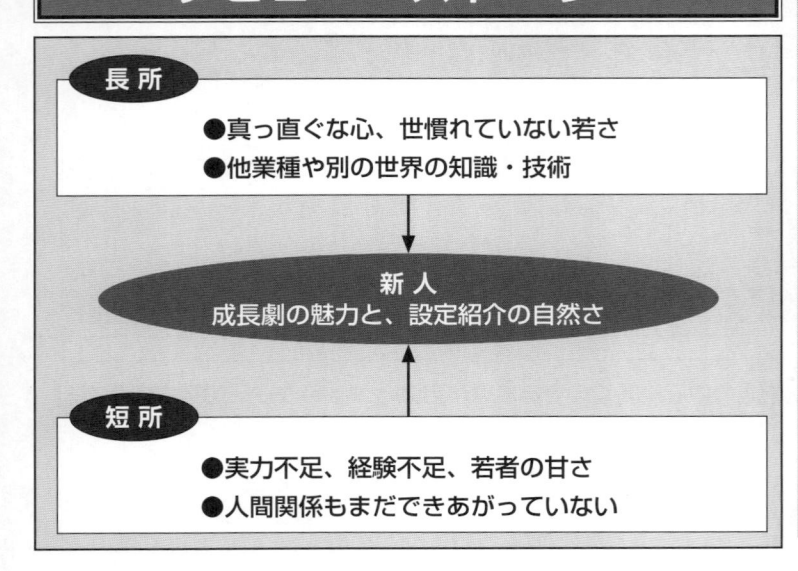

⑦⑤ カムバック・ストーリー

ロートルとののしられようと、若造にはない力がある

ベテラン、再び！

職業ものやスポーツものにおいてデビューと双璧をなす定番パターンが、**「仕事から離れていたベテランのカムバックを描く」**ことだ。

新人や現役のような活力はすでにない。技術も少なからずさび付いてしまっている。時代の流れに置いていかれ、ついていけない部分もあるだろう（IT関連のような技術の進歩が早い分野ならなおさらだ）。結果として「ロートル（年寄り）」といわれようと、長年積み重ねてきた経験と「働く」ということそのものについてのコツ、そして育ててきた人間関係は、現役ですら及ばない驚きの結果を生むこともある。一度引退したのに**「なぜ帰って来たのか」**も大事なポイントになる。どうしてもと頼まれたのか、どうしても果たさねばならない目的があったのか。そして、決して遠い先ではない二度目の引退はいつやってくるのか。

カムバック・ストーリー

長所

- 老練な技術、知識、経験
- 長年積み上げてきた人間関係

↓

復帰したベテラン
「戻ってきた理由」が物語のテーマに

↑

短所

- 技術も知識もすでにさび付いた？
- いつかは二度目の引退がやってくる

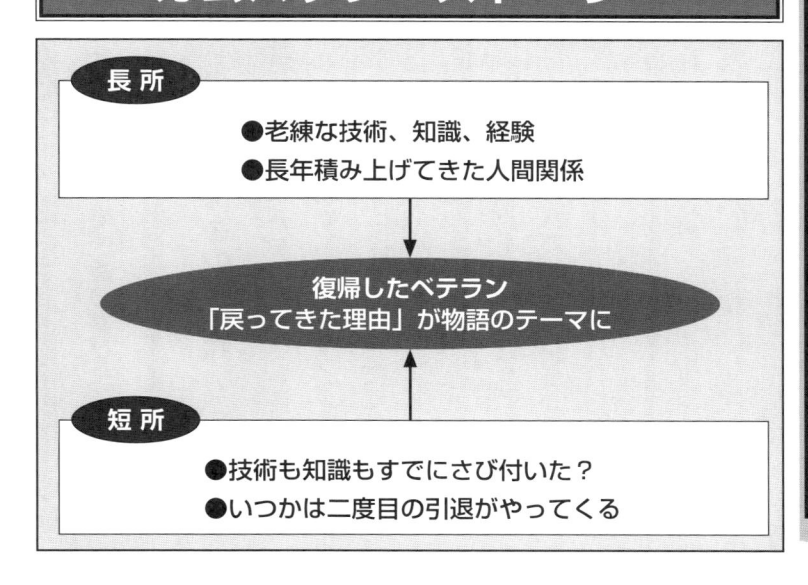

⑯ 料理・グルメもの

食べることは人間にとって一番の喜び

食べることは生きること

食べ物、また食事をすることは私たちが生きるために欠かせないものであり、物語を作るということにおいても大きな意味がある。「何を、どんなふうに食べるか」でキャラクター性が表現できる（美味しそうに食べる人は善人に、雑に食べる人は好ましくない人柄に見える、など）し、食事シーンは日常の象徴であるとともに物語の盛り上がりを一旦抑える「タニ」として機能するからだ。『剣客商売』『鬼平犯科帳』などで知られる時代小説家の池波《いけなみ》正《しょう》太郎《たろう》の作品群も食事シーンが美味しそう、ということで古くから評判であり、作品の魅力の一つになっていた。

そのため、漫画では以前から料理もの、グルメものが一つのジャンルになってきた。さらに小説の世界でも近年、ネット小説を中心に食物や食事、その調理を物語の中心に置いた作品が増えつつあるようだ。

料理もの、グルメものの種類

それでは具体的に、どんなタイプの物語があるのだろうか。たとえば、次のようなスタイルの料理もの作品群を読んだことのある人は多いのではないか。

①料理によるバトル、「料理勝負」もの
②料理によって人助けをするもの
③料理を通して人情話や人生の機微などを語るもの

このうち①と②は料理による知識、蘊蓄が重要になってくる。書き手に専門的知識があれば大きな武器になるだろう。一方で、特に漫画において既に有名作品が多種多様にあるため、差別化が難しい。タイムスリップや異世界転移など特別なシチュエーションを用意する、あるいは「ラーメン」など料理ジャンルを絞るなどの工夫が欲しい。③は料理よりもエピソードが重要で、既に紹介したような食事・食物が人間の営みと深く関わっていることを利用したパターンといえる。

料理もの・グルメもの

創作における食事の重要性①キャラクター表現

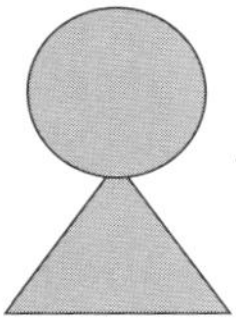

何を食べるか？
どんなふうに食べるか？

→ 食事・料理

食べることは生きることに直結する、絶対に必要な行為。
だから食べている様子にはキャラクター性が強く表れることになる

創作における食事の重要性②「タニ」の定番

物語にメリハリを与える「ヤマとタニ」のうち「タニ」で最もよく見るシーンが、
人間にとってエネルギー補給に欠かせない食事のシーンだ

- 一家団欒《だんらん》は日常の象徴
- 忙しく働いたあとにコーヒーや菓子で一息
- 敵の動きを見守りつつ軽食で腹ごしらえ

それでは、料理ものやグルメものはどんなパターンがあるか？

料理バトルもの

料理の良しあし、料理によって問題解決できるかどうかで勝負。トーナメントものになることも多い

料理で人助けもの

人や組織、集団の中にある問題を、おいしい料理を食べさせたり、料理の蘊蓄を披露して、解決する

→ 料理・食物に関する蘊蓄が重要。
専門的知識があるなら挑戦の価値あり

料理をきっかけにエピソードを描く

料理や食事、食物は人間の生活に直結する。だから人情の機微、その人の生きざまが表れる

→ エピソードの面白さこそが一番重要

77 師匠と弟子

師匠が伝え、弟子が乗り越える物語

キャラクターの属性として

職業や技術が関わってくる物語では才能と併せてもう一つ、重要なファクターになってくるものがある。それは**師弟関係**だ。バトルものや格闘技ものにおけるわかりやすい意味での師匠と弟子だけでなく、たとえばスポーツもののコーチ・選手やビジネスものの上司・部下関係を含めて、何かの技術や価値観、心構えなどを伝え伝えられる関係をまとめて、ここでは師弟関係という呼び方をする。

単純な話、「優れた師匠を持っている」というのはそれだけでその**キャラクターの強さや将来性、特殊性**を示すのに足る属性だ。個人が編み出した技、思いついた言葉よりも、名のある人物から伝えられたものの方に説得力を感じてしまうのは自然なことだ。あるいはその逆で、**「とんびが鷹を生む」**ように師匠と弟子の能力が比例しないのも物語に意外性を与えて面白い。

師匠と弟子の関係性が重要

師弟関係が物語の中で重要な位置を占める場合、一番ありがちなのは**「師匠の仇を討つ」**または**「師匠の無念を払う」**だろう。武侠《ぶきょう》ものでは定番中の定番といっていいシチュエーションだ。逆パターンでは「道場を留守にしていたら弟子が殺された」「弟子のできなかったことを師匠が代わりに行う」というのもあるが、やはり師匠の仇討ちパターンのほうが「師匠の勝てなかった相手、できなかった偉業を達成させることで、スムーズな師匠越え＝成長を表現できる」というわけで、物語としての魅力を作りやすいようだ。

また、**師匠も昔は弟子で、弟子もやがて師匠になっていく**もの。そうした「つながり」を親子などとはまた別の形で表現できるのも、師弟という要素の興味深いところといっていいだろう。

師匠と弟子

師匠 ― 技術、能力、思想、価値観など多くのものを伝える ― 弟子

さまざまなパターンの「師弟関係」があり得る

武術の師匠 → 弟子

上司 → 部下

教師 → 生徒

コーチ → 選手

など

キャラクターの裏付け、あるいは成長・変化の要素として使いやすい

↓

優れた師匠に育てられたから強い、名のある師匠に目をつけられたから将来性がある、師匠との関係性の中で成長していく

など

物語全体、あるいは各キャラクターの行動動機としてよく見られる

成長や変化に結びつけるのも簡単

↓

師匠（弟子）の仇を討つ、師匠（弟子）のやり損ねたことをする

など

それ以外にも……
師弟関係とはその二人の関係だけでなく、前にも後にもつながっていく「つながり」に他ならない

師匠の前の師匠、弟子が師匠になる、というシチュエーションはそれぞれ物語に深みを与える

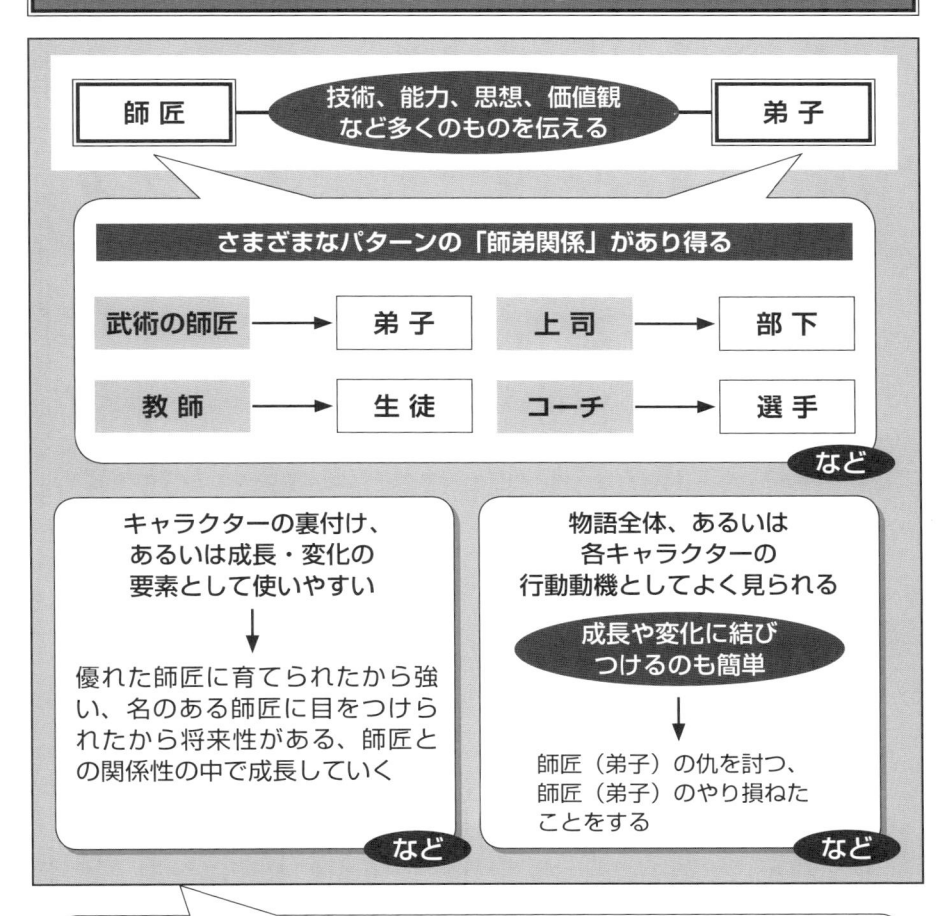

⑱天才と凡人

才能の有無は絶対的な違いなのか、それとも——？

才能を物語の中でどう扱うか

何らかの競技や職業など、技術や能力が関わってくる題材でしばしば重要になってくるキーワードが**「天才と凡人」**だ。才能に恵まれた天才とそうでない凡人の関係は物語の素材として非常に魅力的であり、さまざまな場面で見ることができる。

天才と凡人の関係を物語で扱っていくにあたって大事なのは、**才能をどう定義するか**だ。才能とは絶対的でどうにも覆しようがないアドバンテージなのか、それともやりようによってはどうとでも乗り越えられる程度のものにすぎないのか。あるいは、才能というのは「努力を必要とせず、生まれつきできる」ことを示すのか、それとも「才能があっても努力を注ぎ込まなければ開花しない」や「努力を苦にしないことを才能という」ことなのか。これらの定義付けで、その物語における天才と凡人の扱いは大きく変わってくる。

才能と一口で言っても中身は千差万別

才能を絶対的なものとして描く場合、主人公や敵キャラクターの強さを理由付けるのに非常に適しているが、**「強い奴が強いままに勝つ」では物語としてあまり面白くない**。一番ポピュラーなのは天才の弱点——絶対的な才能を持つが故に精神的にもろかったり、追い詰められると弱かったり——を突くことによって勝利する、というパターンだろうか。

一方、才能があくまで相対的なものにすぎないのであれば、天才と凡人の関係はより複雑なものになる。その場合、**才能というのはキャラクターを構成する要素にすぎない**からだ。結果、たとえば才能に溺れた天才と、努力をすることを知っている凡人なら、どちらが勝つかはわからないことになる。もしくは、世に天才といわれていた人が実は愚直な努力の人だった、というのも面白い。

天才と凡人

「才能」をどう扱うか

天才 ― 才能の有無 ― 凡人

さまざまな「才能」

身体能力：運動力や体格、骨格や筋肉の質などの素養
知的能力：鋭敏な感覚、機転や判断力、学術的センスなどの素養
特異能力：魔法や超能力などの素養

など

才能は絶対的か、相対的か

(1) 才能は絶対的だ！

「生まれつき」の才能があるとする立場

↓

才能の存在を受け入れた上で、そこからどう逆転につなげるかが見せ場

スポーツにおける体格、音楽における聴覚やセンス、ファンタジー・バトルものでの魔法の素質など

(2) 才能は相対的だ！

才能はあるとしてもあやふやなものにすぎず、周囲の環境や個人の努力次第でどうとでもなっていくとする立場

↓

才能はあくまでキャラクターを構成する要素の一つ

才能や能力に対して各キャラクターがどう向き合っていくかを描く

一口に「天才」「凡人」といってもさまざまな形がありえて、
それをどのように見せていくかで物語を盛り上げることができる

↓

**単純に「天才だからすごい」「凡人だからすごくない」ではもったいない。
あなたの物語の天才はどんな存在だろうか？**

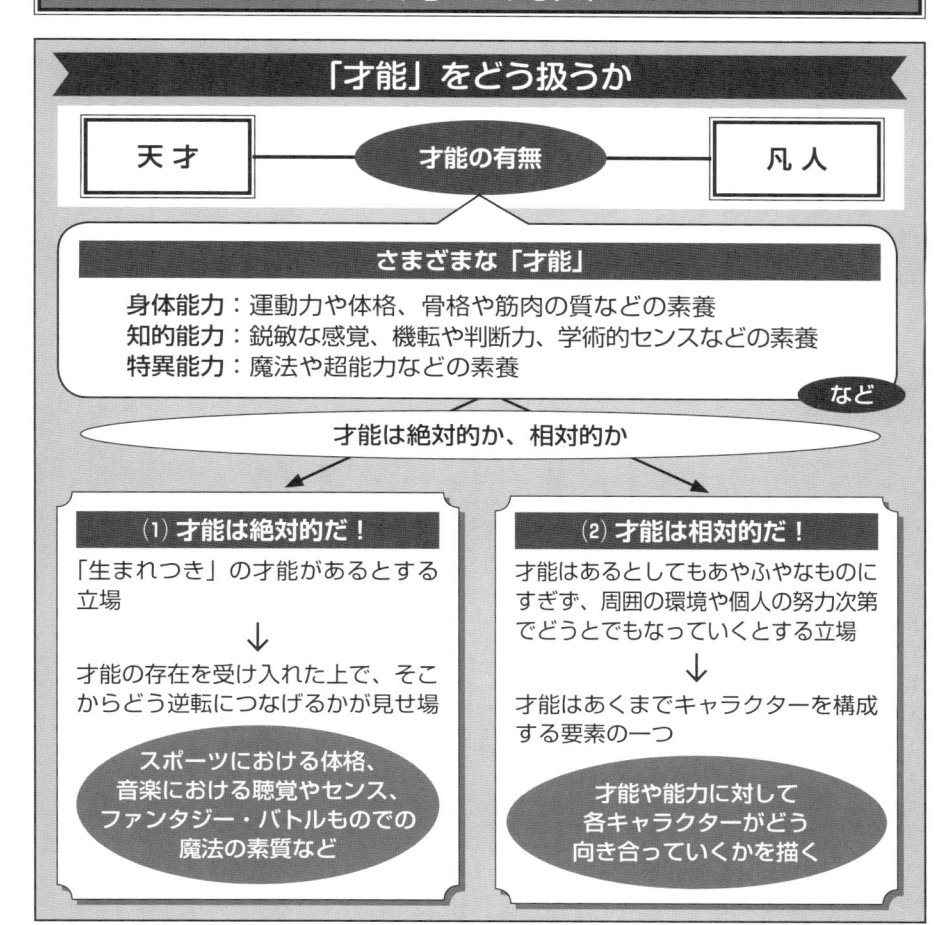

⑲ 保守と革新

伝統を守る保守、伝統を変えていく革新

保守的スタンス、革新的スタンス

何らかの集団・組織に属している時、あるいは自由業として一人で生きていこうという時。今自分が**保守的スタンス**に立つか、それとも**革新的スタンス**に立つか、という選択は避けられない。

保守的スタンスに立てば、従来のやり方を守り、先例に従って、今あるものを守っていくことを第一にしていくことになるだろう。革新的スタンスに立てば、状況の変化に合わせて改善し、新しいやり方を学び、常に最善のものを目指していくことになるだろう。

この保守と革新、消極と積極の兼ね合わせは、理想的なコンビネーションを見せることもある。状況が勢いづいている時、あるいは組織が若い頃は革新派が主導権をとってどんどん新しいことをやっていく。一方、状況が落ち着き、組織が年老いてくると、保守派が中心になってこれまでの利益を守り、安定させていく。もちろん組織運営というのはこんなに単純なものではなく、状況の変化、人の入れ替わりに合わせてフレキシブルに対応していくのが理想だ。

保守と革新の対立

だが、これがいつもうまくいくとは限らない。保守と革新が手法を巡って対立することもあるだろう。革新が「改革する」「新しいことをやる」ことそのものが目的化し、組織を破壊することもある。逆に保守が組織を守ることだけを考え、本来の目的——たとえば社会貢献などを忘れてしまうこともある。

主人公は保守と革新のどちらに所属しているのか？両者の対立をどう思っているのか？そして、組織の中でどう行動するのか。別にサラリーマンものでなくとも、「悪と戦う会社だったはずなのに、保守派が利益だけを求めて本来の目的を忘れてしまう」などのパターンも考えられる。

保守と革新

組織内での在り方、社会への態度は大きく二つに分かれる

保守

従来あったものを守るのが第一。伝統的な手法

↓

状況が安定し、挑戦が難しくなった時期に有利

対立

革新

新たなやり方をどんどん模索し、改革していく

↓

状況が流動的で、変化していく時期にこそ有利

どちらかといえば、守るものの多い大人が保守的傾向を持ち、
守るものの少ない若者が革新的傾向を持ちやすいとはいえる

↓

実際には個人の性質や能力、置かれている状況によるところが大きい

どちらが正しく、どちらが間違っているという話ではないが……

悪い「保守」のケース

組織そのものを守ったり、構成員が自分の利益を確保することを優先するようになってしまう

↓

組織本来の目的を見失ったり、新しい構成員を受け入れなくなって腐敗する

悪い「革新」のケース

「状況をよくするために改革する」のではなく「とにかく改革する」になるなど、手段と目的が入れ替わる

↓

こちらも組織本来の目的を見失い、周囲に見放されたり、内部が変質したり

**どちらかに偏って失敗するケースだけでなく、
保守と革新の対立が組織を崩壊させることも！**

- 伝統を継承する人物が時代と合わせるために奮闘
- 革新派に所属する主人公が革新派の腐敗に失望する
- 保守と革新の対立中に第三勢力が現れる

など

⑧⓪ランクアップ／ダウン

ランクの上昇下降はキャラクターの立場を明確に表すもの

上昇は成長、下降は失墜

格や位を表現するにあたってランク（階級）を用いるのは実に基礎的な手法だ。ビジネスマンなら平社員、係長、部長、取締役、社長と役職・肩書きが明確な格の違いを示すし、スポーツものなら「県大会で×回戦まで突破」や「二部リーグの上位」などの位置付けが個人やチームの力量をはかる大きな目安になる。

このようなランクが作中において**上昇もしくは下降することは、キャラクター及びチームの変化（成長や失墜）を非常にわかりやすく示すこと**に他ならない。たとえば高校野球もので、さまざまな問題を抱えたチームがそれを乗り越えつつ試合に勝利し、トーナメントを勝ち抜いていくことは、彼らが成長し、新たな段階へ進んでいくことに直結するわけだ。逆に、「一度は社長だったこともあるが、今は平社員」というのはキャラクターの失墜を強く表現することになる。

トーナメントで優勝する、あるいは社長に成り上がるといった「高いランクを目指していく」物語というのはさまざまなジャンルのフィクションで活用される、パターンであり、それだけストレートに面白さを表現できるスタイルでもあるのだ。

ランクは必ずしも本質を示さない？

一方、**ランクはキャラクターやチームの格を端的に表現するが、それが本質につながるとは限らない**、というのも面白いところかもしれない。つまり、何らかの事情によって能力に対して不当に高い（低い）ランクを得てしまったキャラクターというのは、それだけで魅力的な物語のネタになり得る。そのキャラクターは不当な地位に葛藤《かっとう》しているかもしれないし、逆にその場所を守るために何でもする気になっているかもしれない……主人公としても、ライバルとしても、十分に活用できるキャラクターといえよう。

ランクアップ／ダウン

社会にはさまざまなランク（階級）があり、
人物や集団の格や位を非常に明確な形で表現する

↓

成長や失墜など、変化をわかりやすく表現できる

ランクを上げていく、あるいは下がってしまうというのは、
物語を作っていくにあたって欠かせない要素の一つ

ランクの上昇や下降の過程で
さまざまなバリエーションに富んだ物語が展開する

たとえば…

●スポーツもので「トーナメント勝ち上がり」

地区大会 一回戦落ち → **全国大会 決勝戦**

●ビジネスものでの「出世」

平社員 → **社 長**

など

ランクの上下は「わかりやすい」表現ではあるが、必ずしも正確にその能力や格を示すわけではない

ランクと本人のギャップもまた、
魅力的な物語の題材になる

たとえば…

○不正な手段で不当に高いランクを得ているキャラクター
→その地位に引け目を感じる、あるいは何としてでも守る

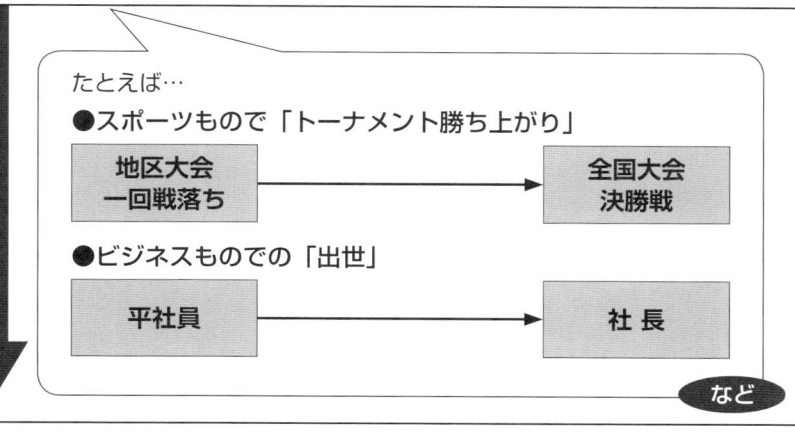

⑧① 組織の秘密＆裏切り

信頼できる後ろ盾を失ったとき、ヒーローは何を思うのだろうか

組織に守られてばっかりのヒーロー？

バトルものやアクションもの、そしてもちろん職業ものではしばしば主人公は**何らかの組織に所属し、そのバックアップを受けながら冒険活劇を繰り広げる**ことになる。どれだけヒーロー的なキャラクターであっても、個人でできることは限りがあるために当然のことといえるだろう。

その一方で、「組織に守られている」という安心感はあまりヒーローらしくない。数少ない仲間と共に自分たちより強大な敵と戦ってこそヒーロー、というのは多くの人にとって共感できる概念ではないだろうか。そのため、主人公を助ける組織は非力であったり、対処するべき問題が多すぎて手が回らなかったりする。このような手法の延長線上にあるのが、**「組織は秘密を持っていて、それを知った主人公は組織と対立する」「組織が主人公を裏切る」**パターンだ。

裏切りが生み出す急展開

組織の秘密や裏切りといったパターンの一番のウリは、「どんでん返し」として非常に効果的であることだ。信頼していた組織の裏の顔を知ることは主人公にとって（そこまでの展開で主人公に感情移入していた読者にとっても）大きな衝撃となる。

バックアップを失った主人公が一気に追い詰められていく急展開は絶大な緊迫感を生み出す。主人公の動機を一から組み立てる（組織に見放されてなお、戦う理由は何なのか？）ことは、その作品におけるテーマ性を強調し、主人公の成長を表現するにあたっても大きな意味がある。

もちろん、ただ「裏切られました！」ではつまらない。**衝撃的な展開であればあるほど、読者に納得してもらうためには、その前に組織の怪しさを示す丁寧な伏線の配置が必要になる**ことに注意。

組織の秘密＆裏切り

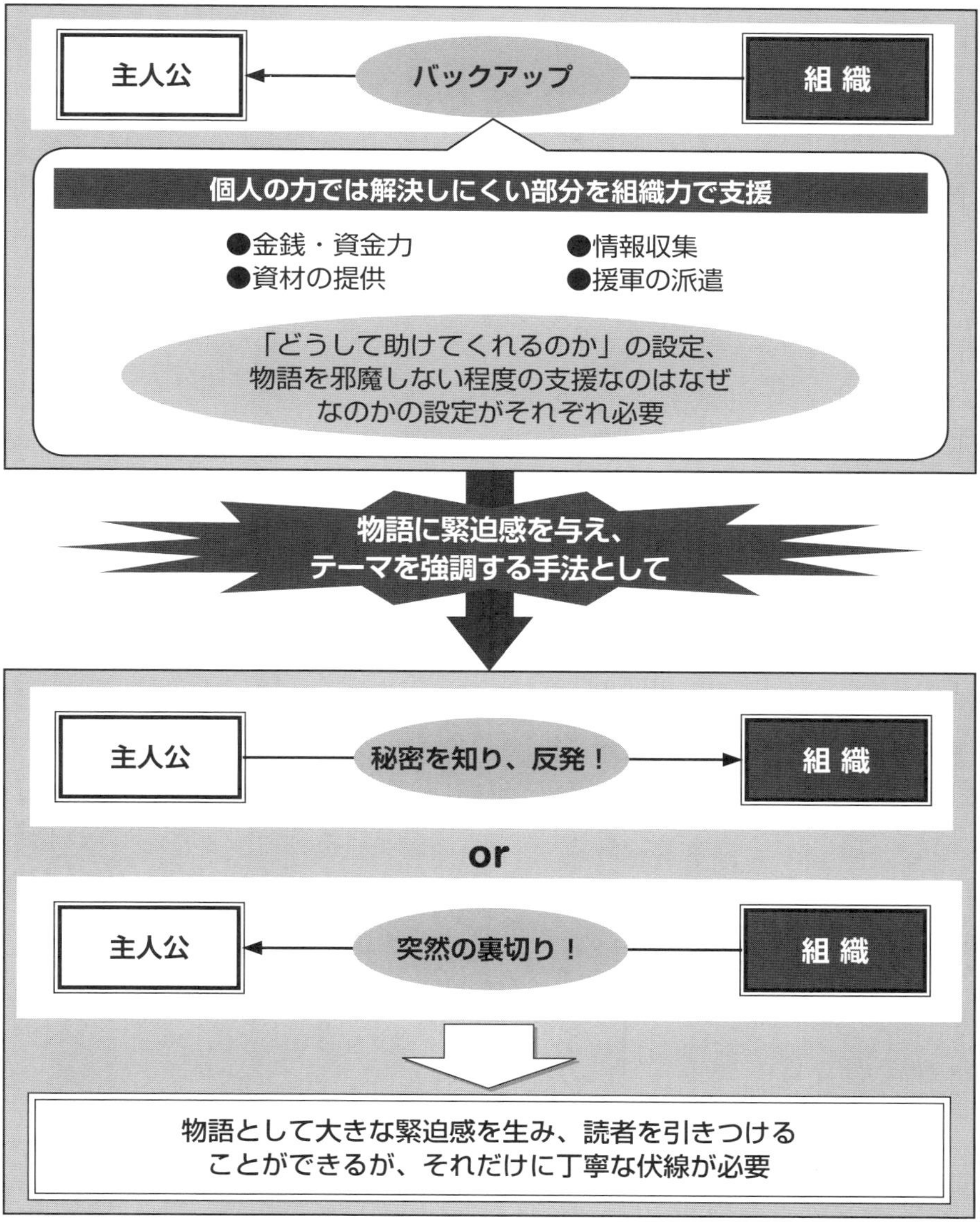

主人公
バックアップ
組織
個人の力では解決しにくい部分を組織力で支援
●金銭・資金力
●資材の提供
●情報収集
●援軍の派遣
「どうして助けてくれるのか」の設定、
物語を邪魔しない程度の支援なのはなぜなのかの設定がそれぞれ必要
物語に緊迫感を与え、
テーマを強調する手法として
主人公
秘密を知り、反発！
組織
or
主人公
突然の裏切り！
組織
物語として大きな緊迫感を生み、読者を引きつける
ことができるが、それだけに丁寧な伏線が必要

❖代表的エンターテインメント（4）ドラゴンクエスト

日本におけるファンタジーの普及には『指輪物語』『ゲド戦記』『ナルニア国物語』といった海外翻訳小説の存在もさることながら、ファンタジー世界を舞台にしたコンピューターゲームの影響が大きかったといわざるを得ない。

その中でも代表的作品の一つが、エニックス社（現スクウェアエニックス社）の『ドラゴンクエスト』シリーズである。主人公を操作して冒険に挑むＲＰＧ（ロールプレイングゲーム）の日本における草分け的存在でもあり、一九八六年のシリーズ第一作発売以来、現在に至るまで高い人気を獲得している。

『ドラゴンクエスト』の特徴としては、「勇者が長い旅の中で成長し、ついに魔王を倒す」という物語スタイルを定着させたのもそうだが、それ以上にユーザーが主人公に感情移入し、なりきって冒険に挑むことを重視していることがある。そのためにこのシリーズの主人公は冒険に挑むための理由付けとして複雑な設定背景（伝説の英雄の息子である、特殊な血筋の生まれである）を持たされつつも、それ以上の個性化はされないのがほとんどだ。

シリーズが進むにつれて旅の仲間たちが個性豊かに喋るようになったのに対し、主人公はゲーム中においてあまり喋らず、言葉といえばユーザーが選択する「はい」「いいえ」くらいのものだ。

結果、主人公がどのようなキャラクター性なのか、ゲームで表現されないところでどんなセリフを喋っているのか、はすべてユーザーの自由な想像力に任せられる。

これは小説では基本的に不可能な表現手法であり（キャラクターの心情を描かずに行間で読ませるのはともかく、セリフまでもすべて想像に任せるのは無理がある）、ゲームならではといっていいだろう。ゲームではできるが小説にはできないこと、またその逆がそれぞれある、というのは重要な着眼点だ。

第五章
現代３）
伝奇・ＳＦ編

現代＋ファンタジー（あるいはＳＦ）という組み合わせには、架空世界を舞台にしては生まれない独特の面白さがある。伝奇的、ＳＦ的作品ならではの魅力はどんなパターンで表現されるのだろうか。

㉜現代の中の魔法

私たちの生きるこの世界に、魔法があったならば……

現代＋ファンタジー＝？

物語の舞台は、現実に私たちが生きるこの現代とそっくりの世界。しかし、そこには私たちの世界には存在していないはずの不思議な力があった——。

この種の現代世界に魔法（あるいは超能力やＳＦ的な超進歩した科学など、とにかくファンタジックで現実離れした存在）を組み合わせた物語のパターンは、**「エブリデイ・マジック」**あるいは**「ロー・ファンタジー」**と呼ばれている。低年齢層向けの小説や漫画などでは非常に人気の高い物語パターンである。特に主人公が学生であったりする場合には**「学園異能」**という呼び方もあるようだ。

ちなみに、異世界を舞台にするものは「ハイ・ファンタジー」と呼ぶが、この場合のローやハイは質の上下を語っているわけではなく、ファンタジー要素と世界のあり方の結びつき具合であることに注意。

読者に身近なファンタジー

このような現代＋ファンタジック要素の作品が好まれるのには理由がある。何といっても**身近で感情移入がしやすい**のだ。

架空の世界を一つ作ってその中で物語を展開させるハイ・ファンタジーは壮大な物語を生み出すことができるが、それだけに読者にとっては縁遠い、なじみにくいものになりかねない。世界設定について延々と語られるのは苦手だ、という読者も少なくない。

しかし、現代世界を舞台にすることでそうした敷居の高さはかなり打ち消すことができる。「平凡な現代の少年が魔法に目覚めて……」というストーリーは読者にとっても**自分に重ねやすい**ものでもある。そうでなくても、よく知っている現代という場所で激しいバトルが行われている、隠された秘密がある、というのは非常に面白い要素なのだ。

現代の中の魔法

ファンタジーの類型として

ハイ・ファンタジー
架空の異世界を
舞台にしたファンタジー

↔

ロー・ファンタジー
あるいは「エブリデイ・
マジック」とも

↓

現代社会
読者にとってなじみ深く、
親しみやすい舞台

＋

**各種のファンタジック
な、現実離れした要素**

- 魔法や妖精
- 超能力
- SF 的な超科学
- 妖怪や怪物
- 宇宙人の到来
- 伝説的な武術

など

現代＋ファンタジーの魅力はどこにあるか？

↓

とにかく、読者にとって身近であること！

読者と立場的に近い
キャラクターが事件に遭遇し、
冒険を繰り広げる
↓
憧れと感情移入を招く

読者がよく知っている
世界が、派手なバトルや
アクションの舞台になっていく
↓
現実とのギャップが魅力

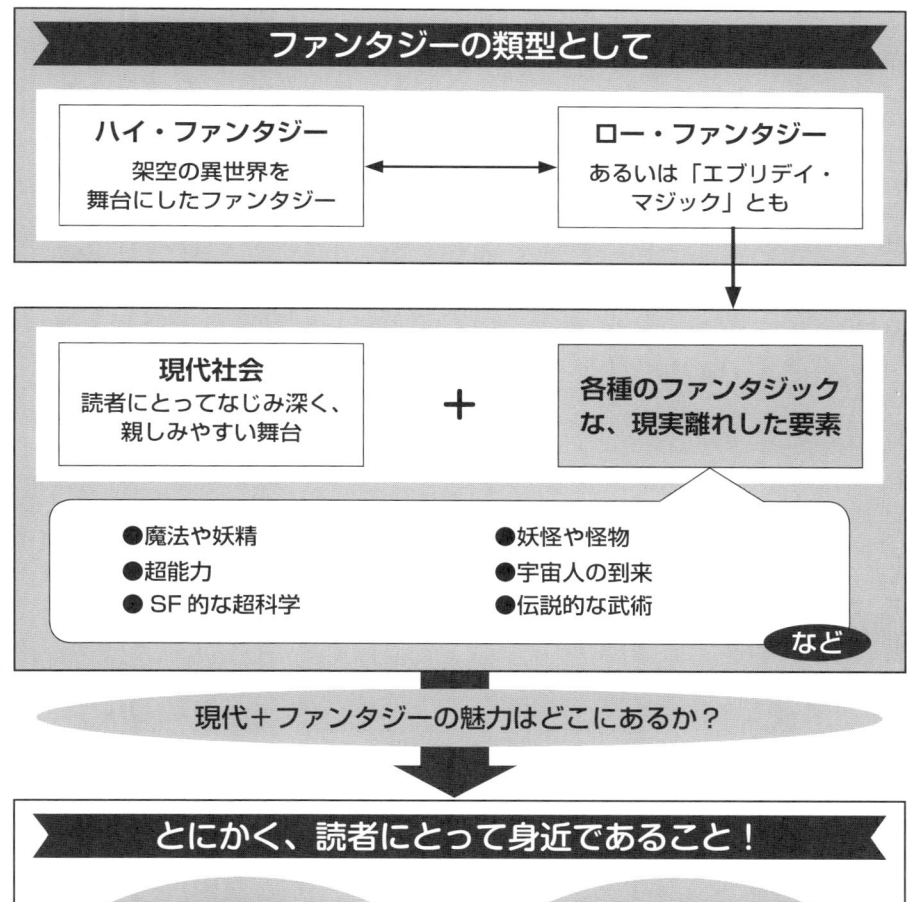

⑧③人知れぬ戦い

人々の思いも寄らぬところで、誰かが今日も戦っている――

知られてはいけない、その理由は

どうして「人知れぬ」ことにするのか。物語上の理由は「そもそもそういうもの」か「人々を巻き込まないため」だろう。「知られてしまうと超能力がなくなる、世界が滅びる」というのもあるかもしれない。

一方、作り手側にも明確な理由とメリットがある。バトルが行われる非日常と、その影響を遮断されている日常の世界を明確に切り分けることで両者の間にギャップが生まれるのだ。日常が穏やかであればあるほど、バトルの激しさとの差がくっきりと現れる。その逆もしかりで、結局両者が引き立てられる。それとは別に、「まったく現実と同じ日常」が読者から親近感を持たれやすいのも見逃してはいけないポイントだ。

また、当初は「人知れぬ」ことにしておいて、やがてそれが崩壊して社会が変わっていくことにも面白さがあるのだが、それは次項で紹介する。

「人知れぬ」さまざまな事情

現代バトルものの定番として、「この世界のどこかで超能力者や怪物によるバトルが行われているんだけれど、人々はそのことに気づいていないんだよ」という設定がある。ここではそれを仮に「人知れぬ戦いもの」と定義して紹介する。

どうして「人知れぬ」のかは作品によってさまざまなバリエーションがある。超能力として「目撃者の記憶を消す」「人を近づけさせない」「超高速で動き回るので一般人の目には映らない」「戦いが終わると時間が巻き戻り、負けたほうは戦った事実や周辺の被害ごとなかったことになる」のかもしれない。敵か味方に巨大な組織（あるいは国家？）があって隠蔽しているのもありそうだ。鏡の中や夢の中、異世界といった一般人が辿り着けない場所に出向いて戦うのならそもそも目撃される可能性がほとんどなくなる。

人知れぬ戦い

「人知れぬ戦い」の構造

- ●主人公はもともと非日常側の人間だった
- ●ヒロインとの出会いで非日常側の存在を知った
- ●事件に巻き込まれて非日常側へ

など

日常 ⇔ 両者は明確に区切られている ⇔ 非日常

- ●魔法や超能力などで知られないようになっている
- ●巨大な組織が真実を隠蔽している
- ●一般人が知りようもない場所で戦っている

どうして隠すのか？

- ●一般人を巻き込まず、守るため
- ●知られると不利なことがあるため
- ●そもそも知りようがないシステムになっている

など

物語上も「隠す」メリットはある

穏やかな日常 ⇔ 激しいバトル

両者が無関係であることで、明確なギャップを作り出し、
それぞれの印象をより濃くすることができる

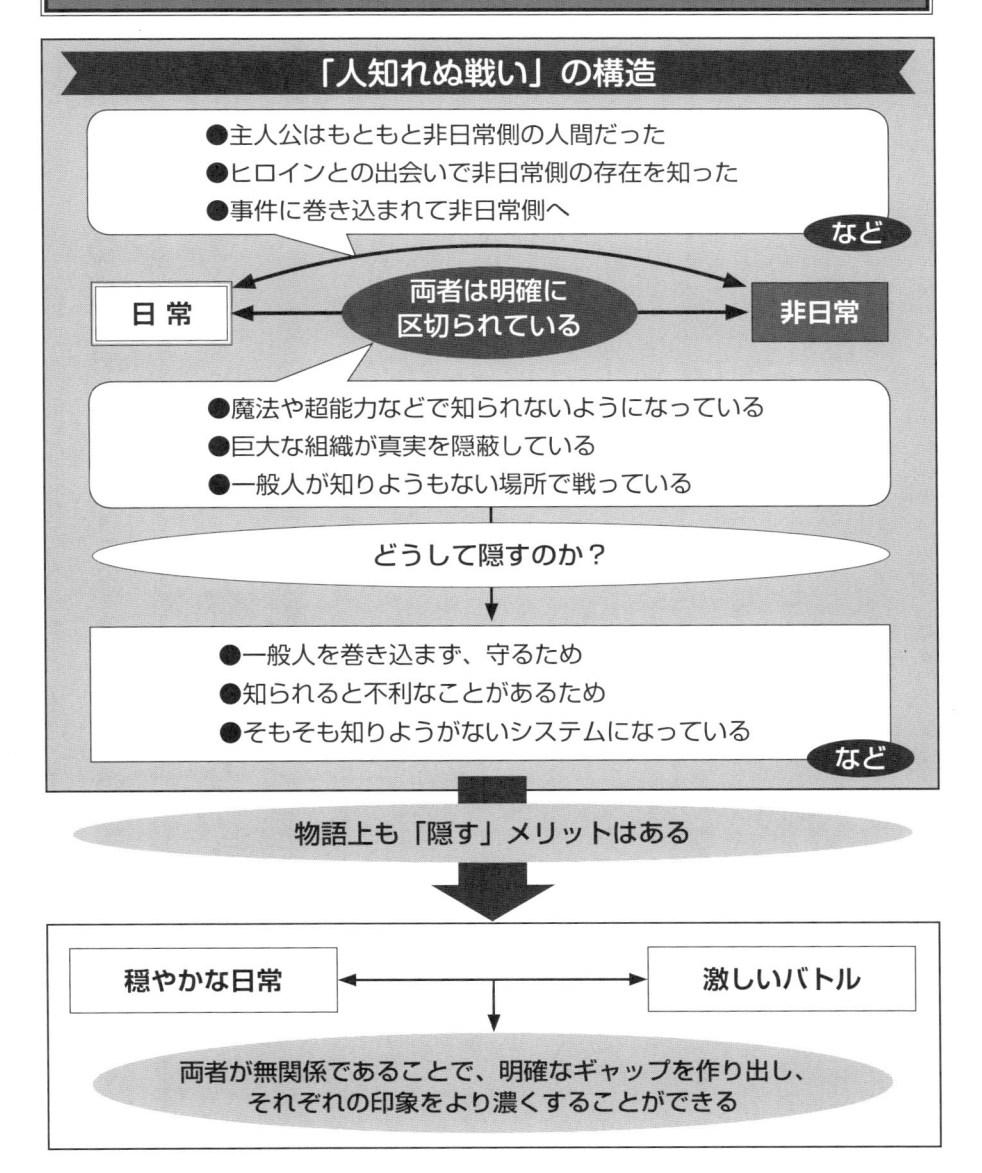

84 崩壊する日常

日常と非日常のギャップを最大限に活かしたい

ある日突然、日常が崩壊し……

前項では日常と非日常がしっかりと切り分けられたパターンを「人知れぬ戦い」として紹介したが、もちろんそうでないパターンも存在する。ここで紹介する**「崩壊する日常」**と名づけたパターンもその一つだ。このタイプの物語においては、日常が急激に、あるいはゆっくりと非日常へ侵食され、崩壊していく。

まず一つのパターンを紹介しよう。たいてい、主人公は日常側の住人で、非日常の存在など知る由もない。ところがある日突然事件にあい、非日常に関わらざるを得なくなる。その事件が「怪物に遭遇する」など主人公しか関わらぬものなら日常を再構築し、「人知れぬ戦い」パターンに移行するかもしれない。しかし「大災害で街が壊滅する」など日常が完全に崩壊してしまうものなら、そこから主人公はどうにか非日常を生きていかなければならなくなる。

人知れぬ戦いを続けるも、やがて……

別のパターンを見てみよう。主人公はすでに非日常の存在を知っていて、「人知れぬ戦い」を繰り広げている。しかし、激化する戦いや情勢の変化などでついに主人公の身の回りの人や社会全体が知るところになってしまう。たとえば、現代社会の陰で怪物が闊歩《かっぽ》していたなどということになれば、それがどれだけのパニックを引き起こすかは容易に想像できるだろう。あるいは、「ゆっくりと無理が出てきて、空気の変化のような形で日常が侵食されていく」でもいい。

このような「日常の崩壊」は、それまでにきちんと日常を描いていればいるほど、**非日常への移行が衝撃的なものになって**、**読者の心を強く引きつける**ことができる。また、日常が崩壊することへの恐怖は同じように「普通の生活」を営む多くの読者にとってイメージしやすく、**感情移入が容易**なのもメリットだ。

崩壊する日常

日常と非日常は常に切り分けられるとは限らない。
むしろ、その間を隔てる壁が壊れていくさまこそが面白い

崩壊パターン(1)

一気に崩壊することもあれば、
主人公だけが非日常を知るパターンも

非日常 → 何らかの事件で巻き込まれる → 日常（主人公）

崩壊パターン(2)

急激に崩壊する悲劇もゆっくり
失われていく恐怖も描ける

非日常（主人公） ← ゆっくりと、あるいは急激に侵食する ← 日常

日常と非日常を扱う際、一番のポイントは「ギャップ」である

崩壊する前の日常をじっくりと描く

崩壊し、切り替わっていく様子に迫力を与える

↓

日常→非日常の変化を、双方のギャップを活かして
ドラマチックに描くことが大事

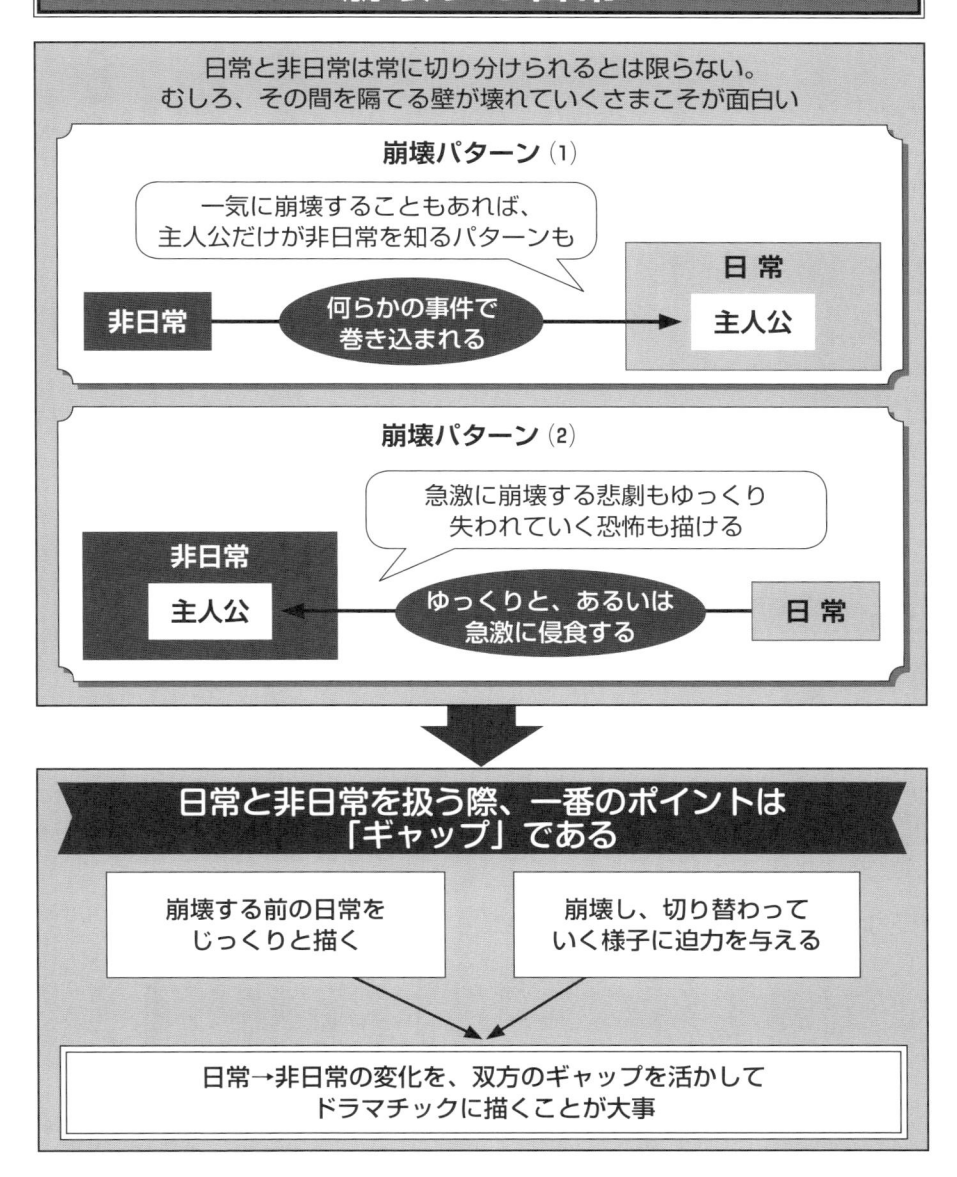

⑧⑤ セカイ系

主人公とセカイが直結され、物語は濃縮される

個人と世界の間には社会があるもの

低年齢層向けエンターテインメントの世界において、二〇〇〇年代を代表するムーブメントの一つとされるのが**「セカイ系」**だ。細かい定義については諸説あり、本書で紹介するのはあくまでその一つと考えてほしい。

セカイ系とそれ以外の物語を分けるものは「社会」の有無だ、という。ごく一般的な物語の形態では、まず物語の中心に主人公及び身近な人たち（ヒロインやライバルなど）がいて、しばしば彼らの戦いが世界の命運を左右するような大事態に発展していくわけだが、**メインキャラクターたちと世界の間をつなぐもの**として普通は**「社会」**がある。たとえば、バトルメインの学園ものなら、主人公たちのバトルと関わっているさまざまな組織、大きくいえば国などがあるわけだ。主人公たちの行動はまずこれらの社会に影響を与え、それが結果として世界を動かしていくのである。

社会を排除し、関係性に注目する

これに対し、セカイ系は**そのような主人公たちと世界をつなぐ社会についてほとんど触れない**物語スタイルであるとされる。先の例でいえば、学園における主人公たちの戦いやヒロインの生死が世界の終焉《しゅうえん》に直結していて、本当ならその間にあるはずのさまざまな組織・集団・国家の描写がほとんど、あるいはまったくない。結果、世界の描写が普通とは違う形になるため「セカイ」とカタカナで表記される、というわけだ。

セカイ系の長所は、**社会というある意味で邪魔な要素を排除して、主人公と周囲のキャラクターたちの関係性に注目できること**だ。社会の欠如はリアリティ不足や物語の奥深さが出せないことにつながりやすいが、これも結局はさじ加減の話になるだろう。「物語で何を重視するか」と考えたとき、「キャラクターの関係性」を最重視したのがセカイ系というわけだ。

セカイ系

セカイ系とは 2000 年代にマンガ、アニメ、ライトノベルなどの低年齢層向けエンターテインメントで注目された物語スタイルの一つ

注意！

セカイ系は名前が先行した概念という傾向が強く、何を持ってセカイ系とするかは人によって大きく違う可能性がある

セカイ系とそうでない物語はどこがどう違うのか？

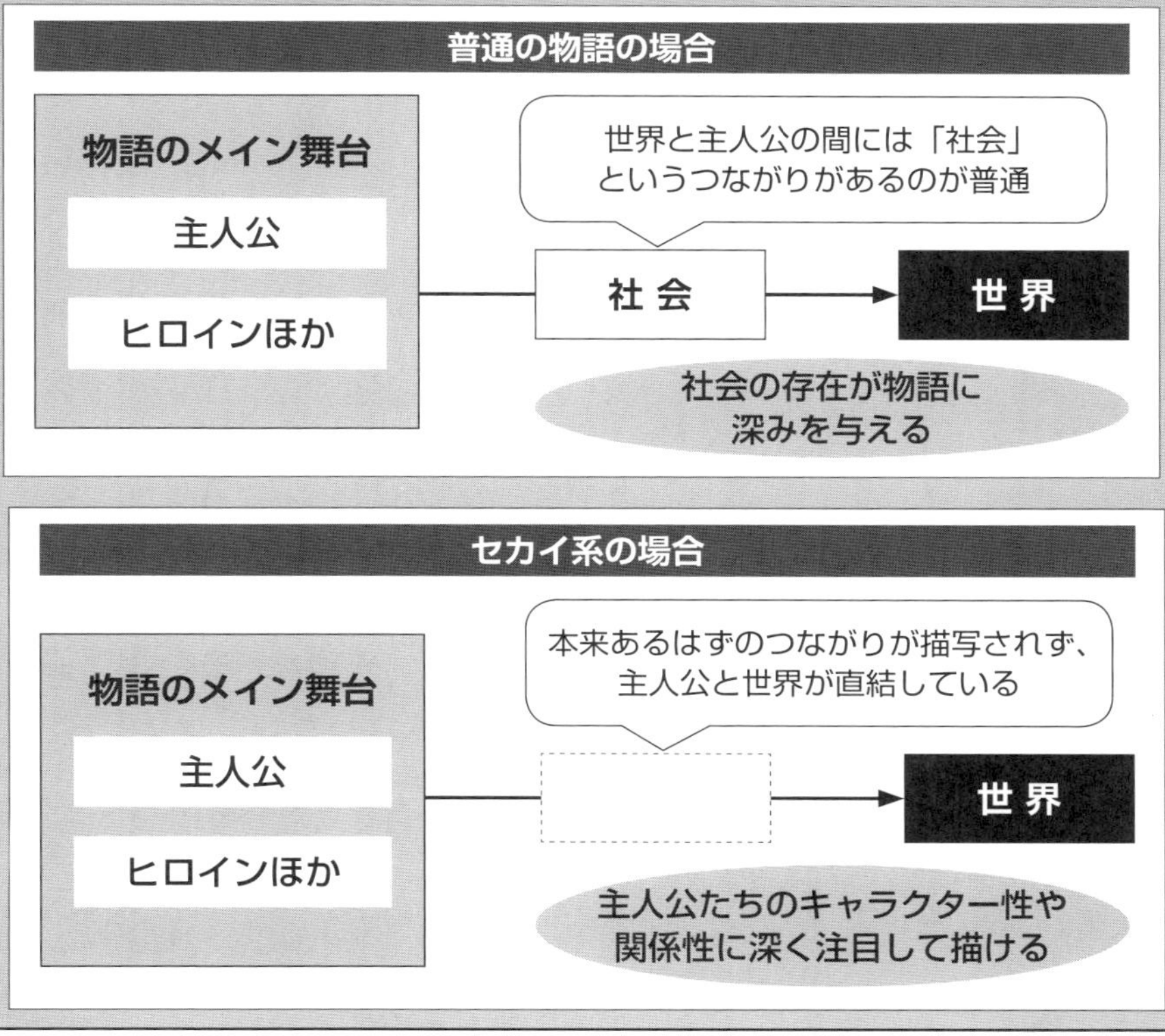

普通の物語の場合
物語のメイン舞台
主人公
ヒロインほか
世界と主人公の間には「社会」というつながりがあるのが普通
社 会
世 界
社会の存在が物語に深みを与える
セカイ系の場合
物語のメイン舞台
主人公
ヒロインほか
本来あるはずのつながりが描写されず、主人公と世界が直結している
世 界
主人公たちのキャラクター性や関係性に深く注目して描ける

⑧⑥ タイムトラベル

過去や未来に飛べはするけれど、自在というには……？

飛んだ先で何をする？

何らかの能力や機械（タイムマシン！）によって**時間と空間を飛び越え、過去や未来に移動すること**——それが「**タイムトラベル**」である。同種の言葉として「**タイムスリップ**」もあるが、トラベルが旅行を意味するのに対し、スリップは滑ることの意で、そのため事故的なニュアンスがつくようだ。

その醍醐味は**現実には知り得ない過去や未来の物事を見聞きし、時には過去や未来そのものを変えてしまうこと**に他ならない。小さな例としては「恐竜の写真を撮ってくる」「新聞を過去へ持ち込み、競馬や競艇で大もうけする」が、大きな例としては「将来大きな災害の原因となる対象を消す（人間なら殺す！）」というものがある。そのような目的を果たすために現在へやってきた未来人と主人公が出会って……というのは非常によく見られるシチュエーションの一つだ。

立ちふさがるタイムパラドックス

タイムトラベルは大変魅力的な物語パターンだが、問題も多い。その代表が「**タイムパラドックス**」だ。たとえば、主人公が過去で自分の父親を殺害したとされる。そうすると、その父親から生まれるはずだった主人公はどうなってしまうのか？　親がいなければ子もいないはずだが、主人公が消えれば父の死という事実も消えるのか？　**矛盾＝パラドックス**が生まれてしまうわけだ。各種のフィクションではこの問題に対して「父が死んで主人公も生まれない、パラレルワールドが新たにできる」や「タイムパラドックスが起きるようなことはそもそもできない」「別の人物が主人公の父になる」などの解法が示されている。

このように難しい問題もあるが、逆に言えばそれだけ考え甲斐《がい》があり、また読者を驚かせる余地のあるのがタイムトラベルというテーマなのだ。

タイムトラベル

タイムトラベルとは時間と空間を自在に移動すること

勝手に過去や未来に飛ばされてしまう場合には「タイムスリップ」とも

過去や未来から何者かが現れて主人公と出会い……というパターンも

過去 ⇄ 現在（主人公） ⇄ 未来

機械や超能力、魔法などを活用して、過去や未来へ！

- **ささやかな行動**
  →過去や未来の情景を見てくるだけ
- **それほどでもない行動**
  →過去や未来の知識を利用して大もうけ！
- **重大な行動**
  →殺人など、歴史を変えてしまうようなことをする

タイムトラベルは物語で扱うにあたって問題も多い

タイムトラベルにつきものなのが「タイムパラドックス」問題

例：過去で父親を殺したら、現在の息子は消えてしまうのか !?

↓

パラレルワールド化する、歴史は変えられない、など

他にも……

- 未来へのタイムトラベルでも、「知るはずのないこと」を現代人が知ったら歴史は変わるのでは？
- 過去でやったささやかなことがバタフライ効果（蝶《ちょう》の羽ばたきが巡り巡って台風に……）で大きな改変に !?

など

87「ｉｆ」の歴史もの

もし歴史が変わっていたら、
私たちはどんな生活をしていただろうか？

ｉｆ＝「もし」は面白い

時代としては私たちのよく知っている現代で、同じような人々が暮らしているのだけれど、何か少々事情が違う――「昭和が終わらずに今年は昭和八十年」「太平洋戦争で日本が勝利して軍国化継続」「本能寺の変で死ななかった織田信長《おだのぶなが》が織田幕府をつくり、大筋の歴史は変わらなかったけど細かいところがいちいち違う」「魔法と科学が融合して発達」「エルフやドワーフなどの異種族が現実に存在し、人間たちと共存している」などなど。

このように、歴史のどこかが現実と違ってしまった**「もしかしてこうだったら」の世界を舞台にした物語群**を、ここでは**「ｉｆ（もし）」の歴史もの**、として紹介する。実際、身近な世界が「ちょっとだけ」変わってしまった、というのは読者にとってもイメージがしやすくワクワクする題材なのである。

面白く変えなければ意味がない！

「ｉｆ」ものでこだわるべきポイントは、何といっても**「歴史をどこでどう変えるか」**だ。ここに独創性がなければ、わざわざ歴史を改変する必要がない。現実そのままか、いっそまったくの架空世界にしてしまったほうが読者にとってなじみやすく、書き手も書きやすい。現実をベースにする以上は、「ここを変えたんだからここも変えないとおかしい。となるとここは……」という具合に整合性を取るために一苦労することにもなり、そのためにも最初のワンアイディアが重要なのだ。

どのタイミングで「違い」を見せるのかも重要なポイントだ。冒頭から「大きく違った世界」を情景描写もふんだんに入れて見せていくのか、少しずつ（元号の違い、衣食住や交通機関など人々の生活の様子など）違いを見せていくのか考える必要がある。

「if」の歴史もの

現実の現代

- 反重力技術が発見され、空を飛ぶのが普通なら？
- 第二次世界大戦に勝利し、大日本帝国が健在なら？
- 巨大な怪獣の出現が当たり前になっているなら？
- 科学の代わりに魔法が発達していたのなら？

もし歴史が変わっていたなら

「if の歴史」

「if の歴史」の面白さはどこにあるのか？

現実と改変された歴史の「ちょっとだけの違い」が読者の興味を引きつける上、基本的には現実とあまり変わらないことで感情移入もしやすい

どこを「ちょっと変える」のかが物語の質を決める

注意すべきポイント⑴

世界全体の整合性を取れるか？

↓

例：怪獣が当たり前の「現代」はシェルターが発達するなど、現実の現代とは少なからず違うはず

注意すべきポイント⑵

世界の「違い」をどこで見せるか？

↓

例：冒頭でいきなり見せていくのか、少しずつ見せて読者の違和感を増大させていくのか？

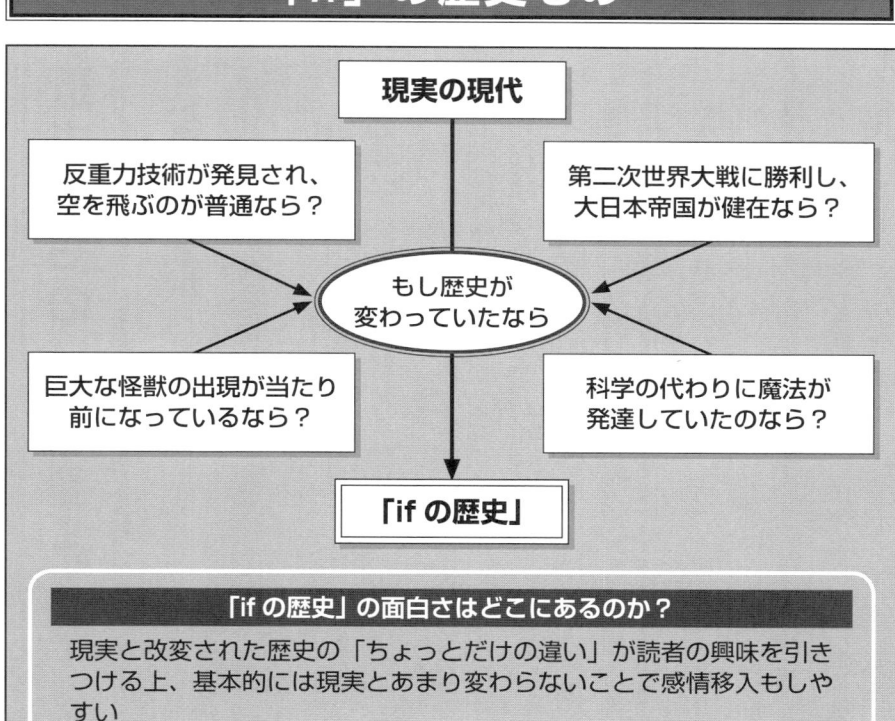

⑧⑧ 近未来もの

時計が進めば世界も変わる。文明は進歩するが、社会は――？

未来には何が現れているか

人類が地球を巣立ってその周辺環境をがらりと変えてしまうほど遠くない未来――近いところでは数年、遠くても数百年くらい先の未来を舞台にした物語群を、ここでは大雑把にまとめて**「近未来もの」**ととらえ、紹介したい。

時代を近未来に設定することの意味は、各種テクノロジーや政治的状況などをある程度作者の自由にできることだ。近現代の技術の進歩や、政治・社会情勢のめまぐるしさには驚異的なものがある。古代や中世なら百年単位、十年単位で進んだものが、現代では一年単位どころか数ヵ月単位で変わりかねない。

逆に言えば、あなたの描きたいものが、高度に発達したモバイル機器を活用したゲームとか、反重力で浮かぶ巨大な都市とか、第三次世界大戦などなど、現実の延長線上ではあってもまだまだ存在していない物事であったとしても、時計を未来へ進めれば十分な説得力が生まれ得る、というわけだ。

あなたのイメージを未来に叩きつけろ

近未来といっても現実に立脚している以上は、**ある程度リアリティにはこだわってほしい**。しかし、逆に言えば時間の経過によって変わってしかるべきレベルであればどんどん変えていい、むしろ変えるべきだ、ということでもある。実際、（社会情勢はともかく）技術レベルについては「百年後こうなるだろう」という種類の予想はほとんど当たらない（昔の少年雑誌の「未来予想」は今や新鮮でさえある）のだから。

あなたの書きたい物語にふさわしい近未来、あるいは新聞やテレビ、新書などで目にした技術や社会情勢から**「こういうものが出てきてもいいんじゃないか」「未来はこういう風になるんじゃないか」**というイメージを物語に盛り込んでいくべきなのである。

近未来もの

実際問題として、近現代の社会は過去からすると
比べものにならないほど急激な変化を続けている
↓
**書き手の都合に合わせて時代の時計を進めれば、
ある程度説得力のある「書きたい世界」を作り上げられる**

技術の進歩

- ●進歩したゲームやスポーツの登場
- ●巨大であったり浮いていたりする構造物の登場
- ●サイバー技術（身体の機械化）やロボットの出現

など

現在 → 変化 → 未来

社会の変化

- ●第三次世界大戦が勃発!?
- ●国のありようが変化して地球連邦が出現！
- ●風俗や文化、価値観などが良化／悪化

など

現実に立脚する以上、ある程度読者の目が厳しくなるのは当然。整合性を取っていく努力は必要

とはいえ →

作り手のイメージする夢の（あるいは悪夢の）未来を描いていくことの方が重要。自分のアイディアを大事に

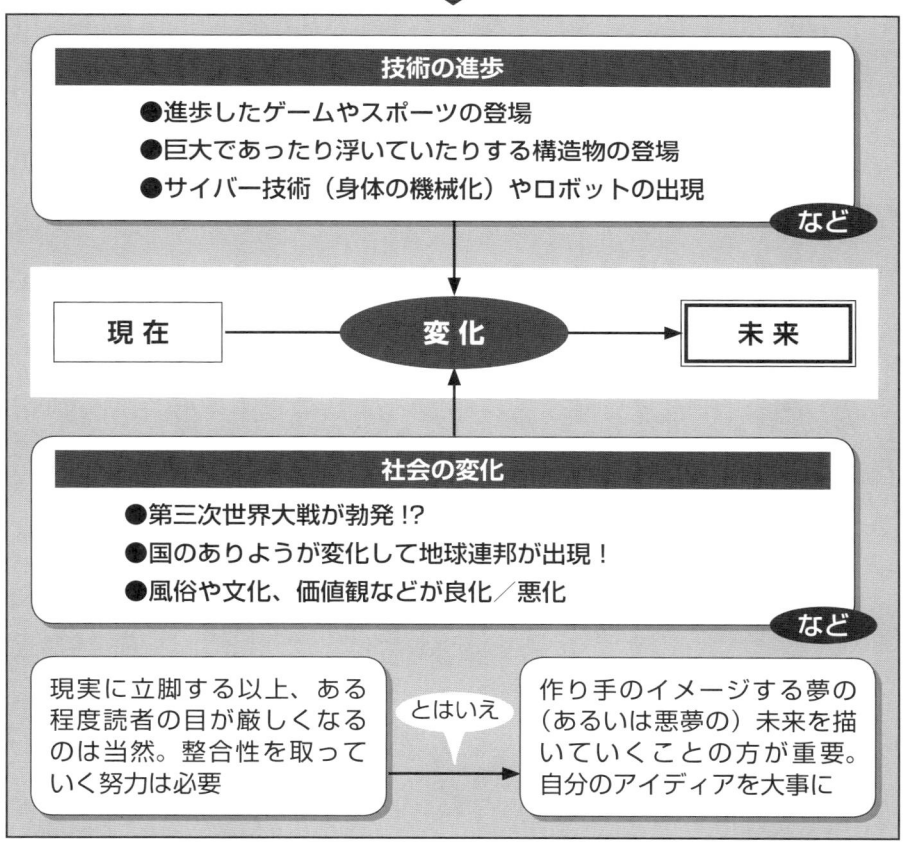

89 サイバーパンク

サイバネティックス＋パンク＝サイバーパンク

サイバーとパンク

サイバーパンクは近未来ものSFの一ジャンルである。サイバーは人間の体の一部あるいは全部を機械・人工物に置き換える**義体技術**のこと。パンクは**抑圧的な社会への反抗**のこと。

物語世界においてはしばしば強力な国家や企業体が世界を支配しており、さまざまな陰謀を企んでいる。これに対し、アウトロー的要素を持つキャラクターが陰謀に立ち向かい、反抗するさまを描くのがサイバーパンクの王道的展開の一つになっている。

また、身体のサイバー化、高度なAＩ（人工知能）を持つロボットの登場、コンピューターネットワークの拡大は時に人間の自我にまで影響を与える。たとえば、脳を含む体のほとんどを機械に変えた時、その人物は人間なのかロボットなのか——これらのテーマも、サイバーパンクで好んで描かれるものだ。

時代を写す鏡

近未来ものの多くがそうであるように、サイバーパンクも現代の写し鏡として書かれることが多い。公害が社会問題であった時代は酸性雨が強調され、日本が経済面で世界を席巻していた時代には金で世界を支配する日本企業が登場し、という具合だ。

では、今の私たちがサイバーパンクで描くべきテーマは何だろうか。科学技術はいよいよ発展し、人間のサイボーグ化や人間に近い反応を見せるAＩなどが日常生活に姿を見せるようになった。一方で社会の面では日本の経済的停滞が長引く一方で、世界的傾向として格差の拡大が目立ち、過激な政治的主張をする者たちが各地で台頭するようにもなっている。これらの**「現代」の写し鏡**として、どんな世界を作り出すか。その舞台で登場人物たちにどんな活躍をさせるか。それこそがキモになる。

サイバーパンクもの

サイバーパンクとは？

主に近未来を舞台にしたSFの一ジャンル

サイバー ＋ **パンク**

サイバー：人間の身体を機械や人工物で補う義体技術

パンク：既存の政治体制や社会への反発・犯行のメッセージ

↓

アウトローの活躍や巨大企業の陰謀、高度な知能を得た人工知能、サイボーグの揺れる自我など

近未来SFは現代の写し鏡。サイバーパンクは何を写すのか？

↓

20世紀のサイバーパンク

- **科学技術のマイナス面が協調**
  →公害や実験材料にされる貧乏人など
- **企業の勢力拡大、社会の変質**
  →企業が国家を超える存在になる

など

21世紀のサイバーパンク

- **長く続く日本の「失われた」時代**
  →日本という国のさらなる停滞？
- **サイバー技術、ネット技術の一般化**
  →人間と機械の境目はどこにあるのか？
- **格差拡大、過激派の世界的躍進**
  →既存の社会形態が崩れる？

など

⑨⓪遠未来もの

遠い未来、地球は、人類は、どうなっているのだろうか？

遠い、遠い、遠い未来……

近い未来を舞台にした物語があるのであれば、より遠い未来を舞台にした物語だってあって当然だ。

何百年、何千年、何億年という未来に、人類はどのような歴史と社会を形成しているだろうか。惑星間・恒星間の移動技術を確立し、その版図を広げているだろうか。その場合、地球の存在は伝説的・神話的な母星として語られているのか、なお人類の首都になっているのか、いっそ完全に忘れ去られているのか。

あるいは、いまだに母なる地球に縛られている可能性もある。技術を確立することができなかったのか。内紛や外からの侵略者のせいで余裕がなかったのか。一度は地球から飛び立ったのだが、結局戻らざるを得なかった……というのもあるだろう。ファンタジー風世界なのだが実はそれは一度滅びた人類が再生した結果でここは地球だった、などの展開も面白い。

遠未来と今のつながり

近未来ものが基本的には現実の延長線上にあるのに対し、遠未来ものの多くは現実のくびきから離れ、ほとんど架空世界ものに近くなることが多い。物語の主な舞台が地球でなかったり、あるいは地球が舞台でもあまりにも時がたちすぎて地形や国家、社会の在り方がガラッと変わってしまった後であることがほとんどだからだ。

ただ、まったく何の関係もないとわざわざ遠未来にする意味がないので、何らかの形（祖先の話をしたり、現在の文化が伝わっていたり……など）で関係をにおわせると読者の気持ちをくすぐれるだろう。その場合、完全な形で話が残っている可能性は低い。「20世紀の日本はサムライの国だった」などのようにねじ曲がって伝わる方がむしろリアルだし、そのことが物語に影響を与えると面白い。

遠未来もの

遠未来ものとは？

現 在 ―― 何百年、何千年。いっそ何万年…… → 遠未来

近未来ものよりはるかに時間が経過しているのがポイント！

↓

- ●人類は地球から遠く離れて、宇宙国家を作っている？
- ●さまざまな宇宙人たちと交流・対立している？
- ●人類はまだ太陽系、あるいは地球に縛り付けられている？
- ●むしろ文明が一度滅んでまったく違う世界になっている？

近未来ものとの違いは……

近未来もの
現在と地続きで、
関係性が深い

↔

遠未来もの
宇宙へ進出していたり、
地球の地形が変わっていたり

遠未来ものは架空世界ものと考えた方がおそらく作りやすい

どんな設定が面白いだろうか

アイディア①
人類は地球を遠く離れ既に伝説になっている
↓
地球時代のことはどんなふうに伝わっている？
間違いや勘違いがあった方が面白い

アイディア②
人類は地球を中心に宇宙国家を作っている
↓
他の種族や星との関係はどうか。地球は今どんな風になっているのか

アイディア③
一度地球から離れていた人類は、再び地球へ戻った
↓
何が原因だった？
今どうなっている？
過去の痕跡は地球に残っている？

㉑アフター・ホロコースト

世界が滅び、文明が灰燼《かいじん》に帰しても、人間たちはたくましく生きる

ホロコースト？　アポカリプス？

近未来ものの一種に、「アフター・ホロコースト」（あるいは「ポスト・アポカリプス」）と呼ばれる物語パターンがある。ホロコーストは大虐殺、アポカリプスは黙示録の意味だ。すなわち、**破滅的な大破壊が起きてしまったあと、それでもなお生きていこうとする人々を描いていく**のがアフター・ホロコーストなのだ。

最も有名なアフター・ホロコースト的作品は、漫画だが原哲夫《はらてつお》・武論尊《ぶろんそん》『北斗の拳』だろうか。核戦争で人類が築き上げた文明はそのほとんどが消滅し、生き残った人々は残されたわずかな食料・生活圏を巡って争うようになった。銃に代表される科学技術に裏打ちされた兵器がほとんど姿を消した中、ものをいったのは原始的な武器と鍛え抜かれた武術だった——という『北斗の拳』のストーリーは、アフター・ホロコーストもの作品の王道といっても過言ではない。

苛酷な環境と、滅びない人間性

アフター・ホロコーストのキモは、**登場人物たちを取り囲む苛酷な生活環境**にある。核戦争後の世界なら放射線と核の冬（舞い上がった粉塵《ふんじん》が太陽光を遮断する）が、生物兵器や病気なら環境の汚染が、ロボット兵器の暴走なら人類を脅かす敵の存在が、どうにか生き残った人々を脅かし続ける。このように厳しい環境の中では人々の心もまた荒廃して当たり前だし、本来優しい人であってもしばしば「自分を守るか、他人を守るか」という究極の二者択一を迫られることになる。

逆に言えば、それだけ過酷で悲劇的な環境であればこそ、**人間が本来持っているたくましさや善性というものが強烈に表出**し得る、ということでもある。過酷な環境とその中でなお失われない人間性こそが、アフター・ホロコーストものの最大のテーマといえる。

アフター・ホロコースト

ホロコースト：大虐殺

↓

アフター・ホロコースト：一度破滅した後の世界を描く物語

現在（近未来）

むしろ現代より技術が発展していて、そのせいで破滅につながることも

何らかの原因で人口が激減し、文明が崩壊！

- 核爆発
- 地震や津波など災害
- 病気や環境の汚染
- 兵器の暴走

など

↓

アフター・ホロコーストの世界

苛酷な環境

現代とは比べ物にならないほど厳しい環境、生きていくだけで大変な時代を登場人物たちはどう生きるのか？

露になる人間性

環境が厳しければ厳しいほど、むしろ人間性やたくましさ、人間本来の魅力が表れやすくなるもの

↓

現代と直接つながった舞台を過酷な環境に変貌させることで物語としてのインパクトと人間性というテーマに迫る

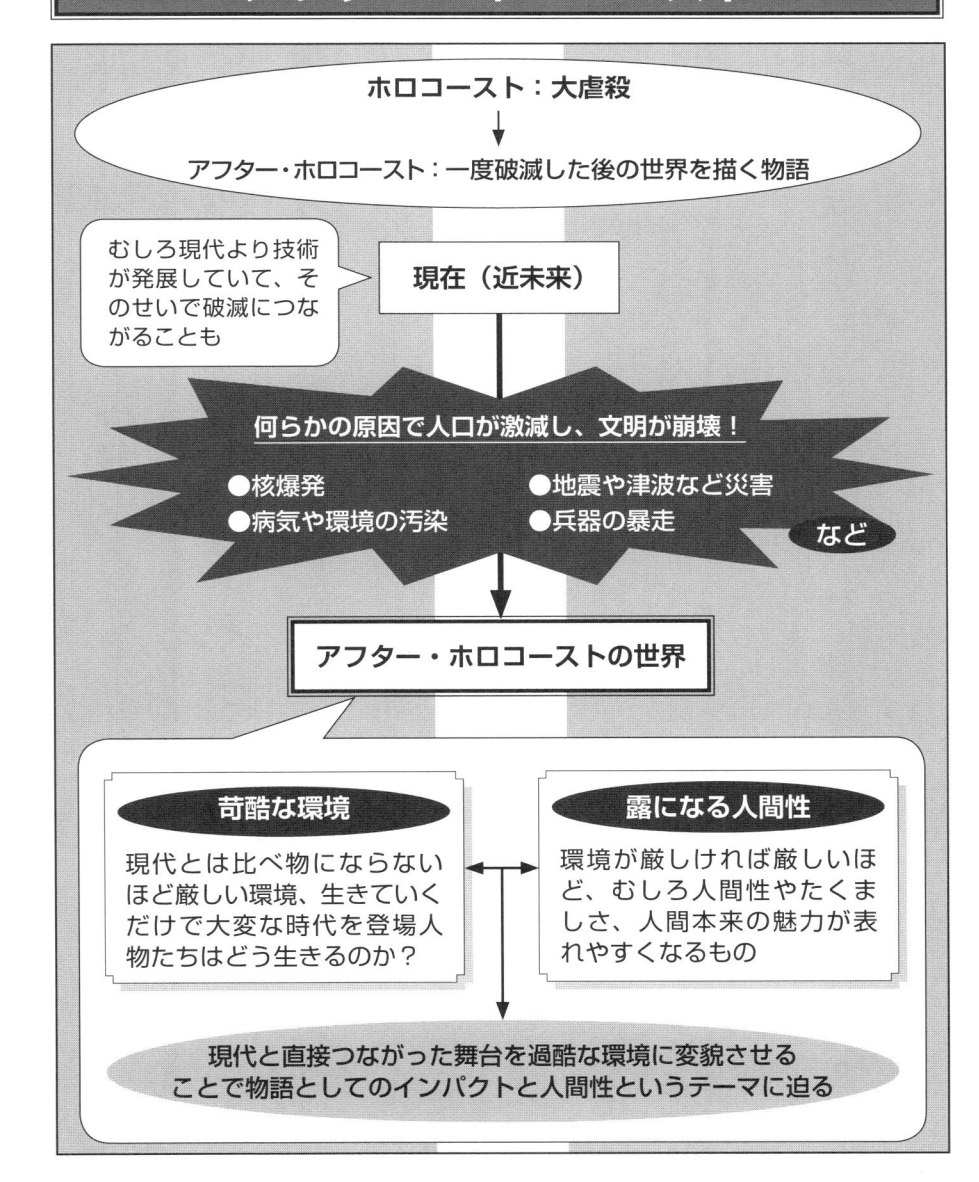

92 パラレルワールド

世界の可能性は無限に広がっている

もし並行世界《パラレルワールド》があったとしたら

私たちが住んでいるこの世界の隣に、違う歴史を辿ったもう一つの（そして、それ以上の）世界があるかもしれない、と考えたことはあるだろうか。それが「パラレルワールド」である。あるいは「並行世界」ともいう。

パラレルワールドは私たちの住む世界とまったく一緒で、ただある人物の性別が逆とか、誰かが死んでいるとか、小さなことだけが違っているかもしれない。あるいは「『ｉｆ』の歴史」くらいに大きく違っているかもしれない。さらにいえばそもそも「地球に人類が生まれず、代わりにまったく違う知的生命体が生まれているかもしれない。パラレルワールドの可能性を無限と解釈するなら、実は私たちがフィクションと思っているさまざまな物語も、パラレルワールドの一つとして存在するのかもしれない。

パラレルワールドからの物語

パラレルワールドを物語に活かすにあたって最もシンプルなのは、主人公が別の世界へ行ってしまうことだ。異世界往還型のファンタジーに近いが、自分の暮らしてきた世界と何かしらの共通点があれば、そこからのギャップが増幅されて驚きにもなる。

主人公がパラレルワールドでもう一人の「自分」と出会う、というのも面白い。その自分は性格が正反対であったり、性別が逆であったりして、ある種の禁断の恋愛に発展することもあるだろう。

あるいは、多様なパラレルワールドから集まってきた人々がチームを組んで、パラレルワールドの植民地化や破壊を狙う敵と戦う、というのも定番の一つである。彼らの世界にはそれぞれ固有の特徴があって（住人全員が空を飛べる世界、など）、それがそのまま各キャラクターの特殊能力になるわけだ。

パラレルワールド

パラレルワールドとは何か？

量子力学的理論に基づき、さまざまな世界があるという考え方

量子力学の「エヴェレットの多世界解釈」によれば、
世界は可能性ごとで無限に枝分かれする、とされる

パラレルワールド ← 主人公たち本来の世界 → パラレルワールド

どんな「可能性」のパラレルワールドがあり得るのか

- 現実と基本的には同じだが、ほんの少しだけ違う
  →身の回りの誰かが死んでいる、性別が違う
- 歴史上のどこかで大きな変化が起きている
  →「if の世界もの」の世界も、パラレルワールドかも？
- フィクションとまったく同じ世界が実在 !?
  →作者がその世界に行ってしまうメタフィクションも

など

↓

パラレルワールドを活用した物語パターンとして

ちょっとだけ違う世界

主人公は自分が住んでいるのとは少しだけ違うパラレルワールドに紛れ込む

↓

「少しの違い」はキャラクターの成長やテーマにつながる

パラレルワールドの戦士

多様な世界から多様な能力や価値観を備えたキャラクターたちが集まって冒険へ！

↓

物語のスケールが大きく、キャラクターもバラエティ豊かに

㉓ ユートピア

理想郷の名は「どこにもない場所」!?

苦しみのない場所へ行きたい

ユートピアとは**理想郷**のことである。具体的にどのような場所なのかはさまざまなバリエーションがあるが、**「老いや病に苦しめられることがない」「争いや戦争、憎しみがない」「貧富の差がない」「税金がない」**といったあたりがポピュラーだろうか。

人類の文明が発展した末に待っているはずの、苦しみなき未来の姿というのが一般的なイメージと思われる。それ以外にも、現代の都市という大きな共同体では実現し得ないけれど、都市の中の小集団や地方の村落、ファンタジックな世界を舞台として、ユートピア的集団が描かれることが多いようだ。

それはどこにもない場所？

ところで、ユートピアの語源をご存じだろうか。これは16世紀イギリスの思想家トマス・モアが著作のタイトルのためにラテン語から造語した言葉で、**「どこにもない場所」**を意味する。そう、ユートピアは結局どこにもない、理想上の存在にすぎないのである。あなたがただファンタジックに理想の世界を描こうとするのではなく、地に足のついた物語を作り上げたいのであれば、このことを忘れないでほしい。

それでもなお物語の中にユートピアを出現させようとすれば、どこかに無理が出てくるだろう。たとえば、住民たちが本来持っているはずの自由意志を何らかの形で縛り、形だけの「理想」を実現させようとする、などの形だ。このような社会こそが、次項で紹介する「ディストピア」である。

未来に待つ薔薇《ばら》色の理想社会を信じる人が少ないであろう現在では、ユートピア的なものをそのまま描くのは難しい。むしろ、**理想郷の陰に潜む問題や陰謀、それでもなお理想郷を作ろうともがく人々**の姿をリアルに描いた方が成立しやすいだろう。

ユートピア

ユートピア

「どこにもない場所」を語源とする理想郷

いつまでも老いや病に
苦しまないですむ

戦争や争いによって
脅かされることがない

人間関係などのストレスが
なく、幸福でいられる

気候が常に安定し、
酷暑や極寒もない

など

どんな場所ならユートピアは実現し得るか？

- 科学技術が発展した未来
  →科学の力は人類からあらゆる悩みを消し去った !?
- 都市の中、あるいは地方の小集団
  →外敵から隠れた小さなグループにはささやかな平穏が
- ファンタジー世界の天国や妖精たちの住処
  →魔法の力で、中にいる間は永遠に幸福でいられる

など

本当にユートピアは実現し得るか？

「どこにもない場所」であるユートピアを作り、
維持しようとすれば絶対にどこかで無理が出る

小さいから成立していた
コミュニティは、人数が
増えて崩壊する

無理な力で住民を縛れば、
ユートピアではなく
ディストピアになる

94 ディストピア

理想郷の裏返しこそが地獄である

ユートピア論と現実を風刺する

ディストピアは**ユートピアに対する不信と失望**から生まれた概念である。

もし理想的社会を築こうと思っても、物事は理想通りには進まない。ルールの押しつけをしなければならなくなる。個人の思想・信教・行動の自由は剥奪され、特定の価値観に従って行動することが強制されるわけだ。法律や権力、密告の奨励やスパイ網の整備などによって徹底されるだけならまだいいが、場合によっては薬物投与や科学・魔法による洗脳にすら発展する。

こうした国も最初は理想社会を作ろうということだったはずで、実際に表面的にはユートピアが成立しているが、実態的にはまったく逆の、暗黒の社会ができあがってしまう。この**皮肉さ**、**現実における政治を風刺する面白さ**が、物語におけるディストピアの魅力であろう。

地獄のような世界だからこそ、心が輝く

「アフター・ホロコースト」（200ページ）において、荒廃した世界の中でなお燦然《さんぜん》と輝く人間性が重視されたように、ディストピアにおいても**「圧制下でも消えない人間の心」**が物語の重要なテーマとなる。

為政者の圧制に対抗するべくレジスタンスが組織され、秘密警察やロボット兵器に追われることになるだろう。本来は取り締まる側だったはずの人間が社会の歪みや間違いに気づいてレジスタンスに身を投じることになるかもしれないし、逆にレジスタンス側から自らの利益のために体制側へ寝返るものも出るだろう。取り締まる側は狂信的な理想論者かもしれないし、実は自分の利益のために理想を語っているのかもしれない。心を持たないコンピューターがただ機械的に政策を実行しているというのも、「心」というテーマを際立てるうまい手といえるだろう。

ディストピア

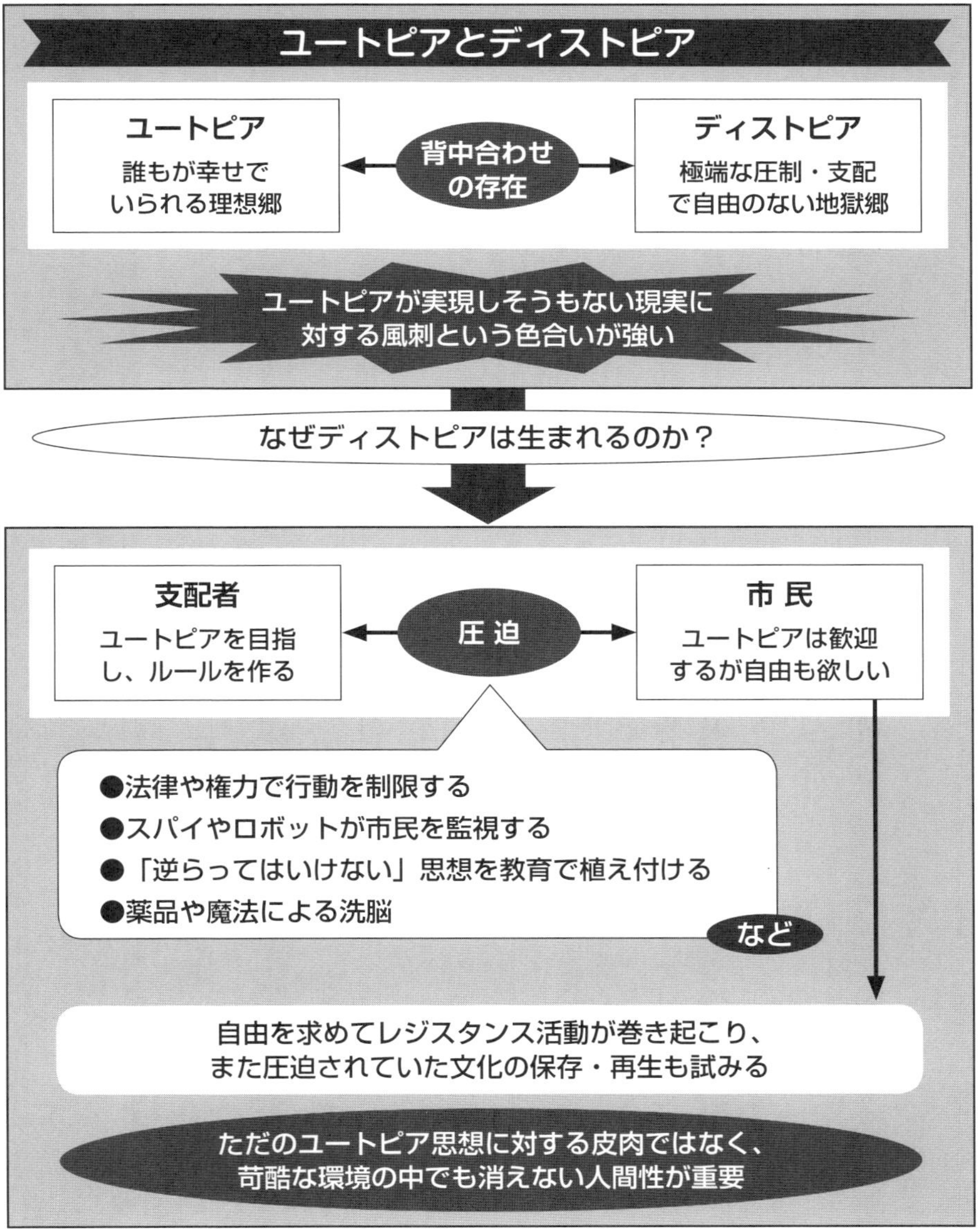
ユートピアとディストピア
ユートピア
誰もが幸せでいられる理想郷
背中合わせの存在
ディストピア
極端な圧制・支配で自由のない地獄郷
ユートピアが実現しそうもない現実に対する風刺という色合いが強い
なぜディストピアは生まれるのか？
支配者
ユートピアを目指し、ルールを作る
圧 迫
市 民
ユートピアは歓迎するが自由も欲しい
●法律や権力で行動を制限する
●スパイやロボットが市民を監視する
●「逆らってはいけない」思想を教育で植え付ける
●薬品や魔法による洗脳
など
自由を求めてレジスタンス活動が巻き起こり、また圧迫されていた文化の保存・再生も試みる
ただのユートピア思想に対する皮肉ではなく、苛酷な環境の中でも消えない人間性が重要

⑮ デス・ゲームもの

それは生命をかけて争う、「遊戯」

ゲームは、命がけ

デス・ゲーム。直訳すれば**「死のゲーム」**だ。文字通り、本来はゲーム（遊戯）だが、与えられた試練に失敗したり他の参加者との勝負に負けたりした場合に大きなダメージを与えられ、場合によっては死んでしまうようなシチュエーションのことを言う。プレイヤーたちは競争・殺し合いを強制されることもあれば、協力して脱出しようとすることもある。プレイヤー同士の心の交流や疑心暗鬼も見どころの一つだ。

多額の借金を背負った若者が大金をかけてゲームに挑む『カイジ』シリーズや、孤島に閉じ込められた中学生たちが殺し合わされる高見広春《たかみこうしゅん》『バトル・ロワイアル』、猟奇殺人鬼に閉じ込められた犠牲者たちの物語を描く映画『ＳＡＷ』などがエポックメイキングな作品として知られる。以後もさまざまなタイプのデスゲームものが発表され、人気を博してきた。

仕組み、駆け引き、不条理

デス・ゲームと言えどゲーム、つまり本質は遊戯だ。そのため、**仕組み（ギミック）の面白さ、駆け引きの面白さ**が重要になる。

一見してクリア不能なゲーム、クリアに多大な犠牲を払いそうなゲームを、どのように攻略するか？　逆に、簡単そうに見えるゲームの裏にどのようにデス・トラップを仕掛けるか？　そして、プレイヤー同士の騙しあい、出し抜きあいをどんな風に演出するのか？これが重要になる。

ただの遊びに命を懸けさせられる不条理さもデスゲームものの特徴だ。その不条理さを活かすためにも、一見して滑稽なゲームやゲーム管理側の登場人物を出し、そこからあっけなく殺されるプレイヤーなどの演出につなげると、落差によって非常な恐怖、驚きを読者に与えることができるだろう。

デス・ゲームもの

通常の「ゲーム」

あくまで遊戯であり一般的に命の危険などはない。ゲームへの参加も本人の意思によるのが普通

→

デス・ゲーム

何らかの報酬や条件と引き換えに、命がけのゲームに挑戦する。強制されることも多い

デス・ゲームの主な特徴

- ゲームの運営側（ゲーム・マスターとも）が過酷な試練・試験を与える
  →失敗すれば大怪我、死亡、あるいは大切なものを失う、など
- ゲームのスタイルもさまざま
  →さまざまなゲームをさせられることもあれば、全体で一つのゲームであることも
- プレイヤーたちの動機はさまざま
  →強制的に参加、借金返済のため、何らかの莫大なメリットを求めて自主的に
- プレイヤー同士の関係もさまざま
  →協力することもあれば、競争させられることも

デス・ゲームの面白さはどこにあるのか？

↓

「ゲーム」的面白さ

ゲーム的な仕掛けや仕組みの面白さ → 伏線をうまく使って、読者を驚かせたい！ ← ゲーム運営側や他のプレイヤーとの読み合い、だまし合い

滑稽さ、不条理さ

ゲームで命を落とす、そのことが滑稽で不条理

↓

不条理さを強調することで恐怖につながる

㊱ 転生もの

「生まれ変わった運命の戦士」は安っぽく見えすぎる？

輪廻《りんね》転生で力と因縁は巡る

「輪廻転生」、という思想をご存じだろうか。仏教の言葉で、**人間は死ぬと生まれ変わってまた新たな生を生きる**、というものだ。また、別に堅苦しい宗教用語でなくても、「生まれ変わり」という概念は近年のスピリチュアル・ブームなどにも乗って、広く受け入れられた概念になっているかと思う。

神話の時代の神々や歴史上の偉人、あるいは優れた技術・能力を持っていた人の生まれ変わりという設定は、それだけでキャラクターの**特殊性・優秀性を表現する属性**になる。不思議な力を持っていても、幼いのに世界の秘密を知り強力な集団を率いていても、神様の生まれ変わりなら当たり前、というわけだ。彼らは前世からの因縁に導かれて仲間と出会い、同じように以前から戦い続けてきた敵と対峙《たいじ》する——というのが転生ものの基本パターンである。

転生は妄想!?

アニメ化もされた超人気漫画、武内直子《たけうちなおこ》『セーラームーン』を始めとして、転生はよく使われるモチーフの一つである。「それまでは普通の少年少女だったが、前世を思い出して力を手に入れ、戦いに挑む」というのは**読者の憧れを煽り、感情を移入してもらうのに非常に都合がいいから**だ

しかし、人気があって広く受け入れられただけにちょっと使いづらい部分もある。多様なフィクションで扱われ、多くの少年少女が憧れただけに、逆に「○○の生まれ変わり」という設定が非常に安っぽく、あるいは中二病（中学二年生くらいの年頃にアニメや漫画などに影響されて行う背伸び的言動）っぽく見えてしまうのだ。だから、今転生ものを書くなら安っぽく見えないようにするか、逆に「転生は嘘だった！」とするなど、ギミックに活かさなければならない。

転生もの

前世 → 生まれ変わり → 現世 →

過去の記憶だけでなく、さまざまなものが継承

↓

- ●魔法や超能力、神秘的なアイテムなど
  →過去の姿への「変身」もポピュラー
- ●なさなければいけない使命や戦う理由
  →過去からの敵や同じような転生者など

など

さらに次への転生も！

「平凡なキャラクターがある日突然戦わなければならなくなる」
「本来は平凡だが、戦うだけの力を突然手に入れる」

↓

現代バトルものにふさわしい要素を簡単に物語へ組み込める

人気のあるパターンだけに深刻な問題がある

「私は過去の戦士の生まれ変わり」というのは**思春期ならではの妄想（＝中二病）**としてもポピュラーで、安い印象を与えかねない

解決法（1）

転生の理由やシステム、用語、前世などに気を配って、安っぽくならないように注意する

解決法（2）

逆手にとって「実はただの妄想」「転生というのは誰かの仕掛けたトリックで、力とは関係ない」など

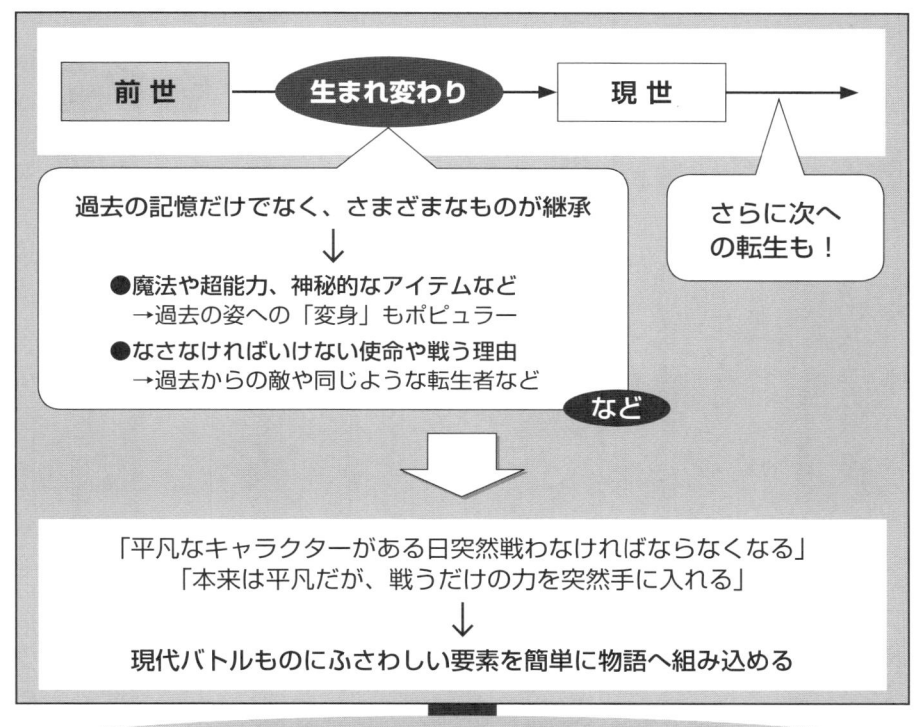

97 被造物の反乱

人の手によって作られ、人の手より飛び出したものたち

フランケンシュタインの「怪物」

科学が作り上げたロボットや人工生命、あるいはゴーレム（魔法仕掛けのロボットを指すことが多い）などなど、物語にはしばしば**人間によって作り出された「もの」**が登場する。彼ら被造物は基本的には作り主に忠実であるように作られているが、**何らかの制作ミスや後天的な影響の結果として、「反乱」を起こす**ことがある。

反乱を起こした被造物として最も典型的な例は、メアリー・シェリー『フランケンシュタイン』に登場する「怪物」であろう。彼は科学者によって作られたが、自らの醜さと社会から受けた阻害故に創造者を殺してしまう（しばしば誤解されるが、「フランケンシュタイン」は作り主の名である）。以来、**意思を持たされてしまった人工生命やロボットが、それ故に苦しむ**——というのは広く人気のあるテーマの一つだ。

フランケンシュタインの怪物は暴走から悲劇をうむことになったが、逆のパターンもある。悪の科学者に作られた被造物が、自我の目覚め（あるいは元になった人物の記憶の覚醒）から正義のために戦い始める、というのはヒーローものの定番シチュエーションといっていいだろう。

コンピュータは暴走する

一方で自我とは関係なく、ただコンピューター的な**冷たい思考に基づいて反乱を起こす**ケースもある。地球環境保護のために作られたコンピューターが、計算の結果（あるいは故障からの暴走の結果）「地球のためには人間が不要」と判断して人類を滅ぼそうとする——こちらはSFの定番シチュエーションだ。その変化球で、「戦ってきた相手の正体が古代に暴走したコンピューターだった」というのも大きなどんでん返しになって面白いかもしれない。

被造物の反乱

「作られたもの」はなぜ反乱するのか

- 魔法で作るゴーレムやホムンクルス（人工生命）
- 科学の産物、高度な AI 搭載ロボットや人工生命
- 意思を持つ巨大なコンピューター

など

人間 → 製作 → 被造物

被造物 → 反乱 → 人間

- 自我が目覚め、反発するようになる
- 故障やプログラムバグで本来の役目から外れる
- 命令の指定失敗で暴走を始める

など

「悪の科学者に作られ、正義に目覚めたロボット」から「人類抹殺に動き出した狂ったコンピューター」まで、敵・味方・中立とさまざまなバリエーションが存在し得る

たとえば、絶対的な悪だと思って戦っていた相手が、実は誰かに作られた存在にしかすぎなかった、というのは物語を奥深くするスパイスになる

本来ただの「もの」だったはずなのに、意思の芽生えから独自に動きだし、創造者＝人間の思惑を超える

↓

主人公側にせよ、敵役にせよ、被造物は人間の姿を映し出す鏡になり、テーマを深めていく役に立つ

⑱ 秘密を隠した旧家

古き家には、外には漏らせぬ秘事があり……

主人公が乗り越えるべき要素として

現代ファンタジーやミステリーなどでしばしば出てくる存在として**「何百年も続く名門・旧家」**がある。舞台の町や村で隠然たる権力を持っていたり、特殊な技術や魔法、超能力、人間ではないものの血筋を伝えていたりすることで、物語の中で大きな役割を果たすわけだ。先述した「近親婚」（78ページ）のような、特殊なしきたりもあるかもしれない。

歴史が長いだけに内部はしばしば陰湿な因縁や怨恨が残り、主導権争いもあって、内部対立も起きる。外に対してはライバルがいたり、代々継承されてきた役目があったりして、これも物語を動かしていく要素となる。多くの場合、これらの旧家独特の事情は受け手に反発される類のものであるため、**「戦わなければいけない敵」「内側から変えなければいけないもの」**として登場させると共感を得られやすいだろう。

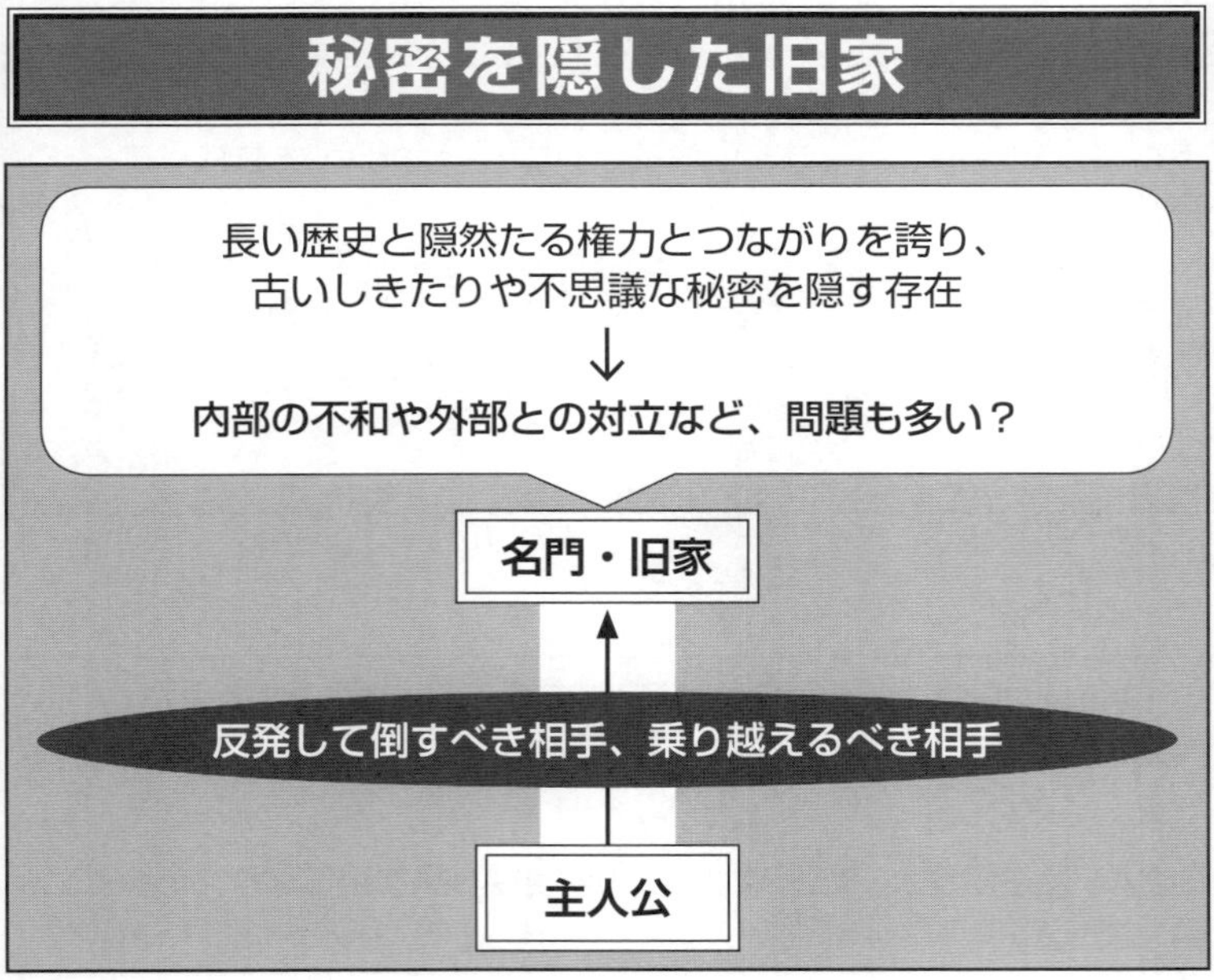

秘密を隠した旧家
長い歴史と隠然たる権力とつながりを誇り、
古いしきたりや不思議な秘密を隠す存在
↓
内部の不和や外部との対立など、問題も多い？
名門・旧家
反発して倒すべき相手、乗り越えるべき相手
主人公

⑲ 山間の秘村

山の中には村があり、村の中には秘密が……

隔離された場所の面白さ

ひょんなことから山の中で道に迷い、辿り着いたのは時代から取り残されたかのような小さな村だった。数日を過ごして戻るはずが、奇妙な事件に巻き込まれて——いわば**「山間の秘村」**ものとでもいうべきこの種のシチュエーションは、ホラーやサスペンスにおける定番中の定番といえる。

外部との行き来が難しく、たとえば携帯電話が使えないなどで連絡もしにくいことから、第一章で紹介した「嵐の山荘」（52ページ）テーマのバリエーション的存在といえるだろう。しかし、「秘村」の独自要素として、もともと外界とのつながりが弱いため**に独特の雰囲気や風俗・習慣を醸成している**可能性がある。結果、ある種の異界に足を踏み入れてしまったかのような違和感を与え、「魔法や超能力を継承していた」のようなファンタジックな設定を組み合わせやすい。

山間の秘村

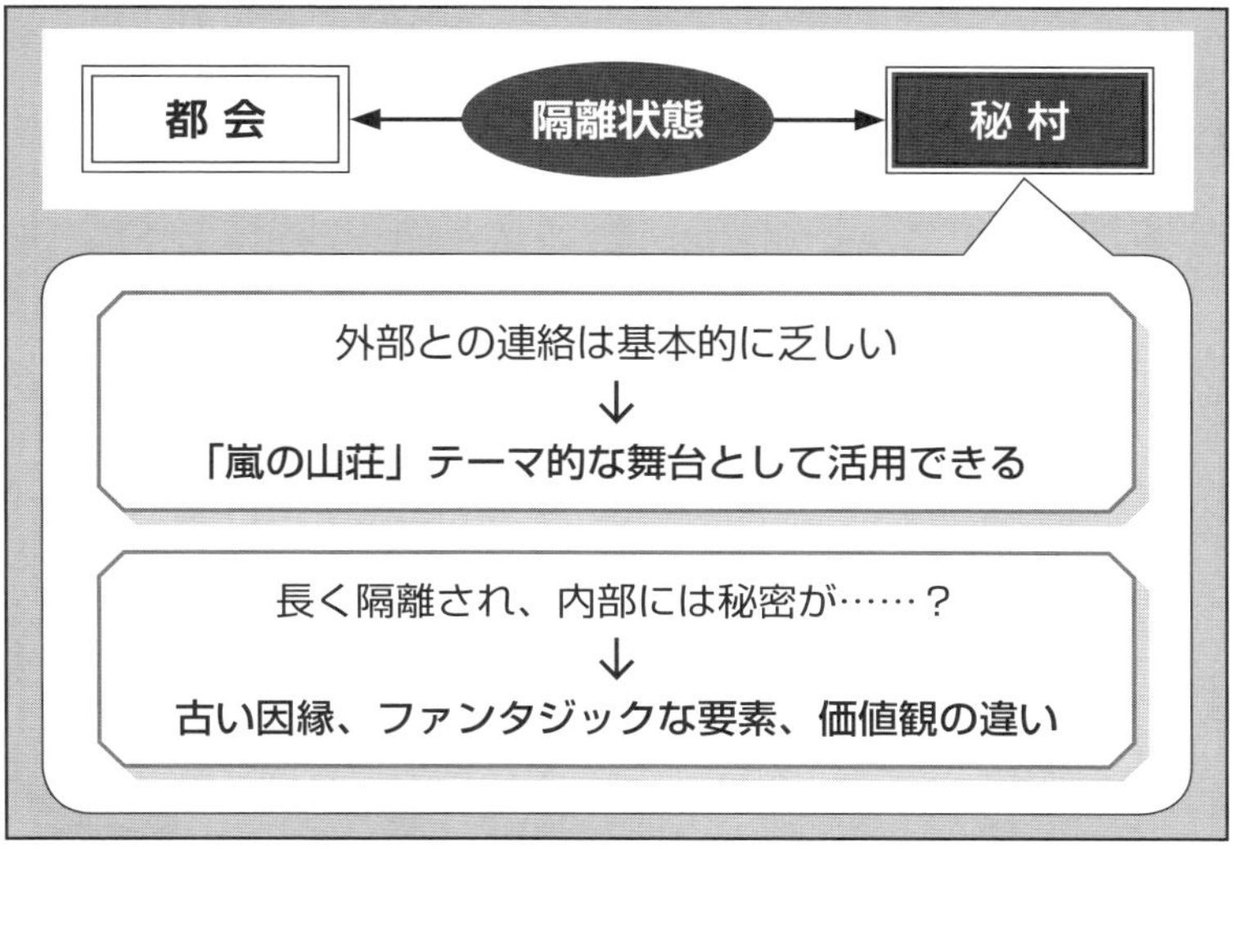
都会
隔離状態
秘村
外部との連絡は基本的に乏しい
↓
「嵐の山荘」テーマ的な舞台として活用できる
長く隔離され、内部には秘密が……？
↓
古い因縁、ファンタジックな要素、価値観の違い

⑩ 武侠もの

武を道具に、自らの信条を貫かんとする武侠たちの活躍やいかに

本来は中国の小説ジャンル

本来、武侠小説というのは中国における娯楽小説のジャンル名で、「武侠《ぶきょう》」と呼ばれるキャラクターたちの活躍を描く物語群のことだ。代表的な作家としては金庸《きんよう》がいる。しかし、ここでは普通は武侠小説の範疇に入らない中国以外を舞台にした作品も含めて、武侠的キャラクターが活躍する物語パターン全体を総称して「武侠もの」とする。

武侠的キャラクターとは？

武侠とは、**優れた武術の腕**（＝**武**）と**強きを挫き弱きを助ける独自のモラル**（＝**侠**）を備えた人物のことである。

私たちになじみの深いところでは、やはり中国を舞台にした大河娯楽小説である『水滸伝』に登場する百八人の好漢たちが最もそのイメージに近いだろうか。彼らは物語の中盤までに要塞・梁山泊《りょうざんぱく》に結集し、その後政府に仕えて数々の活躍をすることになるのだが、実際のところほとんどの好漢が悪人というより裏社会の悪党的なメンタリティの持ち主にすぎない。自らの定めた独自のルールに従って行動し、時に悪事も平然と行うから、政府に仕えるまでは役人に追われていたようなものばかりだ。

武侠とはまさにそんな好漢たちと同じ、独自のルールで生きる男たちなのだ。彼らは正義感が強いから困った人を助けたりはするが、それは親切心というよりあくまで「**自分がしたいからする**」ことに他ならない。相手から善意を要求されたらむしろムッとする方が多いだろう。恨みを買ったり役人に追われたりすることも多いから、そうした生き方をするには強くなければならず、磨きぬかれた武術が彼らのバックボーンになっている。そうした**一匹狼のようなカッコよさを備えた男たち**――それが武侠なのである。

武侠もの

そもそも、「武侠小説」とは？

「武侠」が活躍する中国の小説で、勧善懲悪を基本に、
バトルあり笑いありの大衆娯楽小説

↓

**本書では「武侠」的キャラクターの
活躍する物語を「武侠もの」とする**

武

優れた武術の腕（戦闘力）

↓

武侠として敵の多い人生を生き、自分の意思を貫くためのバックボーンになるもの

侠

独自のモラル、メンタリティ

↓

強きを挫き、弱きを助ける正義感だが、それは社会的なものではなく個人のもの

武侠

自身の定めたルールに従い、武術を手段として正義を行う

↓

社会常識や法よりも自身の信条を重視するため、立場としてはヒーローというよりアウトローであり、キャラクターによってアンチ・ヒーロー的な色彩をまとうことも多い

**中国を舞台にした武侠小説に限らず、このような
「武侠」的キャラクターはさまざまなところで目にすることが
できる、人気キャラクターパターンに他ならない**

❖代表的エンターテインメント（5）踊る大捜査線

一九九七年にフジテレビ系で放送され、のちに複数回にわたって映画化・特別ドラマ化もされるほどの大ヒット作品となったのが、『踊る大捜査線』シリーズである。

織田裕二《おだゆうじ》扮する刑事・青島俊作《あおしましゅんさく》を主人公に、次々と巻き起こる事件を描く刑事ドラマである本作が、それほどまでの人気を獲得したのにはいくつもの理由があった。

特に目立ったのが「リアル」な刑事・警察官像に迫ったことだ。

『太陽にほえろ！』に代表されるようなそれ以前の刑事ドラマがある種定型化・様式化され、現実にはありえないような「ヒーロー」的刑事を描いたのに対し、『踊る大捜査線』ではそれらの演出を廃して、警視庁を「本店」、所轄の警察署を「支店」と表現するような「サラリーマン」的刑事を描いたのである。

また、青島という主人公は「ヒーロー」に憧れて刑事になった元サラリーマン」という設定になっており、それがまたこの点をうまく強調する要素になっているわけだ。

もちろん何もかもリアルに描いたわけではなく、ドラマ的誇張はきちんと行われており、退屈なドキュメンタリーに堕することを回避している。どこまでを「リアルに」描き、どこまでは作り手にとって都合のいいように改変するかはどんなジャンルでも重要になってくるさじ加減であり、そんなところも参考になるかもしれない。

それ以外にも、主人公と主要キャラクターたちを「所轄の刑事と警視庁のエリート」「ヒーローに憧れる刑事とサラリーマン的現実に慣れきった刑事」「若い刑事と引退間近の刑事」という具合に対比させ、それぞれの関係が時に反発し合い、時に融和しながら変化していくさまをきちんと描ききったことも、群像劇的魅力となって物語を引き立てている。

第六章
架空世界

ファンタジーの王道は何といっても「剣と魔法」だ！　壮大なスケールで冒険活劇を描くのであれば、それにふさわしい舞台設定、ふさわしいパターンがあるもの。また、架空世界ならではの注意点も少なくない。

101 剣と魔法のファンタジー

エンターテインメントの王道！
剣と魔法で怪物を討つ！

その時々で変化しつつも、やはり王道

荒野を魔物が闊歩する中世ヨーロッパ風の世界を舞台に、鎧《よろい》を着込んだ剣士・騎士、あるいは炎や風を操る魔法使いが活躍する――いわゆる**「剣と魔法のファンタジー」**は、小説や漫画、アニメ、ゲームの定番ジャンルとしてすっかり定着した感がある。**日本では特にゲーム、それも『ドラゴンクエスト』『ファイナルファンタジー』の二大シリーズの影響が強い。**

一時期は**魔法と科学が融合した文明**を登場させてSF色を出してみたり（『ファイナルファンタジー』はその典型だ）、「実はこの世界は現在の遠い未来、人類が一度滅んで復興した世界なのだ」といった変化球的作品が増えたが、近年はまた流れが変わっている。「小説家になろう」をはじめとするウェブ小説を中心に、現代日本人がファンタジー異世界に転移・転生するタイプの物語が大ブームになっているからだ。

「ゲームっぽさ」を活かすか殺すか

繰り返すが、日本における剣と魔法のファンタジーという物語パターンにはゲームからの影響が大きい。そのため、「ファンタジーで冒険活劇をやりたい！」と思って物語を組み立てていくと、ゲームとしてはかまわなくても小説としては不自然な部分――戦闘のためだけに発達したような魔法の存在、怪物はどこから来てどこへ行くのか――などと直面することになる。そもそも、**「ゲームとして面白い物語」**と**「小説として面白い物語」**はしばしば根本的に違ったりする。

さらに、ゲームにせよアニメにせよ「剣と魔法のファンタジー」は中世ヨーロッパをモチーフにしつつも、実際のそれと比べるとかなり強いアレンジがかかっていることが多く、リアルな物語を追求しようとする場合には障害になることも多い。これらのポイントについてじっくりと検討する必要があるわけだ。

剣と魔法のファンタジー

「剣と魔法のファンタジー」はどこから来たのか？

異種族や怪物など、
現実には存在しない生き物

魔法や超能力、
不思議な現象

中世ヨーロッパ

ヒロイックな活躍をする
超人的英雄たち

実際より進歩した
技術や道具など

剣と魔法のファンタジー

中世ヨーロッパを一応のモチーフとしてはいるが、フィクションとしての面白さや読者の受け入れやすさを優先して「実際の中世ヨーロッパ」とまったく違っている部分も多い

『ドラゴンクエスト』『ファイナルファンタジー』
などゲームの影響が強い！

近年の傾向として

単純な「異世界のファンタジー」ではなく、「魔法と科学の融合」「遠未来の地球がファンタジー世界に」「コンピューターゲームの中のファンタジー世界」といった変わり種も多く見られる

大事なのは、「あなたの書きたい物語としてふさわしいのはどんな世界か」ということ

→ ゲームっぽさ、アニメっぽさをどれだけ排除するか、どのくらいリアルさを追求するのか？

102 エスニック・ファンタジー

ファンタジーは中世ヨーロッパの専売特許じゃない！

非中世ヨーロッパ風ファンタジー

「エスニック」とは「民族の」という意味の英語だが、本書では**中世ヨーロッパ風の日本におけるスタンダードなファンタジー「以外」、別の地域や時代をモチーフにしたファンタジー作品群**のことをまとめて**「エスニック・ファンタジー」**と呼ぶ。民族的な風習・特徴などが強調されやすいためだ。

和風、中華風、その他もろもろ……

最も多く見られるのは**「和風」**、すなわち日本をベースにしたファンタジーだろう。天津神《あまつ》と国津神《くにつ》の対立が活かせる日本神話、日本の魔術師である陰陽師や貴族文化が華やかな平安時代、血で血を洗う内乱が繰り返された戦国時代などなどモチーフにして面白い要素が多く、また私たちにとっても非常に身近な存在なのでとっつきやすいのも良い。「刀」というわかりやすくて人気のあるアイテムが出せる、というのも見逃せないポイントだ。

日本に負けず劣らぬ人気モチーフとしては中国がある。**「中華風」**ファンタジーも仙人や武侠を登場させたり、『三国志』や『水滸伝』などをモチーフにしてみたり、あるいは中華風帝国における巨大官僚制の悲喜こもごもとの政治劇をやってみたりと、やはり魅力的な要素は多いのだ。

その他、『アラビアン・ナイト』的な砂漠と魔法のアラビアン・ファンタジーは日本ではあまり見ないだけに魅力的だし、インディアン（ネイティブ・アメリカン）やオーストラリアのアボリジニなど、先住民族のシャーマニズム的な世界観を参考にしてみるのも面白そうである。さらにエジプト、東南アジア、インド、南アメリカなどの神話・伝説・民話も宝の山だし、アレクサンドロス大王やローマ帝国の時代、すなわち古代ヨーロッパも魅力的な素材なのだ。

エスニック・ファンタジー

エスニック
＝未来の意味
は「民族」

→

エスニック・ファンタジー
民族色や地域色が豊かな、非中世ヨーロッパ風の各種ファンタジーを本書ではこう呼ぶ

定番の「剣と魔法」にはない面白さ、新鮮さがある

エスニック・ファンタジー各種

⑴和風ファンタジー

日本神話や公家、陰陽師、戦国時代などなど
日本人読者にとってなじみ深いモチーフが多数存在する

「刀」「妖怪」「巫女《みこ》」など、魅力的な要素も多い

⑵中華風ファンタジー

和風の次になじみ深いモチーフが数多く存在し、
かつ新鮮で読者の意表を突く要素・テーマも少なくない

日本との微妙な価値観・風習ギャップも活かせる

⑶ネイティブ・アメリカン風ファンタジー

ネイティブ・アメリカンに代表される部族文化、
シャーマニックな文化にも独特の面白さがある

あまりなじみがないだけに、どう見せるかがポイント

その他にも、インドやエジプト、南アメリカ、
古代ヨーロッパなどなど、ファンタジー世界をベースにした
面白い素材はいくらでも存在する

⑩③ ヒロイック・ファンタジー

英雄が縦横無尽に活躍する、血わき肉躍るファンタジー大活劇！

中心にいるのは一人の英雄

ヒロイックとは「**英雄的な**」という意味。すなわち、ヒロイック・ファンタジーとは主人公（及びその仲間たち）がファンタジックな世界において、英雄的な活躍をするさまを描く物語パターンである。

その舞台となるのはファンタジーの名のごとく剣と魔法の世界だが、元祖といえるロバート・E・ハワードの『英雄コナン』シリーズ（早川文庫）の時代より主人公は剣によって強大な魔法や怪物と戦うのがスタンダードであるようだ。キャラクターの**英雄性**こそがヒロイック・ファンタジーの主軸にあり、物語や世界観といった要素はそこに付属するものとして描かれるのが普通だ。英雄たる彼はいかに冒険へ挑むことになり、仲間のサポートを受けつついかに活躍し（場合によって苦戦や敗戦などを経験しつつも）、そしていかに勝利するのか？　それを**ドラマチック**に描いてこそのヒロイック・ファンタジーである。

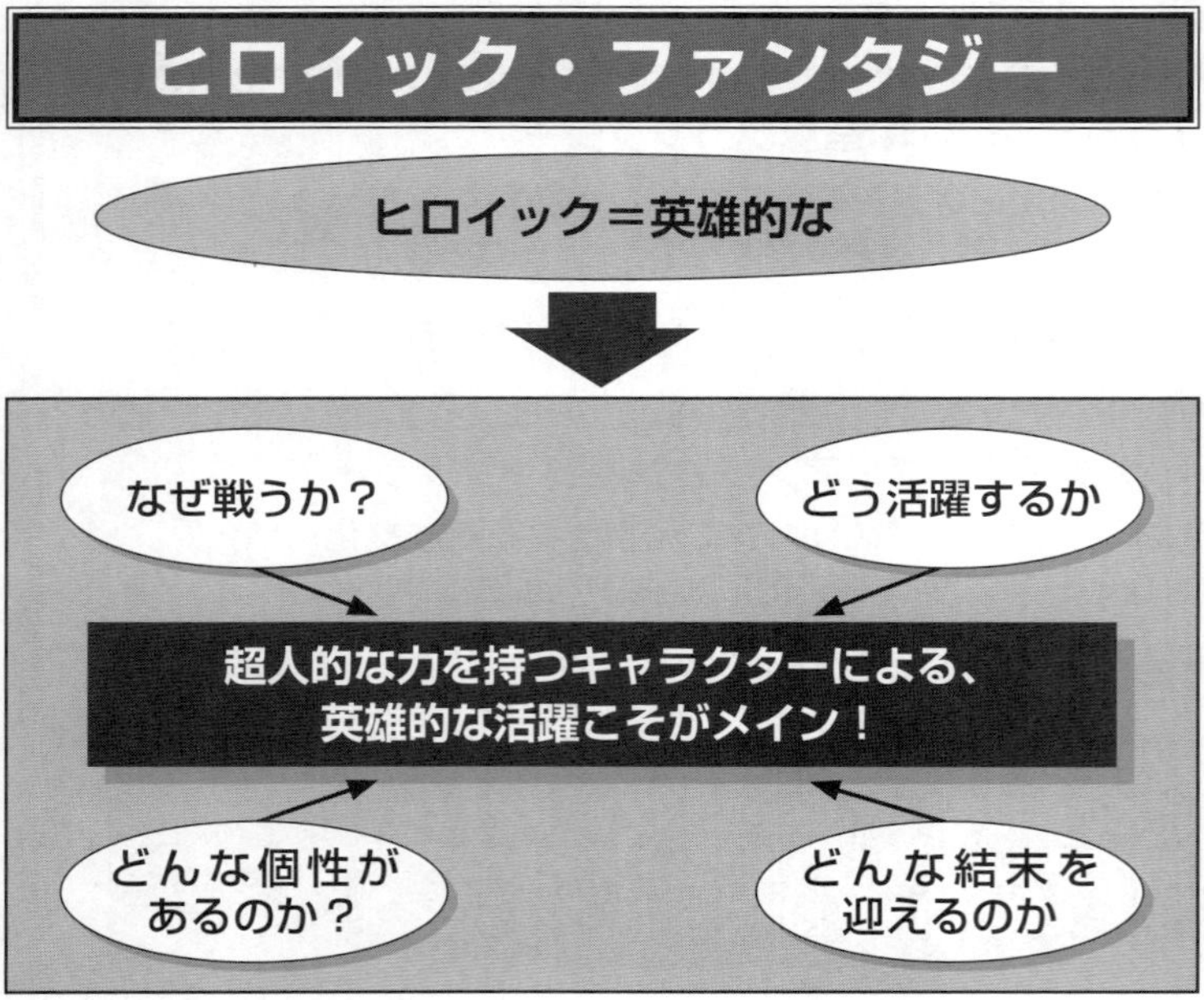

ヒロイック・ファンタジー
ヒロイック＝英雄的な
なぜ戦うか？
どう活躍するか
超人的な力を持つキャラクターによる、
英雄的な活躍こそがメイン！
どんな個性があるのか？
どんな結末を迎えるのか

⑩④ エピック・ファンタジー

無数の英雄と名もなき人々の生きる世界を舞台に、壮大な物語が始まる

叙事詩のごとき壮大なる冒険

エピックとは「**叙事詩**」のことで、英雄の活躍や歴史などを題材とした長大な詩を意味する。すなわちエピック・ファンタジーとは、剣と魔法の世界を舞台にした壮大な**歴史絵巻**、**英雄物語**のことなのである。

エピック・ファンタジーでは物語の大きな動きの方が重視される傾向にある。もちろんヒロイック・ファンタジーと同じように英雄的な活躍をするキャラクターが登場するのだが、より重視されるのは彼らを取り巻く社会や世界の情勢だ。いくつもの国や町を巻き込むような大きな戦争、あるいは世界そのものの危機が描かれ、多くの場合主人公たちは事態を解決するために旅に出ることになる。旅を通じて**各地の情景**が、戦争を通じて**スケールの大きさ**がそれぞれ描かれ、物語を盛り上げていく。主要人物の数も多く、彼らの人間関係が物語のスパイスになる。そうした**壮大さ**こそがエピック・ファンタジーの主題といっていい。

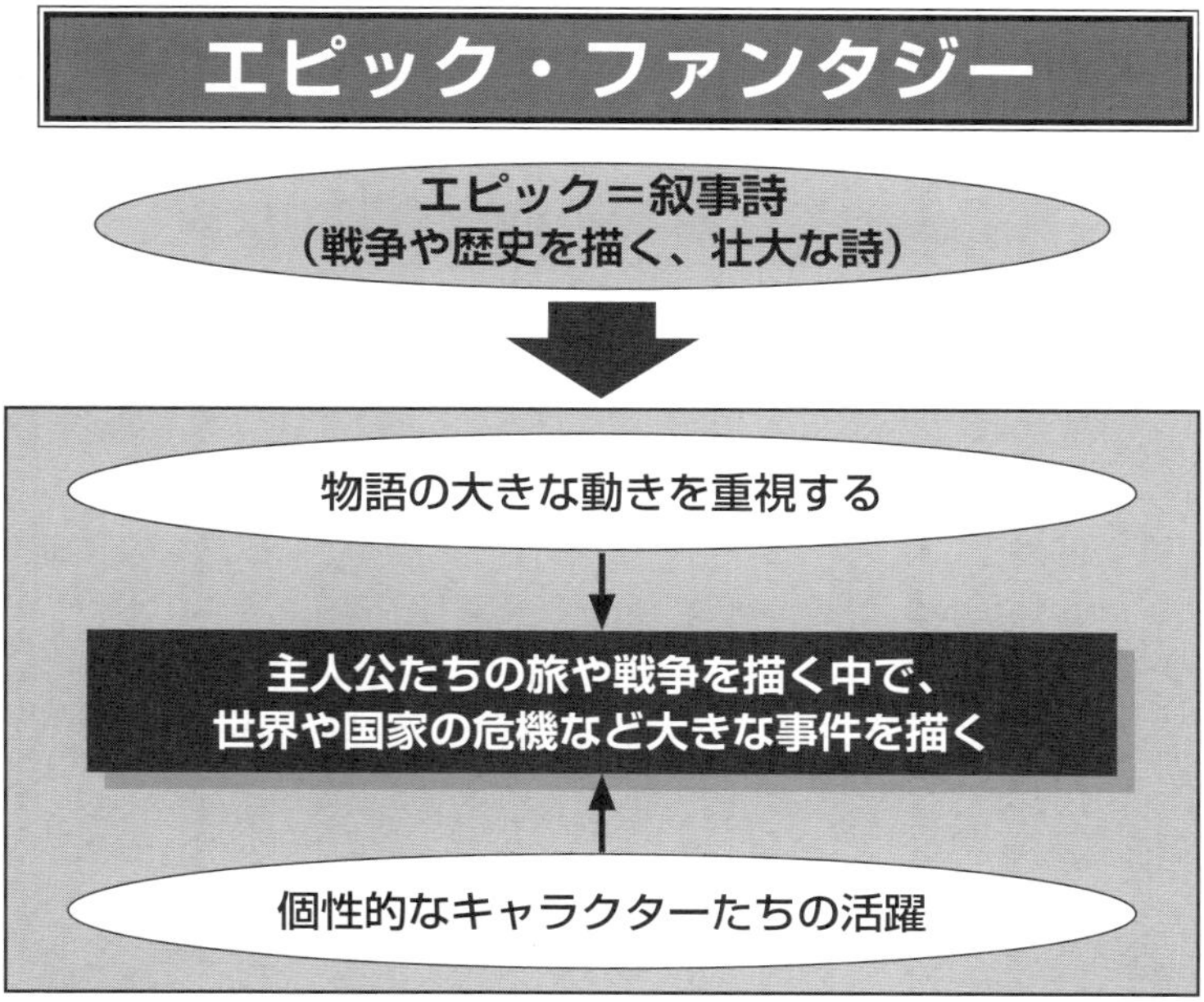
エピック・ファンタジー
エピック＝叙事詩
（戦争や歴史を描く、壮大な詩）
物語の大きな動きを重視する
主人公たちの旅や戦争を描く中で、
世界や国家の危機など大きな事件を描く
個性的なキャラクターたちの活躍

105 異世界往還型ファンタジー

異世界へ紛れ込んだ現代人には何ができるのか？

「読者目線」のファンタジー

現代日本に生きる平凡な少年少女が、ある日突然ファンタジー世界へ飛ばされて冒険をすることに――この種の異世界へ行ってしまうタイプのファンタジー小説を**「異世界往還型」ファンタジー**と呼ぶ。日本の小説ではあまり見られないが、アニメやゲーム、海外ファンタジー小説などではしばしば見られるので、やはり定番といっていいだろう。

異世界往還型の最大のメリットは、**主人公と読者をほぼ同じ立場におけること**だ。結果として感情移入を導きやすいし、また主人公が異世界について学んでいくシーンを挿入することによって、読者に対しても自然な形で世界の紹介を行うことができる。

実は、この「世界設定の提示」は架空世界を舞台にした物語で一番つまずきやすい（冒頭から延々と世界を語っても読者が飽きるし、かといってまったく紹介しないと何がなんだかわからない）部分なので、それを自然に物語の中に入れ込めるのは大きなアドバンテージといえる。

ただの現代人を放り込んでもしょうがない？

もちろん、いいことばかりではない。「平凡な」少年をファンタジー世界に放り込んで、国同士の争いや世界の危機に関わらせるとして、さて彼はこの世界で何かができるだろうか？　常識的に考えて無理がある。

一番簡単な解決法は、**主人公に何らかの特殊な能力を与えること**だ。元の世界では眠っていたり、この世界に現れた結果として身に付いた力を武器に戦っていく、というのは一番ベタだがわかりやすい。別の手段として、**本来の世界で身に付けた技術や持ち込んだものを活用する**、という手がある。現代の医術や農耕、軍事技術を持ち込むのも面白い。そこまででなくても「平凡」の範疇でできることはいろいろあるだろう。

異世住還型ファンタジー

現代（現実）の人間が、ひょんなことからファンタジックな異世界へ飛ばされてしまう物語パターン

↓

現代と異世界を住（行く）還（帰る）する物語

異世界住還型ファンタジー

現代世界 ⇄ 主人公 ⇄ ファンタジー世界

どんな理由で異世界へ行くのか？

- 偶然の事故で飛ばされてしまう
- 「勇者」や「使い魔」として召喚される
- 実はもともと異世界の出身だった

など

異世界住還型のメリットとデメリット

メリット＝読者と同じ目線の主人公

読者と同じような立場の現代人を異世界へ送り込む

- 感情移入がしやすく、物語に入り込める
- 異世界の設定を自然な形で紹介できる

デメリット＝物語の説得力

「ただの現代人」を異世界に送り込んで、物語が面白くなるか？

- 異世界で特殊能力に目覚めたことにする
- 現代の知識や技術で異世界を変えていく

106 異世界転生

違う世界に生まれ変わってしまったなら、何が起きる？

生まれ変わって再スタート！

異世界往還（転移）があくまで異世界に「行く」物語パターンであるのに対して、異世界転生は**異世界に「生まれ変わる」**物語パターンだ（実際には転移と転生はファジーに使い分けられることも多いようだ）。異世界転移が以前からしばしば見られるパターンであるのに対して、異世界転生は近年になってウェブ小説を中心に増えてきたパターンであるように思う。

異世界転生の場合、主人公は異世界人として新しく人生を始めることになる。そのため、地球での暮らしとは別に異世界人としての家族や名前、幼少期の体験などをすることになる。最初から地球人としての記憶を持っていることもあれば、成長する中で取り戻すこともあるだろう。また、生まれ直しているわけだから地球から持ち込めるのは知識や技術であって、物品そのものを持ち込めるケースは少ないようだ。

転生ならではの物語を

せっかく異世界転移ではなく異世界転生で物語を作るからには、**転生ならではの要素**をメインに持ってきたいものだ。異世界人としての体験・経験・因縁が物語の中で大きな意味を持ったり、地球人としての自分と異世界人としての自分のアンビバレンツな葛藤で主人公が苦しんだり、という展開が面白そうだ。また、転移であれば最終的なモチベーションは「地球に帰る」ことに置かれがちなのに対して、転生ではもう異世界に生活と人生があるわけで、無理に帰りたくないと考えるのも自然なことであろう。

また、人間ではない種族に転生してしまうパターンも「転生ならでは」であり、人気がある。王族や貴族に転生して、立場から来る問題に振り回されたり、モンスターに転生して人間と戦ったり追われたり、人間とモンスターの和解に尽力したりするわけだ。

異世界転生型ファンタジー

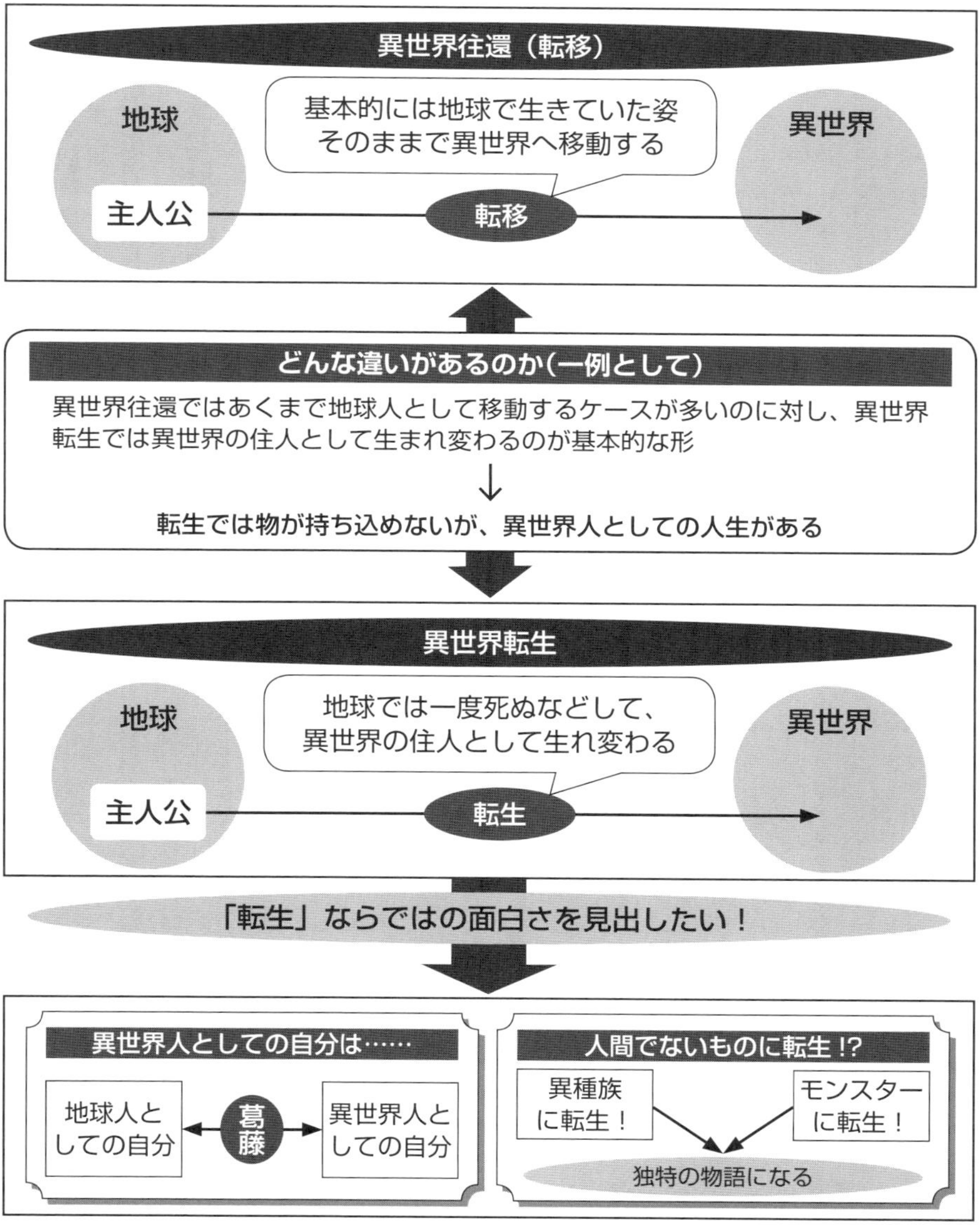

異世界往還（転移）
地球
基本的には地球で生きていた姿
そのままで異世界へ移動する
異世界
主人公
転移
どんな違いがあるのか(一例として)
異世界往還ではあくまで地球人として移動するケースが多いのに対し、異世界転生では異世界の住人として生まれ変わるのが基本的な形
↓
転生では物が持ち込めないが、異世界人としての人生がある
異世界転生
地球
地球では一度死ぬなどして、
異世界の住人として生れ変わる
異世界
主人公
転生
「転生」ならではの面白さを見出したい！
異世界人としての自分は……
地球人としての自分
葛藤
異世界人としての自分
人間でないものに転生!?
異種族に転生！
モンスターに転生！
独特の物語になる

107 スペースオペラ

宇宙の星々を駆け巡る、スペース・ヒーローの大活劇

スペースオペラの基本構造

はるかな遠未来、人類の生活範囲は広大な銀河に広がっていた――宇宙船は超光速やワープで宇宙の海を駆け抜ける。そもそも「人類」というのも地球人型だけでなく、怪物のような奇怪な姿のものもいればロボット、機械生命も含まれているのだ。彼らはあるいは共存し、あるいは対立して、大小の紛争や対立がやむことはない。当然、そんな時代だからスペース・ヒーローの活躍するべき場面は多い……。

典型的な**「スペースオペラ」**の構造は大体こんなところだろうか。バトルあり、アクションあり、恋愛あり、お色気あり、奇怪な特性の星や宇宙現象、科学技術などのSF的要素ありの**娯楽活劇**がその本質といえよう。代表的な作品としてはハリウッド映画の大作『スター・ウォーズ』シリーズがある。また、ただヒーローの活躍を描くだけでなく、宇宙を舞台にした国家間の戦争や政治闘争などを描いた作品群もスペースオペラに含まれることも多い。

スペースオペラとファンタジーは同じもの?

このスペースオペラを伝奇・SFの章ではなく架空世界の章で扱うのは、ほとんどの場合地球を離れて広い宇宙を舞台とする関係から、実質的にその物語のために**架空の世界を作ることと変わらない**ためだ。

結局のところ、それ以外の点についても宇宙人は異種族であり、科学技術は魔法で――と考えていくと、結局のところスペースオペラも「剣と魔法のファンタジー」もそれほど変わらない、ともいえる。すなわち、物語で押さえるべきポイントは変わらず、しかしせっかく宇宙という舞台を使うのであれば、それが中途半端であっては意味がないので、読者の興味を引くような要素、スケールの大きな舞台にふさわしい物語を用意していかなければならないのだ。

スペースオペラ

「地球人タイプ」だけでなく、しばしば多様な宇宙人が共存・対立する

はるかな遠い未来、宇宙船が飛び交う広大な宇宙を舞台にする物語

宇宙船やワープ、ビーム光線銃など、進歩した科学技術が多数登場する

スペースオペラ

もともとはアメリカにおける娯楽的要素が強い古典的宇宙冒険活劇の意

↓

現在は（少し懐かしいイメージを含みつつ）「宇宙を舞台にした冒険活劇」の意味が強い

バトルからお色気まで、娯楽要素満載！

宇宙を舞台にした戦記物や政治闘争ものなども含めて「スペースオペラ」と呼ぶことも多い

物語の基本構造としては、実は「剣と魔法のファンタジー」とそんなに大きくは変わらないことに注目！

娯楽活劇としての芯を外さず、しかし独自の面白さを追求したい

⑩⑧ 冒険者の活躍

好き好んで危険へ首を突っ込む、酔狂な男たち

あるいは何でも屋、トラブルシューター

剣と魔法のファンタジーを中心にしばしば見られる架空の職業として、**「冒険者」**がいる。文字通り「冒険」をするのがお仕事だ。

彼らの具体的な仕事内容としては、人里近くに住みついた怪物の退治や、地下迷宮に潜ってのお宝探し、旅の商人に付き添っての護衛、街中で起きた事件の調査、というのが主なところだろう。

物語によっては職業として認知されておらず、何でも屋や傭兵《ようへい》としてとらえられていることも多い。現代ものやスペースオペラでは各種の問題を解決する「トラブルシューター」として知られているかもしれない。どちらにせよ、この種の**「好んで（あるいは仕事として）危険に首を突っ込む人々」**は主役としても脇役としても冒険活劇を組み立てていくにあたって非常に重宝する存在なのである。

腕がなければ、機転がなければ

冒険という危険な日常を生きる以上、冒険者は**能無しでは生きていけない**。剣や魔法などの戦闘技術を磨き、野外での活動や裏社会との付き合い方など危険を生き抜くための知識を身に付け、いざというときの機転も利かなければならないだろう。能力の足りないものは何人かでチーム（パーティ）を組んで補おうとするが、それでも少なくない者たちが冒険の中で死に、あるいは引退へ追い込まれることだろう。そのくらい、冒険者とは危険な生き方なのだ。

そして、それはそのままテーマとしての魅力にもつながっている。一流の冒険者を主人公に爽快な冒険活劇を描いてもいいし、冒険者パーティの間の人間関係に光を当ててもいい。さらには、冒険に憧れる未熟な少年少女が現実を知り、失敗を繰り返しながら成長していくのは、王道中の王道といえるだろう。

冒険者の活躍

冒険者たちの主な仕事

- ●人々の生活を脅かす山賊や怪物の退治
- ●古代の遺跡を探検して宝探し
- ●街中をかけ回ってトラブル解決
- ●商人や旅人の護衛

など

↑

冒険者（＝何でも屋、傭兵、トラブルシューター）

剣と魔法のファンタジーなどではつきものの架空職業

冒険者たちの能力

- ●剣や魔法など戦闘技術
- ●旅をするための知識
- ●裏社会との付き合い
- ●危険に対する機転

など

冒険者たちの事情

- ●生活は危険と隣り合わせ
- ●集団で力を合わせる
- ●胡《う》散《さん》臭がられることも
- ●成功者も、失敗者もいる

など

「冒険者」的キャラクターは物語を動かしていくのに非常に便利

ファンタジーでも、現代ものでも、スペースオペラでも同じ

↓

成長していく主人公、それを補佐する脇役、あるいは成長を導く師匠、そしてとにかく派手に活躍するヒーローまで、冒険者的キャラクターは動かしやすい存在になりうる

好き好んで（仕事として）危険に首を突っ込んでいくため

109 迷宮探検

敵を求め、宝を求め、いざ迷宮の最深層へ

迷宮探検はファンタジーの王道

怪物がうろつく迷宮に潜り込み、危険な罠《わな》を回避しながら奥へ進む。辿り着いた最深層で待ち構えていた巨大なドラゴンを打ち倒し、莫大な財宝を抱えて意気揚々と地上へ——ちょっと古典的かもしれないが、このような**迷宮探検**がファンタジーの王道であることは間違いない。ゲームとは違うのだから迷宮探索の様子を一々こまごまと描写する必要はないが、狭い空間の中で時に追い詰められ、また疲労や消耗を感じながらより奥へ、奥へと進んでいく様子をきちんと描写できれば、あなたの物語の緊迫感は否がおうにも高まっていくことだろう。

ちなみに、迷宮を示す言葉として「ダンジョン」が広く知られているが、これは本来「地下牢《ろう》」や「(城の)本丸・天守閣」を示す英語で、それらが転じて現在の意味になったと考えられている。

迷宮も種々さまざま

一口に迷宮といっても、実際にはさまざまなパターンがあり得る。以下、簡単にだが列挙してみた。

まずはリアルな、現実にもありそうな方向で考えてみよう。自然にできた洞窟に怪物たちが住みついたり、後ろ暗い立場の悪人や山賊たちがアジトを構えたり、ということなのか。住人はそれと同じだが、実は古い時代に作られた遺跡（本来は城や地下構造物）だったりというのもよく見られるパターンだ。あるいは、敵対する組織に奪われた物品や人質を奪い返すため、城や要塞に乗り込むのも迷宮探検の一種だろう。

よりファンタジックな方向へも目を向けてみよう。精霊や妖精たちの力によってある種の異空間になっている森や山、あるいは神々の住まう天国に至る塔や地獄につながる地下道、というのもなかなか壮大で趣き深いといえるのではないだろうか。

迷宮探検

●迷宮に住みついた怪物や山賊を退治しに
●宿敵との決着をつけるため、迷宮の奥へ！
●貴重な宝、アイテムを探して迷宮へ
など

主人公たち ← 迷宮探検 → 迷宮

迷宮の代名詞になっている「ダンジョン」。
その本来の意味は「地下牢」や「本丸・天守閣」など

迷宮のパターンもさまざま

●自然の力で作られた洞窟・洞穴
●捨て去られた古代の遺跡
●現役の城や要塞、地下構造物
●魔法の力で作られた迷い道、結界
●神や悪魔の関わる、天国や地獄
など

「迷宮探検」は何が面白いのか

- 怪物や罠といった危険な障害物を突破していく面白さ
- 迷宮という謎めいて危険な空間そのものが持つ魅力
- 過酷な状況を潜り抜け、目的を達成する喜び

↓

「剣と魔法の」ファンタジーにおける
冒険の王道中の王道といっても過言ではない

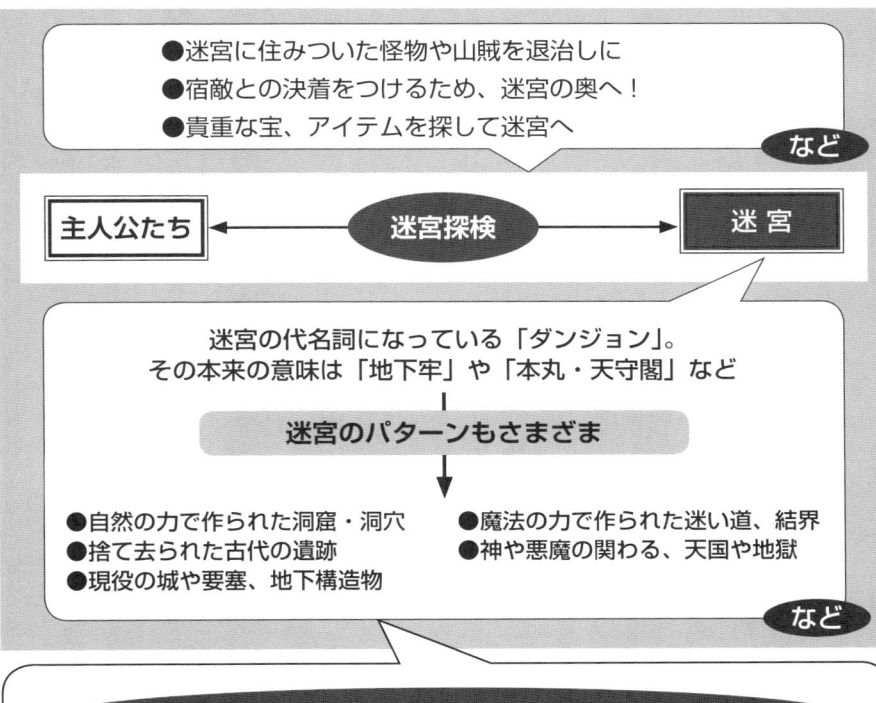

⑪⑩ 戦記もの

戦争は血わき肉躍る「ロマン」だ!?

戦争の魅力、ここにあり

物語の題材として戦争ほど魅力的なものはそうはない。多くの人にとって現実に戦争へ巻き込まれるのは真っ平御免だろうが、だからこそ**物語の中の戦争は血わき肉踊る最高のエンターテインメント**になり得るのだ。

　戦争が国家と国家の利益と面子《めんつ》をかけたぶつかり合いである以上、戦いは戦場で軍と軍がぶつかるのはもちろんのこと、それに付属する政治や経済での争いが行われるのも当然のことだ。政治家には政治家の、将軍には将軍の、一兵士には一兵士の、そして戦争に巻き込まれる庶民には庶民の、それぞれの戦いがある。その上、戦争で使われる戦略・戦術や兵器・武器には独特のカッコよさがあり、興奮をもたらす雰囲気がある。これで戦争ものエンターテインメント――「戦記もの」の人気が出ないわけがない。

戦争の処理は難しい

このように戦争は非常に人気のあるテーマだ。しかし、残念ながら気楽に手を出すと火傷《やけど》をする可能性が高いのも事実だ。リアルに描こうとすれば気を使わなければいけない、調べなければいけないポイントが山のようにあり、熱心な勉強が必要になる。しかも、戦争というのは必ずしもカッコいいことばかりではなく、人間の醜さを煮詰めたかのような悲劇的部分も現れてくる。それをすべて描けば娯楽作品にはならなくなってしまう可能性が高いのである。

　その上で、戦争を構成するさまざまな要素のうち、**何を書き、何を書かないかを慎重に取捨選択しなければならない**。娯楽小説を書くというのは「読者を楽しませるために、テーマを表現するために必要ものを選ぶ」作業だが、戦記ものでは特にその傾向が強くなるのだ。

戦記もの

双方共に知略を
尽くした戦略・戦術の
ぶつかり合い

戦場で使用される
兵器や武器が持つ、
独特のカッコよさ

戦争
＝国家と国家の
ぶつかり合い

個人のいさかいとは
比べ物にならない、
巨大スケールでの戦い

政治や経済、世界情勢
など、一面だけでない
複雑な事態の動き

多様な要素が混ざり合った結果、特に男性向けを中心に非常に高い人気のあるテーマとなっている

戦争の記録文学を「戦記」ということから、
戦争を扱ったフィクションは「戦記もの」と呼ばれる

一方で、魅力的な物語とするには問題も多い

戦争を構成する多様な
要素の中から、何を
ピックアップするのか？

奇麗ごとだけでなく、
醜い部分もある。
どう処理するのか？

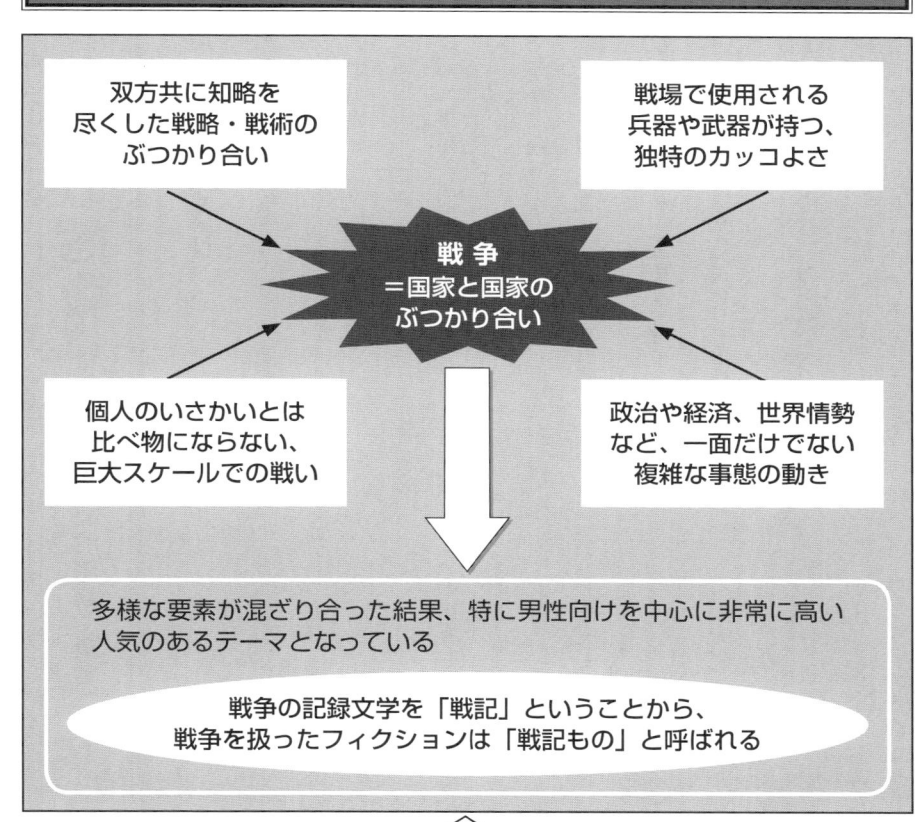

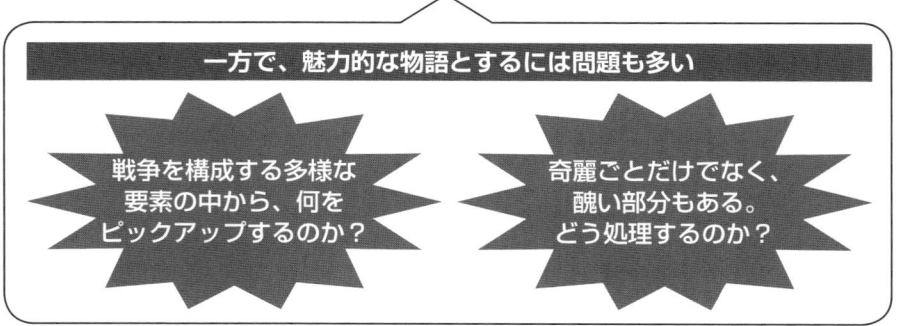

⑪ 世界の危機

世界を救うため、旅立て勇者たちよ！

スケールの大きさがウリ

世界そのものに危機が迫っている。運命に導かれた主人公と仲間たちはどうにかして原因を特定し、それを取り除いて世界を守らなければならない——スケールの大きな物語を書こうという試みをするのであれば、この種の**「世界の危機」**テーマは一考する余地があるだろう。個人の目的（仇討ちなど）より、組織や集団のぶつかり合い（戦争など）より、世界の危機の方がスケールが大きいに決まっている。

滅びるのは文明か？　空間か？

それでは、具体的にはどんな世界の危機があり得るだろうか。

単純に**人類（異種族含む）の危機**というのであれば、「世界的規模の戦争」や「異世界からの侵略者（魔王や宇宙人！）」あたりがポピュラーだろう。これらの結果では空間としての世界は滅びないかもしれないが、人類が営々として築いてきた文明としての世界は滅んでしまう可能性が十分にある。現実に即していうなら「地球は残るが人間は石器時代に戻った」ような状況が出現するわけだ。

よりファンタジックな方向へいくなら、**空間としての世界も滅びる**かもしれない。世界そのものを滅ぼす脅威が出現したり（世界を分解し、新しい世界に作り変えるアイテム！）、世界に寿命が迫っていたり（樹の形をした世界が枯れ始めている……）するわけだ。

一方、たとえば現実世界ものでも「第三次世界大戦が勃発するのを防ぐ」「封印されていた怪物が目覚めるのを阻止する」という形で同種の物語を展開するのは可能だ。しかし、やはり「世界そのものが本当に消え去ってしまう」危機を演出するにあたっては、**世界の成り立ちや仕組みから作ることができる架空世界ものの方が向いている**かと思う。

世界の危機

「世界の危機」テーマの魅力はスケールの大きさ！

世界の危機 ＞ 国家の危機 ＞ 個人の危機

世界が滅ぶような大事件の最中では、
当然国家や個人の危機も巻き起こっているはず

↓

さまざまな要素を巻き込んで、非常にスケールが
大きい物語を作れるのがウリ

「世界の危機」は別に架空世界ものの専売特許ではないが、
- 世界の成り立ちを一から作れる方がしっくりくる
- あまりに荒唐無稽な話は、現代ものとそぐわないこともあるという事情も関わってくる

↓

具体的に、どんな「世界の危機」があり得るか

文明の危機

侵略、戦争、病気、天災によって人類は大打撃！

↓

文明は滅んでも、人類や世界そのものは残る？

空間の危機

世界そのものが破壊されたり、寿命を迎えたり！

↓

人類だけでなく生きとし生けるものすべてが消滅？

⑫ 異種族間紛争

さまざまな種族が融和して生きていけるなら話も早いが……

「反りが合わない」から「人間じゃねえ！」まで

ファンタジーならエルフやドワーフなどの異種族が、スペースオペラなら多様な星出身の宇宙人が、それぞれ付き物といって過言ではない。

これらの「人類」と人間（地球人）が融和して暮らしていけるのであれば何の問題もないのだが、なかなかそうもいかないのが実際のところ。**大小さまざまな衝突が種族間に発生し、物語を彩る**ことになる。

小さなところでは「**種族同士の仲が悪い**」がある。森に住む優雅なエルフと地下に住む無骨なドワーフの「反りが合わない」のはファンタジーの定番だ。この問題がより深刻な方向へいくと、主要な種族――たいていの場合は人間――が勢力が小さかったり貧しかったりする種族を差別し、抑圧し、奴隷としてこき使うようなことにも成り得る。

異種族同士が決定的に対立し、戦争をしているようなケースもある。このような場合では、もしかしたらいくつかの種族は「人類」扱いされず、**怪物の一種、より下等な種族として認識**されているかもしれない。

現実を映す鏡としてのファンタジー

このような異種族問題は、しばしば**現実の歴史における民族・国家同士の対立のカリカチュア（風刺画）**として描かれている。

すなわち、バイキングやモンゴル帝国の侵略に晒《さら》されたヨーロッパ、北方異民族に対抗するために万里の長城を築いた中国、キリスト教の正義を旗印として南北アメリカ大陸やアフリカを好き放題切り取ったスペインやポルトガル。そしてアメリカにおける黒人の奴隷問題。これらのテーマに正面から切り込むのは娯楽小説として荷が重いところもあるが、「架空世界の架空種族の話」ならばマイルドに描いていくことも可能というわけだ。

異種族間紛争

人間と異種族の関係は常に平和でいられるとは限らない

パターン１：表面上の融和

人間 ← 人間と異種族は総体として「人類」で、一応は対等の関係 → 異種族

差別や搾取の問題も

パターン２：積極的対立

人間 ← 生活圏や経済問題、思想や宗教の違いから、対立関係へ → 異種族

時には戦争も

あるいは、一部の種族は対等に人間と共存しているが、
別の種族は「奴隷扱い」「被差別階級」「怪物扱い」ということも。

↓

さまざまな関係があり得るということ

現実の歴史における民族同士の関係が大きな参考になる

巨大な帝国や国家をも脅かしかねない周辺異民族の存在

経済や宗教上の理由から侵略し、奴隷化することも

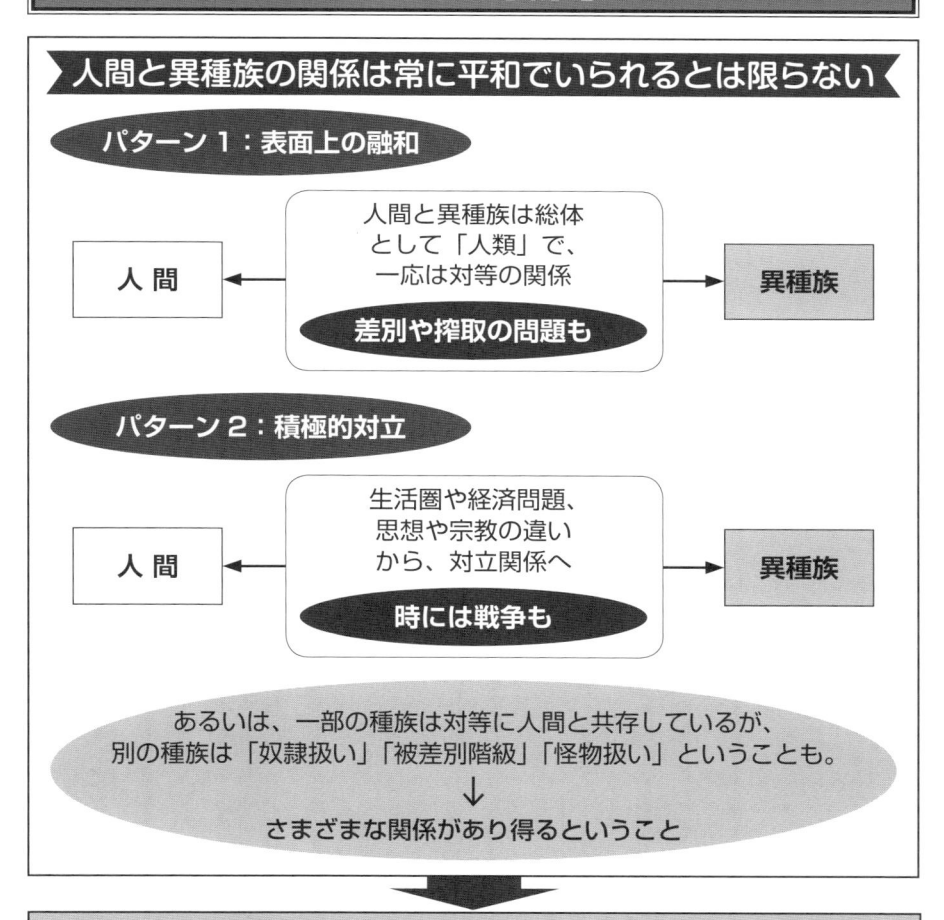

⑬ 怪物との交流／和解

怪物はどこまでいっても人間の敵なのか……？

ただの障害ではなく

普通、冒険物語における怪物とは主人公の前に立ちふさがる障害に他ならない。とにかく強くて恐ろしくて（そして最後には倒されて）くれればそれでいい、という言い方もできる。

しかし、もしあなたがちょっと毛色の違った、あるいは現実の歴史に即したリアルな冒険活劇を描きたいのであれば、その常識をひっくり返しても面白い。すなわち、怪物を**ただの障害ではない、交流や和解ができるかもしれない存在**として描くのである。

さまざまな事情と困難

怪物とは人を襲うものだ。では、その理由はなぜだろうか？　魔王が作り出したロボットのようなもので、とにかく戦うことしか考えていないのなら、共存の余地はない。けれど、たとえば現代の熊のように本来の住処《すみか》を追われ、人里に出てきたケースならどうだろう。逆に考えて、「そもそも人間が彼らの生活空間に勝手に入り込んでいるだけ」という可能性もある。

さらなる変化球としてそもそも「怪物」というのが誤解で、実はただの人間だった、というのはどうだろう。たとえば西洋風ファンタジーの世界で、「鬼」と呼ばれていたのが、実はただ黒髪黒目のアジア系人だった——というのは面白くないだろうか。

しかしこのような事情があったからといって、**人間がすぐさま「怪物」と交流し、和解できるはずもない。**怪物側にとって人間が食料にすぎなければ結局襲われる。人間側にとっても「人を殺せる」「異様な見かけをしている」存在は、どんな事情があっても恐ろしい存在に違いない。

結果、怪物と親しく付き合うような人間は奇異の目で見られる。その壁を乗り越えるにはしっかりとした物語を積み上げていかなければならないのである。

怪物との交流／和解

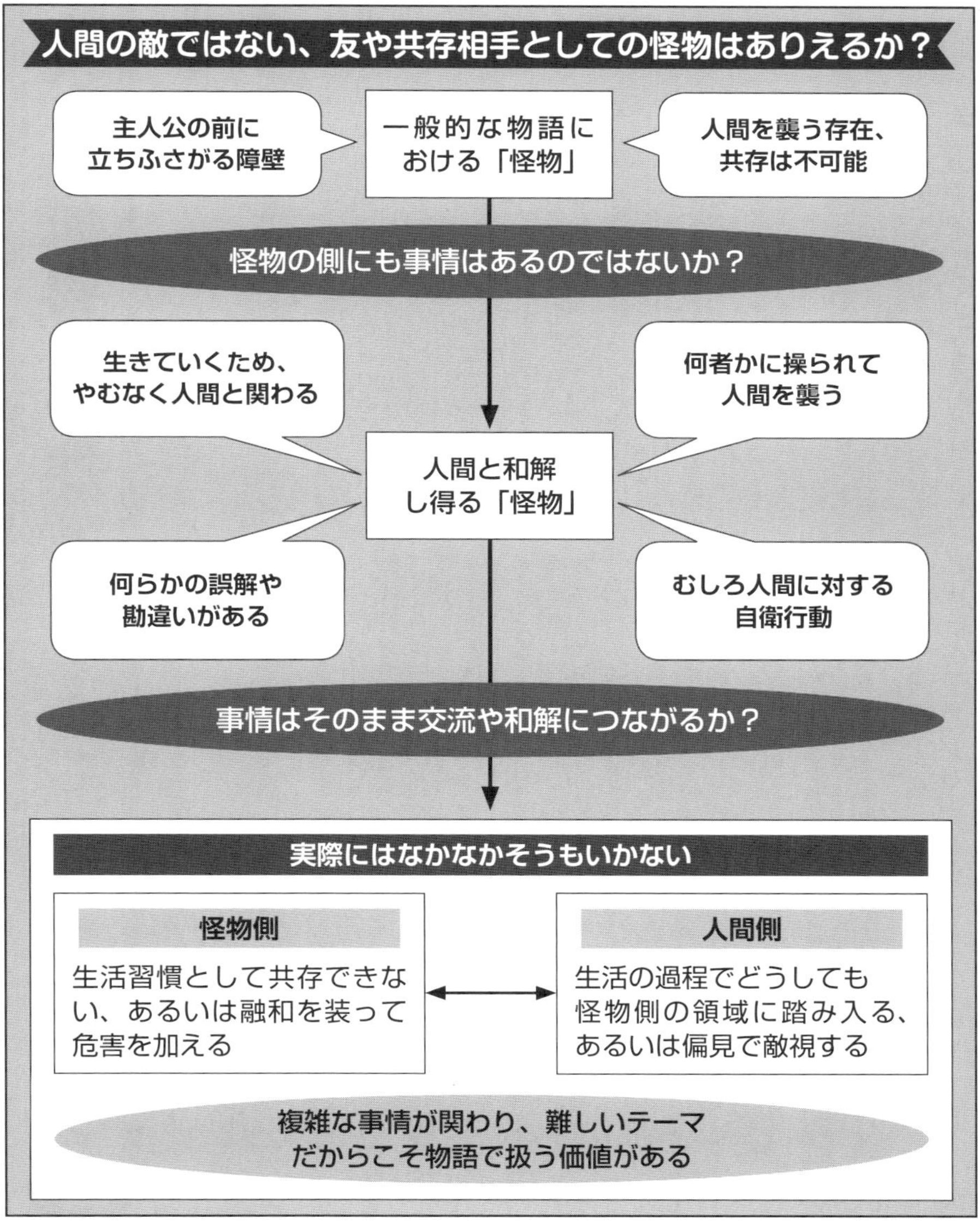
人間の敵ではない、友や共存相手としての怪物はありえるか？
主人公の前に
立ちふさがる障壁
一般的な物語に
おける「怪物」
人間を襲う存在、
共存は不可能
怪物の側にも事情はあるのではないか？
生きていくため、
やむなく人間と関わる
何者かに操られて
人間を襲う
人間と和解
し得る「怪物」
何らかの誤解や
勘違いがある
むしろ人間に対する
自衛行動
事情はそのまま交流や和解につながるか？
実際にはなかなかそうもいかない
怪物側
生活習慣として共存できない、あるいは融和を装って危害を加える
人間側
生活の過程でどうしても怪物側の領域に踏み入る、あるいは偏見で敵視する
複雑な事情が関わり、難しいテーマ
だからこそ物語で扱う価値がある

⑭ 神々や魔物の干渉

神や魔物は何のために、どうやって干渉してくるのか

神や魔物が手を伸ばす

私たちが生きる現代社会では、神や魔物などはいない、ということになっている。しかし本当にそうだろうか？　彼らはいなくなった振りをしているだけではないか？　このような世界観の物語は珍しくない。

そうした神や魔物が人間に混じって秘かに暮らしていたり、遠くに離れて棲《す》み分けしているなら問題はない。だが、彼らがより積極的に干渉してきたら、どうなるだろうか。ただの干渉レベルにとどまらず、人間たちと神々や魔物などによる大戦が起きてしまった時、そこにはどんな物語が生まれるのか——非常にスケールの大きな作品になりそうだ。

誰が、どのように、どうやって？

まず、人間社会に干渉してくるのが**どのような存在なのか**、そして**どうして干渉してくるのか**が問題だ。ずっと見守ってきた神が人類の悪行に堪忍袋の緒を切らせたのか。遠くへ離れていた、あるいは封印されていた神々が戻ってきて、人類を再び自分たちの思い通りにしようとしているのか。あるいは魔物たちは昔からずっと人類に干渉してその歴史を操っていたのかもしれない。神と悪魔ははるか昔から人類を将棋の駒にした争いを続けてきた、というのも定番だ。

干渉のレベルも重要になる。秘かに人間を操ったり、人間の代理人を介しての干渉なのか。政治家を輩出したり、大金で企業を買収するなどの現代的手法なのか。強大な力を示して「従わねば滅ぼす」と脅すのか。それともいきなり戦争を仕掛けるのか。

書き方はさまざまだ。ただ、一つパターンを例示するのであれば、最初はささやかな干渉が「人知れぬ戦い」パターン的に展開し、やがて「崩壊する日常」パターンで壮大な戦いへつながっていく……というのが定番であろうか。

神々や魔物の干渉

物語の主役は人間だけとは限らない……？

天国から見守る神、人間に悪意を持つ悪魔、ひっそりと暮らす妖怪……人間でないものたちが何らかの形で人間社会に干渉してくる展開は色々な物語が作れる

神や魔物 → 干渉 → 人間社会

ポイントになるのは？

①干渉してくるのはどんな存在なのか？

- 上から目線で見守る神様
- 別世界からの侵略者
- 昔からちょっかいをかけてきた悪魔
- 人間に追いやられた妖怪

など

複数の勢力が入り混じって争い、人類が巻き込まれるパターンも

②どんな形で干渉してくるのか？

神や魔物 → 人間をコマとして使うなど搦め手 → 人間社会

神や魔物 → 脅迫や直接的攻撃など → 人間社会

神や魔物側が統率をとって攻撃してくるのか？　人間社会もどのように対抗できるのか？　さまざまなバリエーションがあり得る

ささやかな干渉が、やがて人間社会を変質・崩壊させるような大事件へ！

115 魔法と科学が融合したファンタジー

科学と魔法はけっして対立概念ではない！

魔法と科学は対立するか？

魔法と科学は相反する存在と考えていないだろうか。もちろん、そんな世界があっても良い。世界の仕組みや魔法力によって物理現象が歪み、科学が発展しないようになっている世界、というのは面白そうだ。

だが、別の可能性もある。それは**魔法と科学が融合して発展する**世界だ。ゲーム『ファイナルファンタジー』シリーズの世界がわかりやすいだろう。魔法、あるいは魔法のアイテムの力によって飛行船が空を飛び、ロボットが闊歩する。そういうファンタジー世界があってもいいのだ。

いかに融合・共存させるか

それでは、剣と魔法のファンタジー世界にどのくらい科学を導入したものだろうか。鉄砲や羅針盤、大型帆船など、近世レベルの科学や技術を持ち込んだもの

は、あまり珍しくない。一次大戦レベルの科学に設定すると、ドラゴンと戦車や複葉機が共存する世界が描けてなかなか楽しそうだ。

二次大戦、そしてそれ以降の現代や近未来となると、科学の生み出す武器……すなわち重火器やミサイルなどが魔法使いやモンスターより強くなりすぎてしまう問題が出てくる。魔法は物理法則を無視するから科学よりも強いとするか、互角とするか、それとも科学が魔法を駆逐してしまったことにするか。

魔法と科学の差別化、そして融合のポイントとして、魔法はしばしば「個人の才能や状況に依存する」と設定されることがある。科学は誰が、何度やっても同じ結果を導くのが原則だから、ここは明確に違う。特定の強力な魔法使いだけが科学の時代に生き残っているのか？　科学の進歩は魔法を安定させることに成功したのか？　魔法エネルギーを原動力にする新たな科学が誕生したのか？　作り手の腕の見せ所になる。

魔法と科学が融合したファンタジー

一般的なイメージでは……

科学
あくまでリアルの範疇、知識と技術で誰にでも使える、安定している……

対立 相反

魔法
ファンタジック、不可思議、選ばれたものにしか使えない、不安定……

しかし、実際には

科学 ← **共存・融合は意外とアリ！** → **魔法**

たとえばこんな形が……

- 火薬があり、銃がある程度のファンタジーはむしろ今なら普通！
- 複葉機が飛び、戦車が行きかう時代に、魔法の活躍は……？
- 魔法が科学を劇的に発展させ、ほとんどSFの世界に！

など

融合させるときのポイントとして……

単に魔法と科学が同じ世界にあるだけだと面白みがないし、共存するのに無理がある。両者のいいところを活かしたい！

↓

たとえば…①：
　→魔法の力をエネルギー源にして発展する科学！
たとえば…②
　→不安定さや使える人が限られる弱点を、科学でカバー！

116

夢世界

夜見る夢は異世界へつながる扉なのかもしれない……

夢は異世界

夢——希望や目標の意味ではなく、**夜寝ているときに見る夢のこと**だ。実は夢とはもっと手っ取り早く行ける異世界、といってもいいのかもしれない。

　科学的にいえば夢はどれだけファンタジックで現実離れしたものであっても「本人の頭の中にある情報が再構成されているだけ」なのだそうだが、やはり夢を見ているときの私たちは（明晰夢《めいせきむ》でない限り）そこを夢ではなく現実だと思い込んでおり、ある種の異世界旅行をしているのと似ている。普通、夢の中で起きたことは現実には何の影響も残さないわけだが、何らかのファンタジックな力が加われば事情も変わる。たとえば夢の中で何者かに襲われ、目が覚めたら身体に傷が付いている。自らの身を守るためには、夢の中に入って怪物と戦わなければならない——こうなると、「夢」は立派な異世界（あるいは迷宮）といえる。

夢からつながる世界

あるいは、個人の見ている夢がただ個人の頭の中だけで完結しているものではない、と考えることもできる。**人間は自分では意識していない心の奥底、無意識の部分で他者とつながっている（集合的無意識）**という考え方がある。そして夢は無意識と深い関係がある。それなら夢で誰かと——あるいは、人類全体とつながっていても不思議はないはずだ。もしかしたら私たちの見る夢は「夢」という大きな世界の一部で、その中で他の誰かと出会うことがあるのかもしれない。

　さらにいえば、夢が無意識を通して他の人の夢とつながるのなら、異世界とつながっていたとしても構わないだろう。夢の中という現実と幻想の境目が曖昧になっている状態なら、異世界からの呼び声に応えたり、秘められた力が発動したりしてもおかしくない。夢はあやふやだけに面白い素材といえる。

夢世界

夢とは何か

科学的に考えると……

夢はあくまで知識や経験を再構成したものにすぎない

↓

これはこれで、物語の伏線張りなどに役立つ

別の考え方では……

夢を見るとき、普通私たちはそれを夢と意識はしない

↓

「夢」という異世界に行ったのと同じことではないか？

ファンタジックな力が関わったとき、夢はただの夢でなくなる

夢の中に入って襲ってくる魔物と戦うためには、自分も夢に入らなくては！

精神的な問題やトラウマを解決するため他者の「夢」という心の世界へ飛び込む！

など

あるいは、夢とは別の世界への扉なのかもしれない

人間が無意識の奥底でつながっているとしたら、
無意識で関わる夢もつながっているのではないか？

他人の夢 ↔ **人間の夢** ↔ **異世界**

人間の心が夢の世界であやふやになっているとき、
世界と世界の境界もあやふやになるのではないか？

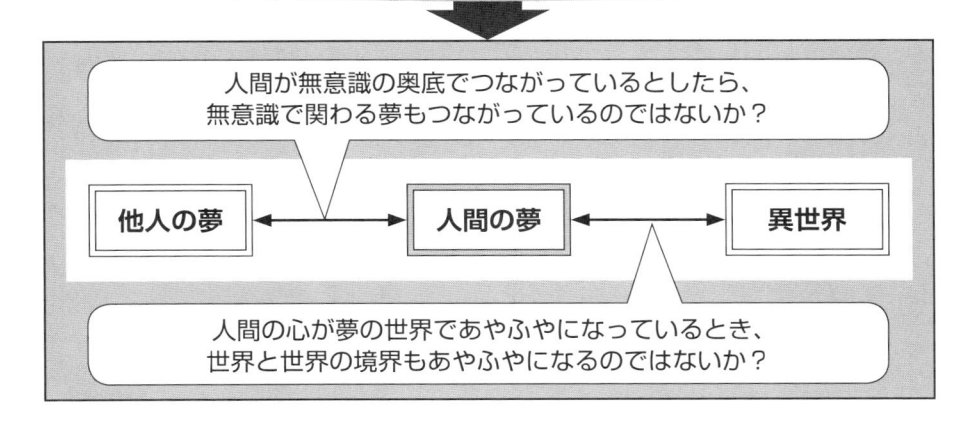

⑪⑦ 電脳仮想世界

コンピュータとインターネットが作り出す新しい世界

ヴァーチャル・リアリティの世界へようこそ！

科学技術が発展した現代だからこそ生まれた異世界がある。それは**ヴァーチャル・リアリティによって形作られた「電脳仮想世界」**である。

現代の技術でさえ、パソコンとインターネットの組み合わせは何千人が一時に一つのゲーム世界につながり、遊べるような状況を作り出している。さらに進んだ未来なら、**私たちの脳とコンピュータを直結させ、五感すべてで「架空の異世界」を楽しめるようにすること**は決して不可能ではない。むしろ、すぐ近くに迫った未来であるとさえ言える。映画『マトリックス』シリーズはそうした考え方を逆転させたもので、「実は私たちが今生きている世界こそがヴァーチャルに作られたものであり、現実の私たちは夢を見るようにコンピュータに接続されているのだ」という奇想天外な設定で多くのファンを惹き付けた。

インターネットとAR

インターネットの発展はすでに架空の世界を作り上げてしまった、といえるかもしれない。

現実とは別の名前を使って世界中の誰とも話ができるし、ハッカーと呼ばれる特殊な技術を備えた人々はパソコンの前にいながらにして、他者のコンピュータの中にある情報を盗み出し、あるいは書き換えることができる。このようなハッキングとヴァーチャル・リアリティを組み合わせ、まるで異世界で冒険をしているかのようにハッキング・シーンを演出するのはさまざまなフィクションでよく見られる。

また、近年開発された技術に**AR（拡張現実）**がある。これはカメラなどを通して周囲を見る際、そこに情報を付加する（看板から店の紹介が飛び出すなど）もので、いわば現実を改変するもので、これもまたある種の電脳世界を作る可能性を持つ技術だろう。

電脳仮想世界

ヴァーチャル・リアリティとはどんなものか？

人　間 → 機械を通じて意識を直結する → コンピュータ
人　間 → 仮想の現実を見る → コンピュータ

五感（視覚、聴覚、味覚、嗅覚、触覚）のすべてを与えられるなら、それは現実とまったく同じ物なのではないか？

↓ しかも

無数の人間の意識をコンピュータでつなげたなら、もう一つの世界を作ってしまったことになるのではないか？

例（1）

完全なヴァーチャルリアリティで冒険できるネットゲームの世界での冒険活劇

例（2）

現実だと信じていたものが、実はすべてコンピュータの見せていたバーチャル世界

関係する技術として

インターネット

現実でさえネットの世界は驚異的な広さを持ち、世界中の人々と交流できる

↓

近未来のハッカーが見る世界は「コンピュータの中の異世界」そのもの？

AR（拡張現実）

カメラを通じて見る世界に、情報や画像を付加して「強化」できる

↓

現実の世界を作り変え、別の異世界にする技術ともいえる

一口に「物語のパターン」といってもその数は膨大なものであり、「起承転結」のようなありとあらゆる物語に適応できるものから、特定のジャンル・テーマと組み合わせてこそ真価を発揮するものまで本当に多種多様だ。

旧版制作時、その中から特に知っておいてほしいもの、創作において欠かせないものを黄金パターンとしてピックアップするのは想像以上に大変な作業であり、迷いながらの取捨選択となった。今回の増補改訂版制作にあたって、以前諦めたパターンのうちいくつかを改めて収録することができたのは望外の喜びであった。

とはいえ、やはり物語パターンの世界は広くて深い。今回も収録できなかったものもあるし、今後新しく出現するパターンもあるだろう。また、あまり一般的ではなくても、あなたの作品には役立つものもあるはずだ。できれば、本書を参考にして皆さん自身で更なるパターン探しをやってみてほしい。そうして多様な作品に触れていくこと自体が物語作りの大きな助けになるはずだ。

とはいえ、パターンはあくまでパターンだ。それ単体では何の役にも立たない。そのパターンはどうして面白いのか、どんな物語に合うのかをきちんと把握しなければ、創作の役には立たない。その上で、どのパターンと組み合わせるのか、どうアレンジをしていくのかを考えられなければ、「どこかで見たような作品」という印象しか与えられない。

本書はそのための第一歩を提供するものだと考えている。そこから先、魅力的な物語を作っていけるかどうかは、結局のところ皆さん次第になってしまうのである。これは専門学校やカルチャースクールなどで長く小説関連の講義をやってきて、また小説の編集などにも関わったことのある人間としての実感である。やはり、物語の出来は作り手次第なのだ。

「はじめに」でも紹介した通り、本書に収録している黄金パターンは物語作りの素材である。これをどう活か

おわりに

して魅力的な物語を作るか……つまり、具体的な創作技術や物語の組み立て方、作家としての心構えについては別の拙著を参照していただければ幸いである。

お話作りを基本的な部分から固めたい人は、『ライトノベル新人賞の獲り方』でノウハウを、『テンプレート式ライトノベルのつくり方』で物語の基本構造を身に着けることをお勧めする（共に総合科学出版）。『オリジナリティあふれる物語作りのためのライトノベル・マンガ・ゲームで使えるストーリー80』（秀和システム）と『漫画で使えるストーリー講座１００』（エムディエヌコーポレーション）はある意味本書と対になる本で、具体的なサンプルストーリーを複数収録して「このような物語では何がポイントになるのか？」を紹介するものとなっている。是非、本書とセットで手元に置いてほしい。

既存の作品、既存のパターンから学ぶという点では『ライトノベルのための日本文学で学ぶ創作術』（秀和システム）も本書に近い。

これら以外にもさまざまな創作支援・指導の本を刊行しているため、株式会社榎本事務所のウェブサイト（http://enomoto-office.com/）などを参照していただければ幸いである。

榎本秋

○追記

私を含む榎本事務所のメンバーが東京・大阪・名古屋・仙台と各所の専門学校やカルチャースクールなどでさまざまな形や日程での講義を行っている。加えて、近年は図書館などでの講義もたびたびおこなわせていただけるようになった。これについても、ご興味のある方は榎本事務所のホームページにアクセスしていただきたい。

また、現在榎本事務所では情報マガジン「エノマガ」を毎月1日、ＷＥＢで発行している。弊社が関わる出版物の情報や創作の役に立つコラムなどを掲載しているので、是非ご一読いただきたい。

❖主要参考資料

◉『**日本大百科全書（ニッポニカ）**』小学館

◉『**大辞泉**』小学館

◉東雅夫＆石堂藍編『**日本幻想作家事典**』国書刊行会

◉権田万治監修『**海外ミステリー事典**』新潮社

◉権田万治＆新保博久監修『**日本ミステリー事典**』新潮社

◉ジョン・クルート編著、浅倉久志（ほか）訳『**ＳＦ大百科事典**』グラフィック社

◉北山修＆橋本雅之著『**日本人の〈原罪〉**』講談社

◉大塚英志『**ストーリーメーカー　創作のための物語論**』アスキーメディアワークス

◉大塚英志『**キャラクターメーカー６つの理論とワークショップで学ぶ「つくり方」**』アスキーメディアワークス

◉大塚英志『**物語の体操―みるみる小説が書ける６つのレッスン**』朝日新聞社

◉瀬田貞二『**幼い子の文学**』中央公論新社

◉山北篤『**ゲームシナリオのためのファンタジー事典　知っておきたい歴史・文化・お約束１１０**』ソフトバンククリエイティブ

◉森瀬繚監修、クロノスケープ著『**ゲームシナリオのためのＳＦ事典　知っておきたい科学技術・宇宙・お約束１１０**』ソフトバンククリエイティブ

増補改訂版
物語づくりのための黄金パターン117

2019年2月10日　第1刷発行
2024年2月20日　第3刷発行

編著者　榎本秋

著者　榎本海月・榎本事務所

発行者　道家佳織

編集・発行　株式会社DBジャパン
〒151-0073 東京都渋谷区笹塚 1-52-6
千葉ビル 1001

電話　03-6304-2431

ファックス　03-6369-3686

e-mail　books@db-japan.co.jp

装丁・DTP　菅沼由香里（榎本事務所）

印刷・製本　大日本法令印刷株式会社

編集協力　鳥居彩音（榎本事務所）

ISBN978-4-86140-045-2
Printed in Japan

※本書は2011年10月31日に株式会社アスペクトより刊行された『図解でわかる！ エンタメ小説を書きたい人のための黄金パターン 100』を底本に、大幅な増補・改定を行なったものです。

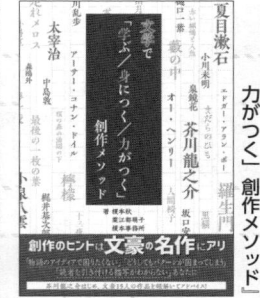

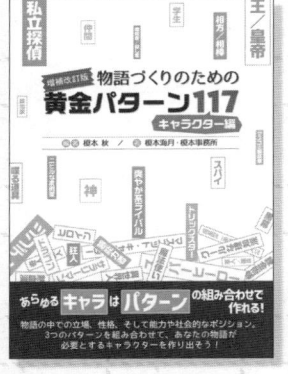

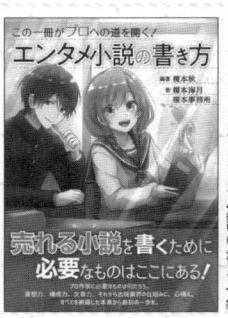

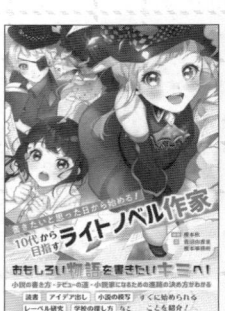